자연 관조와 명상, 시가 되다

詩

자연 관조와 명상, 시가 되다

<빛나는 서정세계를 일궈낸 시인 21인의 작품세계> 詩

백원기 지음

운주사

● 작가의 말
자연을 관조하는 일은 자신을 들여다보는 명상이다

세상은 보고 느끼는 것만큼 열린다고 한다. 그런데 우매한 우리는 허상에다 초점을 맞춰두고 그것을 향해 질주한다. 집안에 있는 봄을 모르고 멀리 찾아 헤매듯이, 진리가 '여기 이 순간'에 있음을 모르고 이곳저곳을 찾아 헤맨다. 모든 것을 있는 그대로 보면 진리의 실체는 어디에나 있음에도 불구하고 말이다. 그래서 우리에게 가장 소중한 것은 '지금 이곳에서 깨어 있음'이다.

 모든 존재는 개체로서 존재하지 않고 서로 물감처럼 번지며 또 다른 하나를 완성해 나간다. 여름이 번져 가을이 되고, 꽃이 번져 열매를 맺고, 삶이 번져 죽음이 되고, 저녁이 번져 밤이 되고, 나는 네게로 번지는 것이다. 이것은 바뀜이 아니라 번짐이다. 결국 번진다는 것은 경계와 경계를 무너뜨리는, 더 큰 하나로 전이되는 과정을 말한다. 즉 주고받음의 상쇄에 의해서 경이롭게 열리고 닫히는 원융회통圓融會通의 세계를 말한다. 그래서 좋은 시는 마음으로 번져가는 시이고, 마음으로 읽는 시이며, 상생과 공감의 시로 읽히는 것이다.

 숲길은 고요한 사색의 길이며 치유와 명상의 공간이다. 숲길은 번다함을 덜어내기에 좋고, 몸보다는 마음으로 걷고, 그 마음으로 숨을 쉬고, 들숨 날숨에 머리가 맑아지는 그런 길임에 분명하다. 우리가 흔히 숲길을 걸으면서 만나는 '징검다리'는 오가는 사람들에게 말없이 자신을 내어주는 '배려와 희생', 세대 간·계층 간 단절을 극복하는 '소통'을 상징한다. 끊어진 길을 이어주는 징검다리와 같이, 시인은 개인과 개인, 세대와 세대를 이어주는 '배려와 소통'의 가치를 소중하게 여기며, 이것을 시로 형상화하고 유산으로 물려주고자 한다. 시인의 이러한 시적 공간은 마치 맑은 물이 흐르는 텅 빈 시냇가의 조용함처럼, 쓸쓸하고 적막하게 세상 모든 것들을 가볍게 흘려보내는 힘을 지닌다. 이는 곧 서정적 위로와 위안을 선사하는 근원적 요인이기도 하다.

나비는 몸 하나가 전 재산이며, 무소속이다. 그래서 그는 자유롭다. 반면, 인간은 항상 더 많은 것을 소유하고 그것을 과시하며 끊임없이 대립한다. 때문에 근원적인 삶에 대한 의문을 우주에 던지고 그곳으로부터 답을 찾으려 하는 시인들은 자연 속을 거닐며 자연과 스스럼없이 교감하고, 마음에 이는 파문을 주시한다. 그래서 자연을 관조하는 일은 곧 자신을 들여다보는 명상이다.

오늘날 스마트 폰에 중독되어 소통과 공감 없이 나 홀로의 삶에 빠져드는 사람들에게 가슴을 적시며 영혼의 울림을 주는 숲과 명상의 시는 복잡한 마음을 정화시켜 주고 흐렸던 정신이 맑아지게 한다. 이러한 시에는 지금 이 순간 최선을 다하며 있는 그대로에 만족하면서 살아가고, 내려놓고 채우지 않으며 단순하게 살아가게 할 뿐만 아니라 아픈 영혼을 '힐링'하고 회복하는 힘이 있기 때문이다.

이와 같은 자연 친연성을 바탕으로 한 존재의 상호연기에 대한 깊은 천착을 드러내 보이는 시세계는 다분히 불교의 화엄적 상상력을 근간으로 한다. 그러므로 자연과의 일체감을 추구하면서 빛나는 서정 세계를 일궈내고 있는 사유의 시들은 세상에 붙지 말고, 세상을 탈 줄 아는 반야왕거미의 지혜를 일러줄 뿐만 아니라 배려와 연민, 그리고 공감으로 끊임없는 명상과 치유의 길로 우리를 안내하리라 믿는다. 바로 여기에 문학치유의 힘이 있다.

이 책은 한국문학사에서 나름대로 발자취를 남긴 작고 문인들과 현재 시적 성취를 이루어가고 있는 현역 원로 및 중진, 그리고 신진 시인들을 대상으로 그들의 작품 속에서 근대화 과정에서 빚어지는 정신의 긴장과 폭력, 분단과 전쟁, 가난과 슬픔, 생태위기와 생명연대의식, 그리고 비움과 버림의 세계관과 맞닿은 다양한 시학을 담론으로 삼았다.

무엇보다도 이 책을 펴냄에 있어 많은 분들의 훌륭한 저서와 논문을 비롯한 참고자료에 크게 도움을 받았음을 밝힌다. 일일이 다 밝히지 못함을 송구스럽게 생각하며, 널리 양해를 구할 뿐이다. 그분들에게 거듭 깊은 감사의 말을 전한다. 끝으로 어려운 출판환경에도 불구하고 선뜻 출판을 허락해 주신 운주사 김시열 대표님을 비롯한 관계자 분들에게 감사를 드린다.

2019년 8월
성북동 금당연구실에서 저자

작가의 말

자연을 관조하는 일은 자신을 들여다보는 명상이다 • 5

제1부

춘원 이광수, 원 없는 마음 빛은 시방을 두루 비춰   13
정지용, 그곳이 참하 꿈엔들 잊힐리야!   32
월탄 박종화, 석굴암대불과 청자·백자에 담긴 민족혼 일깨워   53
신석초, 고뇌의 승화 '바라춤'과 '꽃 섬'의 시학   68
백수 정완영, 분이네 살구나무와 산이 나를 따라와서   86
김상옥, 도도록 내민 젖가슴 숨도 고이 쉬도다   107

제2부

조지훈, 자연의 원음 꾀꼬리 울음과 꽃의 설법   125
조병화, 항상 봄처럼 부지런하고, 꿈을 지니며 새로워져라   142
신달자, 어른이어서 미안하다 연둣빛 생명이여!   158
조창환, 고요와 견딤 속에 생성된 깨달음의 세계   174
이상국, 자연과 합일의 치유의 시학   192

제3부

문정희, 흐르는 것이 어디 강물뿐이랴	211
최동호, 해골바가지 두드리면 세상이 화창하다	231
황지우, 화엄광주와 게 눈 속의 연꽃	250
최승호, '반야왕거미' : 세계에 붙지만 말고 세계를 타라	271
나병춘, 산은 달을 베개 삼아 와선 중	290

제4부

공광규, 아름다운 소리를 내는 것들은 다 속이 비어 있다	307
이정록, 허리가 아프니까 세상이 다 의자로 보여	323
장석남, 진정한 사랑은 번짐과 스며듦이다	341
이홍섭, 아픈 영감의 저녁상에 피는 마음 속 적멸보궁	360
김선우, '지금 여기'의 가장 아름다운 연대의 몸짓, 잠자리	375

제1부

춘원 이광수, 원 없는 마음 빛은 시방을 두루 비춰
정지용, 그곳이 참하 꿈엔들 잊힐리야!
월탄 박종화, 석굴암대불과 청자·백자에 담긴 민족혼 일깨워
신석초, 고뇌의 승화 '바라춤'과 '꽃 섬'의 시학
백수 정완영, 분이네 살구나무와 산이 나를 따라와서
김상옥, 도도록 내민 젖가슴 숨도 고이 쉬도다

춘원 이광수,

원 없는 마음 빛은 시방을 두루 비춰

평북 정주 출생의 춘원 이광수(1892~1950)는 일본 메이지 학원 졸업 후(1910년) 이승훈의 추천으로 오산학교 교원이 되었다. 그해 그는 최남선이 주관하는 잡지『소년』에 단편을 발표하면서 문학 활동을 시작했다. 아울러 1917년에『청춘』지에 최초의 단편소설〈소년의 비애〉와〈어린 벗에게〉를 발표하고, 그 해부터 매일신보에 우리나라 최초의 근대 장편소설『무정』을 연재하며 신문학의 개척자가 되었다. 1919년에는 도쿄 유학생의 '2·8독립 선언서'를 기초한 후상하이로 건너가 임시정부에 가담하여 도산 안창호를 도우며 독립신문 사장을 지내기도 했다. 1922년에 논문「민족개조론」을 발표하고, 동아일보 편집국장, 조선일보 부사장을 지냈다. 1937년에 수양동우회 사건으로 수감되기도 했으나, 1939년 '조선문인협회' 회장이 되고 창씨개명 후에 각지로 다니면서 친일행위를 하였다. 하지만 6·25때 납북되어 1950년 10월 25일 사망하였다.『흙』,『유정』,『이차돈의 사』,『원효대사』,『마의태자』,『사랑』,『꿈』 등의 소설과『금강산유기』,『인생의 향기』,『반도강산』 등의 많은 작품을 남겼다.

러시아 대문호 톨스토이의 인도주의 사상에 감화를 받아 계몽적 민족주의자로서의 문학의 길을 걷기 시작한 춘원은 초기에 유미주의, 사실주의, 공리주의, 낭만주의 등 서양의 다양한 문학론을 수용하였다. 그래서 그의 초기 문학은 민족주의에 입각한 계몽적 성격을 띠게 되었다. 비록 뒷날 친일 행각으로 역사에 오점을 남기기는 했으나, 그의 문학의 근간은 조국 광복에 대한 염원이었다. 그렇다면 일제 강점기라는 암울한 시대적 상황에서 모진 고통을 겪으며 쓰라린 가슴을 안고 살아가는 이들의 마음을 달래 주고 쉬어 갈 수 있도록 글쓰기를 시도한 점은 재고되어야 할 것이다.

　춘원의 문학적 태도를 천명하고 있을 뿐만 아니라 평생 글쓰기를 하겠다는 그의 강렬한 의지를 잘 담아내고 있는 시가〈붓 한 자루〉이다.

*붓 한 자루
나와 인생을 같이 하란다.*

*무거운 은혜
인생에서 받은 갖가지 은혜.
어찌나 갚을지
무엇해서 갚을지 망연해도*

*쓰라린 가슴을
부둠고 가는 나그네 무리
쉬어나 가게*

*붓 한 자루여
우리는 이야기를 써볼까이나.*

- <붓 한 자루> 전문

붓은 그 자체가 하나의 정신이다. 붓은 자신의 언행을 욕되게 하지 않는 선비, 양반, 학자, 작가를 지칭한다.『걸리버 여행기』를 썼던 조나단 스위프트(1667~1745)는 아일랜드를 지배했던 영국 정부의 정책을 통렬하게 비판하고 공격했다. 특히 착취적인 화폐정책을 과녁으로 익명의 서한을 날렸다. 영국 정부는 그의 목에 현상금을 걸었으나 끝내 그 정책을 포기하고 말았다. 펜이 칼보다 무서운 이유를 잘 말해준다. 그런데 민족의 행복과 번영을 위해 <민족개조론>을 썼던 춘원이 어째서 자기 서재에 일장기를 걸어 놓고 조석으로 목례를 하였던가? 아마 일본이 회유하고 제공한 온갖 특혜와 달콤한 미끼에 붓이 흔들렸을 것이다. 참으로 아쉽고 안타까운 일이다.

슬픈 전설을 지닌 '할미꽃'은 한국인에게 있어 피해를 입은 상황을 대변하고 상징하는 꽃으로 여겨진다. 그 옛날, 가난했던 할머니가 혼자서 세 자매를 애지중지 키워 첫째 둘째는 그런대로 시집을 보냈는데 막내인 셋째는 기력이 약해져 풍족하게 해 주지 못해 마음 아파했다. 쇠약해진 할머니는 시집간 딸의 집을 찾아갔지만 냉대받자 눈물을 흘리며 꼬부라진 허리를 지팡이에 의지한 채 막내딸의 집을 찾아가다 쓰러져 죽게 되었다. 바로 그 자리에 핀 영혼의 꽃이 할미꽃이다. 춘원은 가난하고 무력한 피해의 이미지를 보리밭 가 찌그러진 무덤에 핀 할미꽃에 투영하고, 그리고 덧없는 인생에 투영하고 있다.

    보리밭 가에
    찌그러진 무덤…
    그는 저 찌그러진 집에
    살던 이의 무덤인가

    할미꽃 한 송이
    고개 숙였고나.

    아 아 그가 살던 밭에
    아 아 그가 살던 보리
    푸르고 누르고
    끝없는 봄이 다녀갔고나.

이 봄에도
보리는 푸르고 할미꽃이 피니
그의 손자 손녀의 손에
나물 캐는 흙 묻은 시칼이 들렸고나.

변함없는 농촌의 봄이여
끝없는 흐르는 인생이여.
- <할미꽃> 전문

시인은 보리밭 가 찌그러진 무덤 위에 외로이 고개 숙여 피어 있는 할미꽃 한 송이를 보고 평생 겨우 부쳐 먹고 살았던 보리밭을 못 잊어 나물 캐는 손자 손녀에게 알리고자 그곳에 피어 있고 했다. 한 평생 찌그러진 집에 살며 찌그러진 밭을 일구다 일생을 마감하고 땅에 묻히는 사람이 남기는 것은 무엇인가? 덧없는 세월은 흘러가도 보리밭은 푸르고 그대로이건만, 그는 찌그러진 무덤 하나 달랑 남기고 갔을 뿐이다. 그런데 찬찬히 들여다보면 나물 캐는 아이들이 기이하게도 그를 쏙 빼닮았다. 그러니 물려받은 씨는 제대로 전한 모양이다. 기껏 그것 하나 남기려고 한 평생 그 고생을 했던가? 하지만 시인은 보리밭 가에 외로이 있는 무덤, 그 옆의 찌그러진 초가집, 무덤가에 핀 할미꽃, 보리밭과 나물 캐는 어린이들, 이런 향토색 짙은 풍경 속에서 새삼 덧없는 인생과 당시의 암울한 조국의 현실을 동시에 인식하고 있다.

그런데, 무엇보다도 춘원의 문학적 토양은 불교라 할 수 있다. 기독교에서 불교로 귀의함으로써 기독교에서 느끼지 못했던 조국에 대한 애정과 임과 꿈, 그리고 사랑 등을 깊이 터득하고 문학적으로 승화시킨 것이 이를 입증한다. 최초로 춘원이 불교에 인연을 맺은 것은 1922년 방인근 부부와 춘원 부부가 안변 석왕사에 가서 『화엄경』을 접한 것에서 찾을 수 있다. 또한 1923년 7월, 그는 가람 이병기, 석전 박한영 등과 함께 금강산 유람을 하던 중 신계사 보운암에서 닷새 가량 머물게 된다. 이때 춘원은 『법화경』을 읽었다고 한다. 또 이 여행 중에 머물렀던 마하연 선방에서도 혈서로 6년 간 쓰여진 『법화경』을 읽었다고 한다. 이런 인연들로 1934년 봄 서울 자하문 밖 홍제동에 살며 소림사를 참배하고 『금강경』과 『원각경』을 통독하고, 그해 6월에는 금강산에 주석하던 백성욱을 찾아가 설법을 들었다고 한다. 그리고 1934년 8월에는 유점사에서 생사를 몰랐던 육촌 형제 이학수를 걸출한 학승 운허(耘虛, 1892~1980) 스님으로 다시 만나게 된다. 운허 스님으로부터 『법화경』 한 질을 전해 받고, 본격적으로 『법화경』을 탐독하고 참선을 하였다고 한다. 나중에 춘원이 수양동우회* 사건으로 옥고를 치를 때에도 그러했고, 요양을 위해서

---

* 수양동우회는 1922년 이광수가 조직한 흥사단 국내조직인 수양동맹회가 그 모체이다. 1937년 재경성기독교청년면려회에서 금주운동 계획을 세우고 그 해 5월 '멸망에 함陷한 민족을 구출하는 기독교인의 역할' 등의 내용을 담은 인쇄물을 국내 35개 지부에 발송했다. 이를 알아낸 일본경찰은 그 배후에 이용설·정인과·이대위·주요한·유형기 등이 관련되어 있음을 확인하고 이들이 관계하고 있는 동우회에 대한 수사에 착수했다. 그해 6월 6일 중앙간부 10여 명을 검거했고 이때 압수한 회원명부를 가지고 전국적인 검거에 나섰다. 6월 28일에는 안창호를 비롯한 평양지회 관계자들이 체포되었고 계속해

절집으로 전전하던 때에도 운허 스님은 그를 세심하게 배려하였다. 춘원은 이렇게 불교와 인연을 맺고 불경을 접한 뒤 장편소설 『원효대사』와 『이차돈의 사』를 썼다. 특히 아들 봉근이를 잃으면서 더욱 『법화경』에 심취하여 법화행자로서의 삶을 살고자 했던 것으로 생각된다. 그의 불교사상이 입산과 칩거를 통해 일제 파시즘이 장악한 사회로부터 일정한 거리를 유지하면서 정신적 신비주의 차원에서 성립된 것임을 알 수 있다.

일제 강점기 생명사랑과 중생제도의 발심은 한결같이 작시의 모티프로 내세운 '임'이 불타의 깨달음을 통한 조국에 대한 사랑으로 이어진다. 그것은 보시·지계·인욕·정진·선정·지혜 등 육바라밀을 통한 중생제도의 원력을 세운 육당 최남선, 춘원 이광수, 만해 한용운 등의 문학정신에 의해 한결 격조 높게 묘사되고 있다. 춘원의 〈육바라밀 – 애인〉은 그 대표적인 시라 할 수 있다. 여기에서 시인은 육바라밀의 소중함을 '임'을 통해 배우게 되었음을 초발심자의 자세로 곡진하게 노래한다.

> 임에게 아까운 것 없이
> 무엇이나 바치고 싶은 이 마음.
> 거기서 나는 보시를 배웠노라.

서 선천지회(1937. 11)·안악지회(1938. 3) 관계자들이 모두 체포되었다. 1938년 3월에 이르기까지 서울 55명, 평양지회·선천지회 관계자 93명, 안악지회 관계자 33명 등 모두 181명의 지식인들을 치안유지법위반으로 검거하여 재판에 회부한 사건이다.

임에게 보이고자
애써 깨끗이 단장하는 이 마음,
거기서 나는 지계를 배웠노라.

임이 주시는 것이라면
때림이나 꾸지람이나 기쁘게 받는 이 마음,
거기서 나는 인욕을 배웠노라.

자나 깨나 쉴 새 없이
그리워하고 임 곁으로만 도는 이 마음,
거기서 나는 정진을 배웠노라.

천하고 많은 사람들 중에
오직 임만 사모하는 이 마음,
거기서 나는 선정을 배웠노라.

내가 임의 품에 안길 때
기쁨도 슬픔도 임과 나와의 존재도 잊을 때에,
거기서 나는 지혜를 배웠노라.

- <육바라밀 - 애인> 전문

그 진정성 여부는 알 수 없지만, 시인은 육바라밀을 심득하는 과정을 노래함으로써 보살도의 실천을 발원하고 있다. 여기의 '임'은 상실된 님으로 절대적 가치, 조국이면서 부처일 수 있다. 임이기 때문에 아낌없이 주고(보시), 임에게 보이기 위해서 단장하고(지계), 임이 주는 것이면 때림이나 꾸지람도 달게 받고(인욕), 자나깨나 임을 그리워하고 곁에 있고자 하며(정진), 오직 임만을 사모하고(선정), 그리고 임의 품에 안겨 임과 자신의 존재도 잊고자(지혜) 한다. 이러한 일련의 과정은 정진에 대한 다짐이며 바라밀의 실천 소망이다. 물론 앎과 실천이 합일될 수 있다면, 그보다 아름다운 보살도 실천이 어디 있겠는가? 다분히 이 시는 춘원의 일제 파시즘의 신비주의와 거리를 확보하면서 정신적 신비주의를 저항의 이데올로기로 담아내고 있는 것으로 진단된다.

춘원에게 딸의 죽음은 없지만, 허영숙과의 사이에서 난 아들 봉근이가 7살(1934년)에 패혈증으로 사망하였다. 그 일로 춘원은 '인간이란 무엇인가? 삶과 죽음은 무엇이며, 죽어서는 어떻게 되는가?' 등의 의문을 풀기 위해서 『법화경』을 수지 독송하고 염불하면서 불교공부에 심취하게 된다. 그것은 그가 서울 종로구 홍지동에 별장을 짓고 지낸 6년 동안에 법화행자가 되려고 애쓴 흔적에서 찾아 볼 수 있다. 비록 딸의 죽음은 아니지만, 아들을 앞서 보내는 슬픔은 춘원으로 하여금 다음의 비가를 창작케 한다.

오오 봄 아침에 구슬프게도 우는 비둘기.
죽은 그 애가 퍽이나도 섧게 듣던 비둘기.
그 애가 가는 날 아침에도 꼭 저렇게 울더니.

그 애, 그 착한 딸이 죽은 지도 벌써 일 년,
"나도 죽어서 비둘기가 되고 싶어.
산으로 돌아다니며 울고 싶어" 하더니.
- <비둘기> 전문

죽은 딸의 추억을 산비둘기의 울음에 견주어 불교의 인연설과 윤회사상으로 그려내고 있다. 딸을 잃고 아파하는 아버지의 진한 혈육의 정은 춘원의 인도주의 사상과 맞닿아 있다. 어느 봄날 아침, 시인은 비둘기 우는 소리를 듣고는 병실 창가로 날아와 울던 비둘기를 바라보며 "나도 죽어서 비둘기가 되고 싶어 / 산으로 돌아다니며 울고 싶"다고 하던 아이의 말을 떠올리며 혹여 저 새가 아이의 혼령이 현신한 것이 아닐까 하는 뜨거운 육친의 정을 느낀다. 또한 시인은 봄의 생동감과 아이의 죽음을 대조시켜 자신의 슬픔을 강조한다. 그 슬픔은 다시 밖에서 울고 있는 비둘기 소리와 겹쳐지면서 생생한 기억을 일으킨다. 각 연의 마지막 부분이 '–더니'로 끝나고 있는 것은 그 뒤에 무엇인가 할 말이 남아 있으면서도 차마 더 이상 못하는 부모의 애틋한 심경을 함축적으로 표현하고 있다.

춘원은 1937년 6월 수양동우회 사건으로 체포되어 6개월 동안 옥고를 치루고 병보석으로 풀려났다. 약 8개월 동안 입원을 해야 할 정도로 심신이 허약한 상태에 놓인 그는 병상에서 그간의 지은 신身·구口·의意 삼업三業에 대한 참회의 눈물을 흘리며 이렇게 토로한다.

내 가만히 자리에 누워
세상 사람들의 죄를 생각하다가
내 죄에 눈이 띠어
소스라쳐 놀랐나이다

(중략)

불로 살라도 다 사룰 수 없고
물로 씻어도 다 씻을 수 없고
바람에 날려도 다 날릴 수 없는
내 죄의 더미여
내 입으로 지은 죄는 바다와 같사옵고
내 몸으로 지은 죄는 산과 같사옵고
내 마음으로 지은 죄는 허공과 같이 끝간 데를 모르나이다

아모러한 불로도 사룰 수 없고
아모러한 물로도 씻을 수 없고
아모러한 바람으로도 날릴 수 없아오매
오직 따에 엎드려 뉘우치는 눈물을 쏟힐 뿐이로소이다.

- <내 죄> 부분

  세상 사람들의 죄를 생각하다가 문득 자신의 죄에 눈이 떠 "소스라쳐 놀랐"다는 대목은 시인 자신의 어리석음을 절감하고 부끄러워하는 모습을 역력히 보여준다. 죄나 문제의 근원을 타자에게 돌리지 않고 자신의 내면에서 찾고 있는 것은 그간 행각에 대한 자성의 표현이다. 그런데 문제는 신·구·의 삼업의 죄가 바다 같고, 산과 같으며 허공처럼 무한하다는 것을 인식하고, 오체투지하며 눈물로 지은 죄를 참회하는 것에 대한 시인의 진정성의 여부이다. 말하자면, 삼업을 청정하게 하기 위해서는 땅에 엎드려 뉘우치는 눈물을 쏟기보다는 육바라밀을 성실히 실천하고 자신의 잘못을 포살하는 것이 진

정한 참회라는 것이다. 그렇지 않으면 그것은 진정한 참회가 아니라 후회일 뿐이기 때문이다.

아아 어리석은 내였으리
그도 임이셨던 것을 — 멧새들도
그 언약을 잊으랴는 이 마음 깨오치랴고
멧새 되시와 내 창 앞에 오시와 우신 것을

- <멧새> 부분

시적 화자는 깨우치지 못한 자신의 어리석음을 새소리를 통해 자각한다. 그 언약이 무엇인지는 분명히 드러나 있지 않지만 병상의 창가에 와서 우는 새소리에도 마음이 흔들릴 정도로 약해진 것만은 분명하다. 인생의 무상함을, 시대의 무상함을, 자신의 처량함을 뼈저리게 느끼는 가을날, 시인은 자성의 시간을 갖는다. 그 자각을 통해 진정한 자아를 발견하고 불도에 정진하게 된다면 멧새가 관세음보살의 화신일 수 있다는 것을 시인은 진솔하게 말하고 있는 것이다.

모든 행위에는 과보가 따른다는 인과응보의 진리는 불교윤리의 가장 중요한 가르침 가운데 하나이다. 백천만 겁이 지나더라도 지은 업은 없어지지 않는다. 인연이 모여 다시 만나게 되면 그 과보를 반드시 받게 된다. 이처럼 인과응보는 우주 삼라만상의 대 섭리이다. 인과응보의 불길을 피할 자는 아무도 없다고 믿는 춘원이다. 그래서 주고받을 것의 정확한 기록, 그것은 영원히 지워 버릴 수 없는 인과응보의 원리임을 이렇게 고백한다.

    진 빚은 갚아야 한다
    갚을 날짜는 못 물린다
    하루도 못 물린다

    나를 따르는 두 기록자 –
    녹음 영화반과 장부 기입자
    꿈속에까지도 따르는 두 그림자

    지워 버릴 수 없는 영원한 기록
    줄 것 받을 것의 정확한 기록
    아 인과응보 – 이것이 운명이란 것이다
    - <인과응보> 전문

  진 빚은 단 하루라도 어김없이 정확한 날짜에 갚아야 한다는 것이 시인의 생각이다. 그 이유는 자신을 영원히 따라 다니는 두 기록자, 즉 행적을 기록하는 녹음영화반과 장부 기입자 같은 투명한 거래 작성자가 있기 때문이다. 그래서 죄를 알고서도 참회하지 않으면 무서운 과보를 받는다고 시인은 말한다. 인과의 법칙에서 벗어나는 방법이 전혀 없는 것은 아니다. 모든 선업과 악업은 내가 마음먹고 행동한 결과이기에, 지금 내가 어떻게 마음먹고 행동하느냐에 의해 미래의 결과는 달라질 수 있다. 인과응보의 원리는 기계적 결정론이 아니라 의지적 행위론이기 때문이다.
  불교는 무엇보다도 자비를 근본으로 삼는다. 그 자비의 화현보살이 관세음보살이다. 어떠한 고통이나 소원이 있는 자가, 단 한 번만이라도 관세음보살의 명호를 부르기만 해도, 중생의 소리에 감응하여 어디든지 나타나서 고뇌를 없애고 즐거움을 얻게 하는 분이 바로 관세음보살이시다. 관음보살의 묘지력妙智力과 응신應身을 믿는 춘원은 합장하고 눈물을 흘리며 참회하는 자신의 소리를 임께서 보고 듣는지 반문하며, 부르면 오겠다고 한 임의 약속을 믿고 임을 부르고 있다.

    그러나 임은 멀어서라
    내 소리 들리나이까
    합장하고 눈물에 젖은
    내 모양 보시나이까
    종종제악취 무찰불현신
    부르면 오시마 한 약속만 믿고
    임 부르나이다.
    - <임 이름> 부분

이처럼 춘원은 자신의 불안하고 두려운 마음을 관세음보살에 의지한다. 온 세상의 갖가지 나쁜 중생들에게도 그 몸을 나타내지 않는 곳이 없는[種種諸惡趣 無刹不現身], 진실로 단 한 번만이라도 부르면 와서 구원해주겠다고 한 '임'을 간절히 부르는 것이 그것을 말해준다. 이러한 시각에서 시인은 수미산 같은 자신의 업장을 참회하며 간절히 관세음보살님의 명호를 부르게 된다. 관세음보살은 이름의 뜻 그대로 이 세상 중생들의 온갖 고뇌와 소망을 듣고 관하여 보살펴주고 건져주는 묘지력의 보살이기 때문이다.

> 돌아보니 수미산 같은 내 죄
> 천만 겁에도 갚을 길 없으니
> 땅에 엎드려 임 이름 부릅니다
> 나무관세음보살 마하살
>
> 공덕을 쌓을 맘 있사와도
> 죄에 시들은 몸 힘이 없사와
> 하늘 우러러 임 이름 부릅니다
> 나무관세음보살 마하살
>
> 임 이름 한번 부르면 천겁의 죄
> 스러진다고 세존이 가르치시니
> 목을 놓아서 임 이름 부릅니다
> 나무관세음보살 마하살
>
> - <임> 전문

중생과 한 몸인 관음보살은 중생의 가장 깊은 곳, 지극한 마음속에서 언제나 우리들의 기원을 경청하고 보살피고 있다. 마치 어린 아이가 어머니의 도움이 필요할 때, 울음소리를 내게 되면 어머니가 그 울음소리를 듣고 달려와서 아기를 보살펴주듯, 관세음보살도 중생이 구하는 소리를 듣고 어디든지 달려와서 건져 준다는 말씀이 『법화경』「보문품」에 나온다. 그러기에 춘원은 천만 겁에 갚을 길 없는 "수미산 같은 자신의 죄"를 땅에 엎드려 참회하며 지극정성으로 관음보살의 명호를 부르고, 공적을 쌓을 마음 있지만 죄에 시들은 몸 힘이 없어 하늘을 우러러 관세음보살을 찾는다. 단 한 번만이라도 관세음보살의 명호를 부르면 천겁의 세월 동안 쌓은 죄가 소멸된다는 가르침을 믿기 때문에 시인은 목청 높여 임을 부르며 참회하는 것이다. 죄는 근본이 따로 있는 것이 아니라 다 마음에서 일어났기 때문에 마음이 청정해지면 저절로 없어진다. 그래서 진정한 참회를 통해서 오랜 업장이 소멸되는 것이다. 이러한 염원을 성취하기 위하여 신비로운 참회진언을 외운다. "옴 살바못자 모지 사다야 사바하!"

친일 변절자로 낙인찍힌 춘원은 광복 직후의 소용돌이 속에서 '독립·교육·역경·수행'을 평생 화두로 삼고 실천한 역경보살 운허 스님의 배려로 경기도 남양주 사릉思陵과 봉선사를 오가며 고뇌와 번민의 시간을 보내야 했다. 춘원은 납북될 때까지 봉선사의 '다경향실茶經香室'로 들어와 참회 생활을 하며, '큰법당' 뒤편 너머 옹달샘 물을 길어다 차를 끓여 마시며 지친 몸과 마음을 다스렸다고 한다. 그때 남긴 시가 다음의 다시茶詩이다.

    화로에 불 불어라 차 그릇도 닦았으라
    바위샘 길어다가 차 달일 물 끓일 때다
    산중에 외로 있으니 차 맛인가 하노라

    내 여기 숨은 줄을 알릴 곳도 없건마는
    듣고 찾아오는 벗님네들 황송해라
    구태여 숨으람 아니라 이러거러 왔노라

찬바람 불어오니 서리인들 머다하리
풀잎에 우는 벌레 그 더욱 무상코나
저절로 되는 일이니 슬퍼 무삼하리오

- <다시> 전문

풀벌레 우는 초가을 밤에 샘물을 길어다 차를 달여 마시는 춘원의 은거생활의 심사가 어렴풋이 짐작된다. 그도 한때는 3·1운동의 도화선이 됐던 도쿄 '2·8독립선언'을 주도했고, 상하이 임시정부 일에 일조했다 해서 옥살이를 하기도 했었다. 하지만 한 고비를 극복하지 못하고 일제의 침략정책에 동조하는 친일 지식인이 되고 만 것이다. 그렇게 살아온 그의 눈에 세상은 번뇌의 불이 붙은 '불타는 집(火宅)'으로 보였을 것이다. 그래서 무상한 세월을 느끼며 차를 마시며 마음을 맑히고, 그 기운으로 화택 번뇌를 잠시나마 달랬으리라 생각된다.

춘원은 '이 마음이 부처님을 만들어내는 것', 즉 시심작불是心作佛을 강조한다. 만물의 연결고리는 '빛'이다. 따라서 빛 없는 만물은 존재할 수 없다. 우리 중생 역시 하나이다. 그것은 곧 마음이 있기 때문이다. 결국 나와 모든 존재의 관계는 빛과 마음으로 얽힌 관계라는 것이다. 그래서 시인은 '원이 없는 마음의 빛'이야말로 만물을 투시하고 두루 관조할 수 있음을 묘파한다.

만물은 빛으로 이어서 하나.
중생은 마음으로 붙어서 하나.

마음 없는 중생 있던가?
빛 없는 만물 있던가?

흙에서도 물에서도 빛은 난다.
만물에 탈 때는 온 몸이 모두 빛.

해와 나,
모든 별과 나,
빛으로 얽히어 한 몸 아니냐?
소와 나, 개와 나,
마음으로 붙어서 한 몸이로구나.
마음이 엉키어서 몸, 몸이 타며는 마음의 빛

항성들의 빛도 걸리는 데가 있고.
적외선 엑스선도 막히는 데가 있건마는
원 없는 마음의 빛은 시방十方을 두루 비쳐라

- <빛> 전문

    시인은 모든 존재의 관계성에서 빛과 마음이 하나 되는 작용을 간파하고 있다. 만물과 나의 관계 역시 마음으로 연결되어 하나가 된다는 것이다. 마음이 엉키어 몸이 되고, 몸이 타면 마음의 빛이 생겨난다는 의미에는 갈등이 극복되고 조화와 합일을 이룬 경지가 내재되어 있다. 무엇보다도 시인은 항성의 빛도 막히는 데가 있고, 적외선 엑스선도 투시하지 못하는 경우가 있지만 "원 없는 마음의 빛", 다시 말해, 원융한 성품은 걸림 없이 삼천대천세계를 두루 다 비출 수 있음을 설파한다. 여기에는 모든 것은 오직 마음에서 비롯되는 것이며, 심화기화心和氣和로 만병이 없어지니 마음자리가 원만하면 일체를 다 담아낼 수 있다는 시인의 마음치유의 소망이 잘 드러나 있다.

요컨대, 춘원과 그의 문학에 대한 논의는 긍정론과 부정론이 극단적으로 대립되어 있는 양상을 보인다. 긍정론은 대체로 근대 문학의 선구적 공적과 민족주의·인도주의 사상의 가치에 집중되어 있다. 반면에 부정론은 계몽적 설교의 의도, 민족개조론과 만년의 친일 행각이다. 물론 그의 천재성과 놀라운 필력에도 불구하고 '친일'의 그림자는 그의 작품에 대한 평가에도 많은 영향을 미쳐 왔음은 부인할 수 없다. 하지만 봉선사 입구에 초라하게 서 있는 비석에 새겨진 춘원의 "누가 나의 비석을 세워 줄 리도 없겠지만 만약 나의 비석을 세운다면 이광수는 조선 사람을 위하여 일하던 사람이다"라는 글을 써달라고 부탁한 내용은 나라를 위해 독립운동을 한 공적은 무시되고 친일의 일들만 부각되어 살기가 힘들던 그의 심경을 보여 준다. 따라서 '관음의 소리가 공음空音이라면 중생의 소리는 다음多音'이라 했듯이, 지난날의 과오를 자성하고 관음의 묘지력에 의탁하여 참회하며 법화행자로 삶을 회향하고자 한 춘원이 우리 문학사에 남긴 큰 흔적은 다시 조명되어야 할 것이다.

정지용,

그곳이 참하 꿈엔들 잊힐리야!

한국 현대시의 아버지로 불리는 정지용(鄭芝溶, 1902~1950)은 충북 옥천 출생으로 휘문고보를 거쳐, 일본 도시샤(同志社)대학 영문과를 졸업했다. 귀국 후 모교의 교사, 8·15광복 후에는 이화여자전문 교수와 경향신문사 편집국장을 지냈다. 해방 후 좌익 문학단체에 가입했다가 한국전쟁 당시 납북되어 사망하였다. 1930년대 한국문단을 대표하였던 그는 『시문학』동인으로 참여했으며, 1939년『문장』지를 통해 조지훈, 박두진, 박목월 등 청록파 시인들을 등단시켰고, 『정지용 시집』, 『백록담』 등의 시집을 남겼다.

1930년대에 들어와서 일제의 압제와 수탈이 한층 심해지자 이농 현상과 간도 등지로의 이주가 급속도로 증가하고, 따라서 상실의식은 더욱 심각성을 띠고 나타났다. 문학의 두드러진 양상 또한 극심한 고향 상실감의 표출이었고, 지용 시의 전반적인 경향도 예외는 아니었다. 그는 고향 상실을 비롯한 여러 측면에서의 상실의식과 그것을 치유하고 극복하고자 하였다. 그것은 '이상, 꿈, 희망'을 의미하는 '바다'를 제재로 하여 바다의 활기 넘친 모습을 선명한 감각적 이미지로 형상화하는 데서 잘 드러난다. 특히 지용은 다양한 비유를 통해 바다의 움직임을 역동적으로 그려낸다. 정지해 있지 않고 부단히 움직이는 세계는 외부로 열려진 세계이고 밖으로 확산되는 세계이기 때문이다. 그 대표적인 시가 바다 연작시 10편 가운데 가장 널리 알려진 〈바다 9〉로, 이는 바다를 소재로 한 그의 초기 작품 중 가장 뛰어난 감각적 형상화를 보여 준다.

바다는 뿔뿔이
달어날랴고 했다.

푸른 도마뱀 떼같이
재재발렀다.

꼬리가 이루
잡히지 않았다.

        흰 발톱에 찢긴
        산호보다 붉고 슬픈 생채기!

        가까스루 몰아다 부치고
        변죽을 둘러 손질하여 물기를 시쳤다.

        이 앨 쓴 해도(海圖)에
        손을 싯고 떼었다.

        찰찰 넘치도록
        돌돌 굴르도록

        회동그란히 바쳐 들었다!
        지구는 연 닢인 양 옴으라들고… 펴고…

        - <바다 9> 전문

땅을 에워싼 바다의 더할 나위 없이 정겨운 모습이 그려지고 있다. 바닷가에 밀려왔다 밀려나가는 푸른 파도가 마치 "뿔뿔이 달아나려는 도마뱀 떼" 같이 살아서 움직인다. "꼬리가 잡히지 않는" 재빠른 동작이 아주 경쾌하다. 그러면서도 시인은 하얗게 부서지는 포말을 "흰 발톱"으로 묘사하여 그것에 찢기는 "산호보다 붉고 푸른 생채기"를 통해서 세계의 아픔도 보여 준다. 비록 시인은 잡히지 않는 '바다'로 인하여 마음의 상처를 입었지만 이에 좌절하지 않고 바다를 그림으로써 바다를 잡으려는 꿈을 포기하지 않는다. 그의 상상력이 만들어 낸 "앨 쓴 해도(海圖)"가 그것을 입증한다. 보다 넓은 시야로 보면 바다는 "찰찰 넘치도록 / 돌돌 구르도록" 땅(지구)을 아루

만지다가 "휘동그란히" 받쳐 든다. 그러면 지구는 마치 연잎처럼 오므라들고 펴고를 반복하는 것이다. 지구를 연잎에 비유하고, 바다를 그 연꽃 잎 위에서 돌돌 구르는 물방울에 비유한 표현은 아주 인상적이며 신선하고 이채롭다.

지용이 휘문고보 시절과 일본 동시샤대학 예과 시절, 객지의 외로움에서 기억해 낸 것은 어린 시절의 얼굴들이었으며, 그가 선택한 장르는 동시였다. 일찍 결혼하여 3남 1녀를 두었던 지용은 올망졸망한 아이들을 위해 여러 편의 동시를 지었다. 그러한 의식세계는 생태학적 상상력으로 쓰인 동시를 기반으로, 자연을 느끼고 받아들인다. 아이와 담 아래 텃밭에 씨를 심고 싹이 트는 것을 기다리는 과정을 통해 아이들에 대한 사랑을 확연하게 보여 주는 시가 〈해바라기 씨〉이다.

해바라기 씨를 심자.
담 모롱이 참새 눈 숨기고
해바라기 씨를 심자.

누나가 손으로 다지고 나면
바둑이가 앞발로 다지고
괭이가 꼬리로 다진다.

우리가 눈 감고 한 밤 자고 나면
이슬이 나려와 같이 자고 가고,

우리가 이웃에 간 동안에

햇빛이 입 맞추고 가고,

해바라기는 첫 시악시인데
사흘이 지나도 부끄러워
고개를 아니 든다.

가만히 엿보러 왔다가
소리를 꽥! 지르고 간 놈이―

오오, 사철나무 잎에 숨은
청개고리 고놈이다.
　- <해바라기 씨> 전문

　　지용 동시의 백미이다. 해바라기 씨를 심고 싹을 기다리는 정경이 한 폭의 그림을 보는 듯하다. 화자는 담 모퉁이에 참새 몰래 해바라기 씨를 심는다. 누나가 손으로 다지면 바둑이는 앞발로 다지고 고양이는 꼬리로 다진다. 화자가 잘 때는 이슬이 내려와 해바라기 씨와 같이 자고 가고, 화자가 이웃에 갈 때는 햇빛이 내려와 해바라기 씨를 덮는다. 낮에는 햇빛이 입 맞춰 주니, 마침내 해바라기는 새색시처럼 수줍은 모습으로 나타난다. 태양을 사랑하는 해바라기의 정신은 이렇게 여러 생명체와 함께 하나의 우주를 창조하고 있다. 청개구리가 싹이 났는지를 엿보러 오고, 씨를 묻은 데를 엿보는 청개구리를 아이들이 엿보고, 또 그 아이들을 아버지가 엿본다. 사철나무 잎에 숨었던 청개구리는 얄밉게도 그런 것도 모르고 몰래 엿보고는 꽥 소리를 지른다. 그러자 아이들도 까르르 웃음을 터뜨렸을 것이다.

  지용의 시에서 가장 중요한 시어 중의 하나는 '창'이다. 그에게 창은 안과 밖을 단절시키면서 동시에 연결시켜 주는 역할을 한다. 창 안에는 서정적 자아가 위치하고 있고, 창밖은 주로 풍경으로 나타난다. 곧 서정적 자아는 창 안에 있으면서 창밖의 현실을 바라보고 관찰하며 느끼는데, 그 자아가 창밖, 곧 현실 세계로 직접 나서지는 않는 것이다. 그러한 정서를 잘 묘사한 시가 〈유리창 1〉인데, 어린 자식을 잃은 아버지의 애절한 슬픔을 다양한 상징을 통해 드러내 보인다.

> 유리琉璃에 차고 슬픈 것이 어른거린다.
> 열없이 붙어 서서 입김을 흐리우니
> 길들은 양 언 날개를 파닥거린다.
> 지우고 보고 지우고 보아도
> 새까만 밤이 밀려나가고 밀려와 부딪히고,
> 물 먹은 별이, 반짝, 보석처럼 박힌다.
> 밤에 홀로 유리를 닦는 것은
> 외로운 황홀한 심사이어니,
> 고운 폐혈관肺血管이 찢어진 채로
> 아아, 늬는 산새처럼 날아갔구나!
>   - 〈유리창 1〉 전문

  어떤 감정을 전달받기보다는 선명한 영상, 즉 이미지를 떠올리게 하는 시편이다. 그 영상을 떠올리게 하는 매개물이 곧 '유리창'이라는 선명한 이미지이다. 시인은 유리창에 붙어 서서 입김을 불었다 지웠다 하면서 죽은 자식에 대한 그리움을 형상화한다. "밀려나가고 밀려와 부딪히"는 어둠은 화자의 어둡고 허망한 마음과 조응된다. 그런데 '죽은 아이'에 대한 그리움을 극화하고 있지만 '죽은 아이'를 직접 표현한 시어는 하나도 없다. 모두 "차고 슬픈 것", "언 날개", "물 먹은 별", "산새"와 같은 감각적인 사물로써 죽은 아이를 간접적으로 표현하고 있을 뿐이다. 무엇보다도 "별"의 이미지는 아버지의 곁을 떠나 어둠의 세계로 가 버린 아들의 이미지와 별을 바라보는 아버지의 눈에 눈물이 어려 있음을 말해 준다. 요컨대 시의 중심 소재인 '유리창'은 죽은 자식을 영상으로 대면하게 하는 '투시'의 기능을 함과 동시에 삶의 공간과 죽음의 공간을 분리하는 '단절'의 기능을 하고 있다.

    삶의 어둠에 관한 성찰이 사람들을 보다 성숙하게 하듯이, 만남의 기쁨보다는 헤어짐으로 인한 그리움과 아픔이 더 많은 것을 깊이 느끼고 생각하게 한다. 공기와 물이 모자랄 때 그 절실한 필요를 새삼스럽게 깨닫듯이, 우리와 더불어 있는 사람들도 그들이 없을 때 보다 소중함을 알게 된다. 그리움을 되새기면서 자신의 삶을 되돌아보고 누를 수 없는 사랑의 힘을 다시금 확인하는 일은 또한 사람이 사람다울 수 있는 이유이다. 지용은 사랑하는 사람에 대한 간절한 그리움을 간결한 언어의 여백과 긴장된 리듬을 통해서 암시적으로 전하고 있다.

얼굴 하나야
손바닥 둘로
폭 가리지만
보고픈 마음
호수만하니
눈 감을밖에
- <호수> 전문

불과 여섯 행밖에 되지 않는 짤막한 시 속에 간절한 그리움을 지용 특유의 감정과 언어의 절제로 보여 주고 있다. 이런 절제된 감정의 표출은 '호수'가 우리에게 더욱 큰 정서적 울림으로 다가오는 이유이기도 하다. 보고 싶은 이의 얼굴은 가리면 보이지 않지만, 보고 싶어 하는 마음은 어떻게 할 수 없다는 안타까움이 맑고 넓은 '호수'의 이미지를 통해 극대화되고 있다. 첫 연은 자기의 얼굴에서 비치는 그리움이 밖으로 드러나지 않도록 "손바닥 둘"로 감출 수 있다고 말한다. 그리움의 속내를 내비치지 않으려는 화자의 태도를 발견할 수 있다. 둘째 연은 호수만큼 깊은 보고픈 마음을 표현하고 있다. 즉 화자의 그리움은 얼굴을 가리거나 외면해도 잊히지 않는 것으로, 이런 화자의 마음이 호수만한 크기로 제시되고 있다. 호수만한 그리운 마음은 감추고 숨기려 해도 곧 드러나는, 화자 자신도 어쩔 수 없는 것이다. 그래서 화자는 결국 눈을 감음으로써 그리움을 마음속으로 내면화한다. 그런다고 감추어질까. 지용의 시에서 특히 '물'과 '원'의 속성이 자주 등장하는데, 가령 "찰찰 넘치도록 / 돌돌 구르도록"(<바다 9>) 같은 표현이 그것이다. 이러한 표현은 위의 인용 시에서도 잘 드러난다. '물'과 '원'의 이미지가 호수로 잘 형상화되고 있다. 그리고 "얼굴", "눈" 모두 둥근 이미지를 가지고 있는데, 지용은 어쩌면 마음까지도 둥근 이미지로 생각했는지도 모른다. 그래서 시에서 호수가 전해주는 느낌은 작지만 위대하다. 그리운 마음은 이토록 대단한 힘을 갖는 것이다.

일상적 삶의 벽이 무너질 때 비로소 나타나는 것이 '놀라움'이며 시의 주제가 된다. 그래서 꽃에서 봄 향기를 맡는 사람은 시인이 아니다. 일상적인 관습 속에서 기계적으로 봄을 맞이하는 사람들에 지나지 않는다. 그러나 지용은 오히려 봄눈(春雪)과 같은 겨울의 흔적을 통해 겨울옷의 옷고름에서 봄 향기를 감지한다. 이러한 경이로운 놀라움이 〈춘설〉의 시적 출발점이다.

문 열자 선뜻!
먼 산이 이마에 차라

우수절雨水節 들어
바로 초하루 아침,

새삼스레 눈이 덮인 멧부리와
서늘옵고 빛난 이마받이 하다.

얼음 금가고 바람 새로 따르거니
흰 옷고름 절로 향기로워라.

웅숭거리고 살아난 양이
아아 꿈같기에 설어라.

> 미나리 파릇한 새 순 돋고
> 옴짓 아니 기던 고기 입이 오물거리는,
>
> 꽃 피기 전 철 아닌 눈에
> 핫옷 벗고 도로 춥고 싶어라.
>
> - <춘설> 전문

꽃샘추위의 한국적 정서를 보다 시적인 세계로 끌어올린 시편이다. 밤사이에 생각지도 않은 봄눈이 내렸다. 시인은 "문 열자 선뜻! 먼 산이 이마에 차라"라는 절묘한 시구를 남긴다. 선뜻 느껴지는 싸늘한 기운, 절기는 이미 우수를 지났건만 추위가 완전히 가신 것은 아니다. 아지랑이나 꽃이 피어날 줄 알았던 그런 철(시간), 그런 자리(공간)에 내린 눈이었기 때문에 "선뜻"이란 시어에는 '놀라움'의 느낌표가 붙는다. 그 '놀라움'은 손발이 시린 것 같은 일상의 추위와는 전혀 다른 "이마" 위의 차가움이 된다. 즉 "철 아닌 눈"에 덮인 산은 눈으로 바라보는 시각의 산이 아니라 이마에 와 닿는 촉각적인 산이며, 이미 멀리 떨어져 있는 산이 아니라 "이마받이"를 하는 "서늘옵고 빛난" 거리가 없어진 산이다. 또한, 얼음이 금가고 파릇한 미나리의 새순이 돋고 물밑에서 꼼짝도 않던 고기입이 오물거리는 그 섬세한 봄의 생동감을 느끼기 위해서는, 그리고 겨울과 봄의 그 미세한 차이를 알아내기 위해서는 "이마의 추위"(꽃샘추위)가 필요한 것이다. 왜냐하면 활짝 열린 봄의 생명감은 "웅숭거리고" 살아온 겨울의 서러운 삶을 통해서만 서로 감지될 수 있기 때문이다. 이러한 봄기운을 느끼기 위해서는 비록 추위가 남아 있더라도 핫옷(솜옷)을 벗어 던져야 한다. 그것을 시인은 역설적으로 "핫옷 벗고 도로 춥고 싶어라"라고 표현하고 있다.

이미지즘이나 유행적인 모더니즘을 넘어서서 우리의 오랜 시적 전통에 근거한 순수시의 세계를 독자적인 언어로 담아낸 지용은 '산'의 시편들로 구성된 후기 시집『백록담』에 이르면, 초기 시에서 보인 심혼의 갈등과 동요와는 전혀 다른 조용하며 조화로운 시세계를 보이고 있다. 변절과 친일을 강요당하던 1930년대 말의 식민지적 억압 속에서 자신을 지키는 일은 자연을 찾고 거기에 동화되는 일이었을 것이다. 또한 동양의 고전적인 전통 속에서 자신의 시적 방법론과 은일의 정신을 체득하려 한 것이었을 것이다. 이처럼 자연에 동화된 시적 자아의 모습을 형상화하는 데 집중하는 그의 모습을 가장 잘 보여 주는 시 중의 하나가 〈백록담〉이다.

1. 절정에 가까울수록 뻑국채 꽃키가 점점 소모된다. 한마루 오르면 허리가 슬어지고 다시 한마루 위에서 모가지가 없고 나중에는 얼골만 갸웃 내다본다. 화문花紋처럼 판박힌다. 바람이 차기가 함경도 끝과 맞서는 데서 뻑국채 키는 아조 없어지고도 팔월 한철엔 흩어진 성신星辰처럼 난만하다. 산 그림자 어둑어둑하면 그러지 않아도 뻑국채 꽃밭에서 별들이 켜든다. 제자리에서 별이 옮긴다. 나는 여기서 기진했다.

 (중략)

9. 가재도 기지 않는 백록담 푸른 물에 하늘이 돈다. 불구에 가깝도록 고단한 나의 다리를 돌아 소가 갔다. 쫓겨 온 실구름 일말에도

백록담은 흐리운다. 나의 얼골에 한나잘 포긴 백록담은 쓸쓸하다. 나는 깨다 졸다 기도조차 잊었더니라.

- <백록담 1> 부분

아홉 편으로 구성된 연작시의 처음과 마지막 부분이다. 등반의 여정을 압축적으로 제시하고 있는 이 시의 초점은 "뻐꾹채꽃"에 모아진다. 뻐꾹새의 이름에서 따온 듯한 이 명칭은 꽃과 새의 이미지를 동시에 불러일으켜, 꽃은 이정표인 동시에 화자의 등반 과정을 함께 하는 동반자라는 이중의 의미를 갖게 된다. 이 뻐꾹채꽃의 키가 아주 없어지는 고산지대에 이르러 꽃의 이미지는 별과 겹쳐진다. 이러한 "별"의 존재는 결국 자연이 지닌 고결성이라고 할 수 있다. 꽃과 별이 교체되는 지점에서야 그는 정상에 도달한 것이며, 정상에 도달한 화자의 감회는 "나는 여기서 기진했다"는 간명한 언급으로 끝맺는다. 고된 등반 후에야 도달한 산정의 '백록담'은 가재도 없고 일말의 실구름에도 흐려지는 맑고 청정한 세계이다. 자연이 지닌 정신성의 절정 앞에서 "깨다 졸다 기도조차 잊"게 되는 경지는 최고조에 이른 그의 시적 의식의 선명성을 다분히 보여 준다 할 것이다.

황해도에 있는 장수산(747m)은 황해의 해금강이라 불리며, 선인들은 이곳의 맑은 공기와 물을 마시면 오래 산다고 한다. 장수산의 공간적·시간적 이미지를 빌려 정신적 고요의 공간, 탈속의 공간으로 빚어내는 <장수산 1>은 무념무상의 탈속한 세계에 동화되고 싶어하는 시인의 결연한 의지를 잘 보여 준다.

벌목정정伐木丁丁이랬더니 아람도리 큰 솔이 베혀짐즉도 하이 골이 울어 멩아리 소리 쩌르렁 돌아옴즉도 하이 다람쥐도 좇지 않고 뫼새도 울지 않어 깊은 산 고요가 차라리 뼈를 저리우는데 눈과 밤이 조히보담 희고녀! 달도 보름을 기달려 흰 뜻은 한밤 이 골을 걸음이란다? 웃절 중이 여섯 판에 여섯 번 지고 웃고 올라 간 뒤 조찰히 늙은 사나이의 남긴 내음새를 줏는다? 시름은 바람도 일지 않는 고요에 심히 흔들리우노니 오오 견디란다 차고 올연兀然히 슬픔도 꿈도 없이 장수산 속 겨울 한밤내.

- <장수산 1> 전문

    감각적 이미지를 사용하여 정신적 고요의 공간을 빚어내는 시적 표현과 구성의 긴밀성을 보여 주는 시편이다. 눈 덮인 산중의 차가운 달밤, 아름드리 소나무가 베어지면서 나는 쩌렁쩌렁한 소리는 고요를 더욱 고요하게 한다. 다람쥐나 뫼새같이 조그만 소리도 들리지 않는 장수산의 고요는 "뼈를 저리우는" 촉각적 이미지로 표현되고 있다. 하얀 눈과 밤이 일체화 되어 장수산을 이룬 그 빈 공간에 "보름달"이 떠오른다. 여섯 번의 게임에 여섯 번 지고도 웃는 웃절 스님은 승부에 연연하지 않는 무욕의 수행 면모를 엿볼 수 있게 한다. 화자가 고요뿐인 장수산에서 찾으려고 하는 것은 노스님이 남기고 간 냄새와 같은 무념무상의 탈속의 세계이지만, 그는 "바람도 일지 않는 고요에 심히 흔들리"는 시름을 갖는 인간적인 내면을 보여 준다. 그러나 화자는 "차고 올연"한 모습으로 그 시름을 견디겠다고 다짐하고 있다. 이러한 초월적 의식이 "슬픔도 꿈도 없이 장수산 속 겨울 한밤내" 화자로 하여금 우뚝 서 있게 하는 것이다.

뿐만 아니라 지용은 인간사가 개입하지 못하는 절대적인 시공간에서 존재의 생명과 아름다움이 구현되는 장면을 상상한다. 그래서 동양적 산수화의 풍경을 시적으로 재현함으로써 초월의 공간에 대한 정신적 지향을 담아내고자 한다. 그러한 예가 금강산 10대 경치 중의 하나인 '구성동' 골짜기의 호젓하고 적막한 분위기를 표현하고 있는 데서 극명하게 드러난다. '구성동'은 아홉 개의 성으로 이루어진 골짜기라는 뜻이며, '아홉'이라는 숫자가 상징하듯 절대적이고 자족적인 세계이다.

    골작에는 흔히
    유성流星이 묻힌다.

    황혼黃昏에
    누뤼가 소란히 쌓이기도 하고,

    꽃도
    귀양 사는 곳,

    절터ㅅ드랬는데
    바람도 모이지 않고

    산 그림자 설핏하면
    사슴이 일어나 등을 넘어간다.
    - <九城洞> 전문

지용이 그리던 이상적 세계가 함축적으로 펼쳐지고 있다. 유성이 묻히고, 우박이 쌓이고, 꽃이 귀양 살고, 사라져 버린 텅 빈 절터에는 바람조차도 모이지 않는 적요한 풍경이다. 다만 산 그림자가 설핏하면 산등성을 넘어 사라지는 사슴의 작은 움직임만이 있는 곳이다. 첫 연의 "유성"이라는 단어는 신비롭고 고즈넉한 밤하늘의 분위기를 자극하면서, 그 유성이 묻힌다는 표현을 통해 우주적 상상력에 의해 한없이 고요하고 적막하기만 한 이미지를 드러낸다. 그러나 유성은 한 번 반짝였다가는 이내 사라져 버리는 '소멸'을 드러내는 장치이기도 하다. 한편, 시인은 "꽃도 귀양 사는 곳"이라는 간명한 진술로 새로운 생명의 존재를 부각한다. '꽃'은 비록 '귀양'을 살지만 생명과 아름다움에 대한 초월적 이상을 내포하는 존재로 시인의 정신적 이상을 표상한다. 마지막 연에서는 "사슴"이 등장하면서 그 움직임이 더욱 돋보인다. 사슴은 고요히 비어 있는 우주를 살아 움직이게 하는 신비한 생명의 이미지이다. 그러므로 사슴이 등장하는 시간은 단순히 하루의 소멸에 해당하는 것이 아니라 새로운 시간이 탄생하는 순간이다. 이상에서 보듯이 바다를 거쳐 산으로 오르는 지용의 시세계의 변모는 일제강점기 말의 암울한 현실에 구애됨이 없이 자연에 몰입하고자 하는 그 자신의 정신세계를 잘 담아내고 있다.

아울러 지용의 시세계는 감정의 절제, 반휴머니즘에의 지향과 더불어 섬세하고 독특한 언어 구사, 그리고 그 기저에 깔려 있는 '무욕의 철학'을 특색으로 하고 있다. 그의 시 가운데 가장 뛰어난 면모는 동양적 은일의 정신세계로 귀결한 후기시의 세계이고, 〈忍冬茶〉는 그 중심에 있다.

노주인의 장벽腸壁에
무시로 인동忍冬 삼긴 물이 나린다.
자작나무 덩그럭 불이
도로 피여 붉고,
구석에 그늘 지여
무가 순 돋아 파릇하고,
흙냄새 훈훈히 김도 사리다가
바깥 풍설소리에 잠착하다.
산중에 책력冊曆도 없이
삼동三冬이 하이얗다.

- <忍冬茶> 전문

추운 겨울, 산 속의 노주인이 인동차를 마시며 겨울을 인내하고 견디내고자 하는 모습이 그려지고 있다. 여기에서 혹독한 겨울은 일제강점기를 상징한다. 그가 할 수 있는 것은 자작나무 덩그럭 피운 붉은 불을 바라보며 인동차를 마시는 일이다. 산중에 책력도 없이 인동차를 마시며 살아가는 노주인인 작중 인물은 바로 시인 자신이다. 그가 마시는 인동차는 겨울로 표상된 일제 치하를 견디게 하는 인내와 기다림의 힘이 되어 준다. 특히 "자작나무 덩그럭 불"이 꺼진 줄 알았는데, "도로 피어 붉고", 그늘져 있는 마당 한구석에 묻어 둔 "무가 순 돋아 파릇한" 모습은 암담하고 절망적인 상황에서도 좌절하지 않고 인내심을 갖고 생활하면, 현실 상황인 '겨울'도 충분히 이겨낼 수 있으리라는 시인의 의지와 소망을 상징적으로 표현하고 있다. 따라서 현실은 비록 "삼동이 하이얀" 시절로 세월 가는 것마저도

다 잊어버리고 싶은 험난한 세상이지만, 시인은 "흙냄새가 훈훈히 김도 사리다가" "바깥 풍설소리에 잠착하"듯이, 굳은 인내심을 가지고 때를 기다리다 보면, 언젠가 이 겨울 같은 모진 현실을 벗어날 수 있으리라는 기대와 믿음을 저버리지 않는다. 우리의 힘겨운 삶도 마찬가지일 것이다.

  고향은 누구에게나 삶의 근원을 이루는 원초적 공간이다. 특히 현실에서의 삶이 힘겹고 고통스러울수록 고향에 대한 향수는 더욱 커지는 법이다. 우리가 고향을 그리워하는 이유도 고향이 현실 속에서 초라해진 자신의 모습과 대비되는, 가족의 따뜻함과 유년시절의 기억이 있는 공간이기 때문이다. 하지만 막상 되돌아온 고향에서, 꿈속에서 그리던 것과는 다른 모습을 발견하고 상실감에 젖기도 한다. 그 전형적인 시가 〈고향〉이다. 변함없는 자연과 인간사의 대비를 통해 고향 상실감이 간결하고 담담한 어조로 묘사되고 있다.

    고향에 고향에 돌아와도
    그리던 고향은 아니러뇨.

    산꿩이 알을 품고
    뻐꾸기 제철에 울건만,

    마음은 제 고향 지니지 않고
    머언 항구港口로 떠도는 구름.

    오늘도 뫼끝에 홀로 오르니
    흰 점꽃이 인정스레 웃고,

어린 시절에 불던 풀피리 소리 아니냐고
메마른 입술에 쓰디쓰다.

고향에 고향에 돌아와도
그리던 하늘만이 높푸르구나.

- <고향> 전문

고향의 상실감이 자연과의 대비 속에 더욱 선명하게 부각되어 있다. 화자는 고향에 돌아왔지만 그곳에서 "그리던 고향"을 발견하지 못한다. 풍경이나 거기서 느끼는 정경은 모두 예전과 같은데 정작 마음은 낯설어 타향처럼 느껴지는 것이다. 일제강점기 시대에 느끼는 고향 상실 의식은 바로 나라 잃은 설움과 뼈아픈 자기반성과 맞닿아 있다. "머언 항구로 떠도는 구름"과 같이 화자는 고향에 머무를 수 없는 상태가 되어 버린 것이다. 이런 상황에서 어린 시절에 불던 "풀피리 소리"는 어디에도 찾을 수 없다. 그곳은 현실적 공간으로서의 고향과 대비되면서 시적 자아의 의식 속에서 상실되기에 이른다. 이 순간 현실 속의 힘든 삶을 극복하는 계기로서 시적 자아의 현재와 과거를 이어 주던 관념적 공간으로서의 고향은, 현실과의 단절을 겪고 기억 속의 공간으로 후퇴한다. 식민지 시대를 고뇌하며 살아가는 시인의 아픔을 읽어낼 수 있는 시이다.

이처럼 지용의 시에서 '고향'의 모습은 자신의 유년시절 체험을 통해서 풍부하고 다양하게 그려짐으로써 한국인의 원초적인 고향 개념을 환기하고 있다. 그것을 가장 지속적으로 드러내 보이는 것은 '향수'라 할 수 있다. 향수란 고향에 대한 그리움이지만, 그 밑바탕에는 상실된 낙원을 회복하고자 하는 소망, 즉 고향이라는 공동체에 대한 그리움이 담지되어 있다. 초기의 대표작 〈향수〉는 일제강점기의 고통스러운 상황 속에서 고향에 대한 그리움과 고향상실의 비애감을 잘 묘사하고 있다. 시인은 일제강점기의 **빼앗긴 조국**을 '고향' 이미지로 "참하 꿈엔들 잊힐리야"로 각인시키고 일깨웠던 것이다.

넓은 벌 동쪽 끝으로
옛 이야기 지즐대는 실개천이 회돌아 나가고
얼룩백이 황소가
해설피 금빛 게으른 울음을 우는 곳
그 곳이 참하 꿈엔들 잊힐리야

(중략)

흙에서 자란 내 마음
파아란 하늘빛이 그리워
함부로 쏜 화살을 찾으려
풀섶 이슬에 함추름 휘적시든 곳
그 곳이 참하 꿈엔들 잊힐리야

(중략)

하늘에 성근 별
알 수도 없는 모래성으로 발을 옮기고
서리 까마귀 우지짖고 지나가는 초라한 지붕
흐릿한 불빛에 돌아 앉아 도란도란 거리는 곳

그 곳이 참하 꿈엔들 잊힐리야

- <향수> 부분

지용은 충북 옥천에서 태어나 자랐는데, 도쿄에 유학하던 1923년 경에 이 작품을 썼다고 한다. 실개천이 흐르고 얼룩배기 황소가 울음을 우는 풍경으로서의 전형적인 우리 농촌의 모습이 구체적으로 제시되고, 여기에 다시 가족사적인 그리움이 결합된다. "옛이야기 지즐대는 실개천", "금빛 게으른 울음", "밤바람 소리 말을 달리고"와 같은 표현은 청각적 이미지를 채색화하고 조형화한 고도의 기교를 엿보게 한다. 아울러 겨울밤에 늙으신 아버지가 짚베개를 돋우어 괴시는 정겨운 모습, "질화로, 재, 뷔인 밭, 밤바람 소리" 등의 소재가 유년회상을 강하게 환기시켜 주는 촉매가 된다. 이제는 돌아갈 수 없는 시절로서의 소년시절이 아련히 떠오른다. 그리고 흙에서 자란 마음과 파란 하늘 사이의 화자의 행동 모습은 "화살을 쏘는" 상징적인 행위로 표출되는데, 그것은 꿈 많던 시절 끊임없이 솟구쳐 오르기만 하던 비상의지의 발현이며, 이상을 향한 몸부림을 뜻한다. 마지막 연에서 "성근별, 모래성, 서리 까마귀, 초라한 지붕, 흐릿한 불빛" 등 토속적이고 원초적인 심상으로 이제 추억 속에서만 살아 있는 고향에 대한 그리움과 함께 비애감을 담아내고 있다. 특히 다섯 개의 연들이 "그 곳이 차마 꿈엔들 잊힐리야"라는 시행을 반복함으로써 고향에 대한 절실한 그리움을 더해 주고 있다.

요컨대 1930년대 시의 모더니즘과 이미지즘을 대표하는 지용은 섬세하고 감각적인 시어와 선명한 이미지를 구사하여서 감정과 사상의 객관화에 성공한다. 이러한 객관화는 감정과 언어의 절제 없이는 불가능한 것이었다. 무엇보다도 지용의 감각적 이미지는 동양의 고전에 대한 소양에서 형성된 고전적 절제의 정신과 관련이 깊다. 자연을 대상으로 삼아 시어의 조탁과 섬세하고 선명한 이미지로 구현한 그의 독특한 시세계는 제자격인 청록파의 시세계로 이어졌다.

월탄 박종화,

석굴암대불과 청자·백자에 담긴 민족혼 일깨워

서울 출생의 월탄 박종화(1901~1980)는 휘문고보를 졸업 후, 1921년 『장미촌』에 〈오뇌의 청춘〉, 〈우유빛 거리〉를 발표하며 등단했다. 그는 1922년 문학잡지 『백조』 발간에 참여하고, 홍사용, 박영희 등과 함께 '백조' 동인으로서 낭만주의 문학을 지향했으며, 또한 한국의 역사와 문화유산에 관심을 돌리면서 시와 역사소설 창작에 전념했다. 시집으로는 『흑방비곡』을 비롯하여 『청자부』, 『월탄시선』이 있으며, 소설로는 『금삼의 피』, 『아랑의 정조』, 『다정불심』, 『대춘부』, 『임진왜란』 등을 남겼다. 예술원원장, 문인협회이사장 등을 지낸 그를 기리는 '월탄문학상'이 1966년부터 제정되어 시상되고 있다.

'백조' 동인으로서 1920년대 한국 낭만주의 문학의 큰 줄기를 이루고 있는 월탄은 보들레르의 상징주의와 악마주의의 영향을 많이 받았다. 때문에 그의 초기 시는 일제 식민지 질곡 아래서 자아와 개성을 강조하고, 현실부정과 도피, 생과 사에 대한 퇴폐적이고 세기말적 경향이 주조를 이루고 있다. 그가 현실을 부정하고 도피를 꾀하는 곳은 이른바 이상향으로서, 그곳은 진리와 참삶이 있는 곳이며, 거짓도 없고 탐욕도 없는 낙원이다. 그러나 그가 시에서 죽음조차 불사하며 찾는 이상향이란 결국 어디에도 없다. 따라서 그가 죽음이라는 방법을 통해 지향하는 '밀실'이나 '성결聖潔'의 동산은 그의 이상주의적 사상에서 나온 시적 표현임과 동시에 자아와 현실에 대한 내적 성찰의 결과이기도 하다. 그의 첫 시집 『흑방비곡』을 대표하는 〈사의 예찬〉은 이러한 경향을 선명하게 보여 준다.

    검은 옷을 해골 위에 걸고
    말없이 주토빛 흙을 밟는 무리를 보라
    이곳에 생명이 있나니
    이곳에 참이 있나니
    장엄한 칠흑의 하늘, 경건한 주토의 거리

해골! 무언!
번쩍 어리는 진리는 이곳에 있지 아니 하냐
아, 그렇다 영겁 위에.
(…)
온갖 추예를 가리운 이 시절에
진리의 빛을 볼 수 없나니
아, 돌아가자
살과 혼
훈향내 높은 환상의 꿈터를 넘어서
거룩한 해골의 무리
말없이 걷는
칠흑의 하늘, 주토의 거리로 돌아가자.

- <사의 예찬> 부분

    이탈리아의 탐미주의 작가이며 시인인 가브리엘레 다눈치오(Gabriele D'Annunzio)의 소설 『죽음의 승리』에 영향을 받은 이 시는 미지의 천국과 죽음을 동경하는 '백조파'의 병든 낭만주의의 한 전형을 보여 준다. 시적 화자는 현실보다 차라리 죽음의 세계가 참되다고 말한다. 그것은 식민지 현실이 죽음보다 가혹하다는 역설적인 표현으로, 그의 '죽음'은 가혹한 현실로부터의 도피이다. 비참한 식민지 시대의 현실은 '참세상, 진리의 세계'가 아니며, 향료 냄새 높은 환상의 세계를 넘어 죽음의 세계에 '생명과 참됨, 그리고 진리'가 있음을 시인은 거침없이 노래하고 있다. 마지막 연에서 시인은 가식의 종이 하나로 온갖 더럽고 지저분한 것을 가린 절망적인 이 시대에서는 '참'을 얻을 수 없으니, 거룩한 해골의 무리가 말없이 걷는 저승의 세계로 돌아가자고 외친다. 하지만 월탄의 말대로 "이것은 내 노래이며 울음이다. 이곳에 무엇을 찾으며 무엇을 자랑할 게 있으랴마는 나 젊은 어린 혼이 풋된 마음과 거짓 없는 참을 다하여 밤마다 홀로 읊어 가슴속 깊이 간직해 두었던 내 노래이다." 3·1독립 운동 실패 후의 절망적인 시대 상황이 잘 암시되고 있다.

하지만 일제 말기 시들어가는 민족혼을 되찾고, 민족의 자긍심을 고취시키려는 월탄의 인고의 노력은 계속된다. 철저한 자기파괴와 현실부정 속에서 자아회복과 초극의지를 통해 보다 긍정적이고 적극적인 시적 변모를 시도한다. 장편 역사소설에 정진하여 독보적 존재가 된 월탄은 우리의 찬란한 문화유산으로 시선을 돌린다. 그 결과물이 1946년에 발간된 시집 『청자부』이다. 초기 낭만시와는 많은 차이를 보인다. 특히 민족적 예술의 전통미와 그 정서를 유려하게 읊어 조국과 민족에 대한 뜨거운 애정과 역사의식이 밑바닥에 짙게 깔려 있다. 그 대표적인 시편들이 〈석굴암대불〉,〈십일면관음보살〉,〈청자부〉,〈백자부〉,〈영종〉 등이다. 월탄은 〈석굴암대불〉 3편의 연작시에서 일제의 침략으로 나라를 빼앗긴 통한을 천년 대불 앞에 엎드려 터뜨리면서 민족은 불멸하리라는 확신을 상징화시킴으로써 더 큰 감동을 호소하고 있다.

    천년을 지키신 침묵
    만겁도 무양無恙쿠나.

태연히 앉으신 자세
배움직함 많사이다.

동해 바다 물결이 드높아
허옇게 부서져 사나우니
미소하시어 누르시다.
천년 긴 세월을
두 어깨로 받드시다.
신라의 큰 功德이
임 때문이시니라.

아침 해 붉게 바다에 소용돌이쳐 솟으니,
서기瑞氣, 굴속에 서리우고
달빛 휘영청히 떠오르니
향연香煙 임 앞에 조요하다.
일대명공一代名工의 크나큰 솜씨에
고개 숙여 눈물겨워지옵네.

- 〈석굴암대불 I〉

일제하 민족시인의 비애를 "천년을 지키신 침묵"으로 상징화하여 불심으로 승화시켰다. '한국의 지혜'로 불리는 석굴암대불의 장중하고 위엄 있는 자태를 묘사함과 아울러 신라 천년 사직을 외세로부터 지켜 준 공덕을 찬탄한다. 이어 〈석굴암대불 II〉에서 나라는 망했는데 무엇을 지키느라 대불은 아직도 끄덕하지 않고 있으며, 조국광복은 언제 도래할 수 있는가를 묻는다. 간곡하고 간결하게 가을을 슬퍼하는 지사(志士悲秋)의 감정을 드러내 보인다.

동해 말랐다오
무엇을 지키시오
산적적山寂寂 으스름 달에
두견새를 지키시오?
토함산 벋은 다랑이
어희 늘어져 휘덮은 낙락장송 지키시오
솔바람 새소리에
다시 천년이 갔네
몸부림쳐 님의 무릎에
통곡하고 싶구나.
   - <석굴암대불 II> 전문

석굴암의 대불을 감각적 대상으로 설정하고, 그것을 주관적으로 묘사하고 있다. 실제로 동해가 마른 일은 없다. 하지만 화자는 동해 물이 마르고 닳아 버렸다고 말한다. 여기에는 다분히 정치적 함의가 담겨있다. 즉 나라가 결딴났다는 것이다. 두보의 "나라는 망가져도 산천은 그대로구나"라는 감개와는 대조적이다. 산천이 변하여 동해도 말랐으니 나라는 오죽하겠는가라는 뜻이 함장되어 있다. 그래서 석굴암대불이 무심하게 두견새와 낙락장송을 지키는 일만을 해 왔는가라고 되묻는다. "솔바람 새소리에 / 다시 천년이 갔네"란 대목은 신라가 천년 동안 지속되었다가 망한 후 다시 천년이 지났다는 사실을 간결하게 나타내고 있다. 신라가 망한 후 천년이 지나서 다시 나라가 망했으니 "님의 무릎에 통곡하고 싶"다는 것이다. 흔히 우리는 "신라 천년"이란 말을 쓰는데, 이 말을 시어로는 정지용이 처음 썼다. 이어 조지훈이나 박목월도 따라 "신라 천년"이란 말을 썼다. 월탄은 〈신라인의 사유〉라는 수필에서 "조국의 국토는 빼앗겼다. 하지만 너희들의 정신은 빼앗아 가지 못할 것이다. 동해 바다 이외에 또 다시 너희들에게 潤을 주는 물이 있을 것이다. 고요히 침묵을 지켜서 돌아오는 그때를 기다려 보아라. 대불은 우리에게 이같이 계시를 주었던 것이다."라고 언급하면서 〈석굴암대불 Ⅲ〉에서는 민족의 수난을 참고 견디면 대불의 영험으로 언젠가는 반드시 조국이 해방될 것이라는 강한 믿음을 드러내 보이고 있다.

    함추룩한 두 팔엔
    정령精靈이 아직도 서리우시고
    날렵하게 짚으신 바른 손
    손가락엔 바드라운 생기, 팔락하셨네
    감중련하신 부드러운 왼편 손바닥
    함빡 거룩한 슬기의 샘물이시라
    눈감고 고즈넉이 이르는 말씀
    바다 마르거니 물이야 없을거냐
    고요히 침묵을 지키라 하시다.
    - 〈석굴암대불 Ⅲ〉 전문

대불의 인자한 모습을 섬세한 시어로 유감없이 보여 주며 민족정신의 영원성을 노래하고 있다. 아직도 두 팔에 정령이 서려 있고, 양

손가락에는 팔팔한 생기와 거룩한 지혜가 있으니, 침묵하고 기다리면 분명히 영험한 대불의 가피지력이 있을 것임을 확신한다. 한결 정제되고 아름다운 표현이 돋보인다. "함추룩한" "날렵하게" "바드라운" "감중련하신" "고즈넉이"와 같은 시어들이 대불의 아름다운 자태를 묘사한다. 우리말 말살 정책이 진행되던 1940년대에 이런 시를 썼다는 것은 중요한 의미를 지닌다. 잃어버린 신라의 황금시대에 대한 상실의식과 동경이 그려지고 있다. 불교사상을 전면에 내세우지 않고 불교조형예술이라는 제재를 통해 낭만적인 상상력으로 내면의 불심과 미의식을 표출하고 있다.

한편, 석굴암 본존불 뒷면 둥근 벽에는 석굴 안에서 가장 정교하게 조각된 십일면관음보살상이 서 있다. 동양미술사에서 가장 아름다운 '그림조각'으로 손꼽히는 이 보살상은 그를 원하는 중생의 근기에 따라 여러 가지 형태로 몸을 나타내기에, 보문시현普門示現이라 불린다. 이에 월탄은 시방十方에 얼굴을 향한다는 관음의 구고구난救苦救難의 묘지력을 구체화한 십일면관음보살의 아름다움을 상찬함으로써 민족혼을 일깨워 주고 있다.

    I
    천년 대불을
    성처녀로 모시우다.
    호로 한병으로
    동해물을 불리시다.
    웃는듯 자브름하신가 하면

조는듯이 웃으셨네
담은듯 열으신듯 어여쁜 입술
귀 귀울여 들으면
향기로운 말씀
도란도란 구으는듯 하구나.

II
원광보관이 모두 다 거룩하다.
부드러운 두 볼
날씬한 두 어깨
춘산아미春山峨眉가 의젓이 열리셨네
결곡하게 드리우신 코
어여쁘다 방울조차 없구나.

III
고운지고 보살의 손
돌이면서 백어白魚같다
신라 옛 미인이
저렇듯이 거룩하오?
무릎 꿇어 우러러 만지면
훈향薰香내 높은 나릿한 살 기운
당장 곧 따스할듯 하구나.
　- <십일면관음보살> 전문

　얼굴과 눈을 통해 모든 중생에게 자비심을 베풀며, 또한 이들을 남김없이 구제하겠다고 하는 관음신앙의 조형화인 십일면관음보살의 아름답고 정묘한 모습이 잘 묘사되고 있다. 왼손에 감로수 담긴 정병을 들고 화려한 보관을 쓴 풍만한 얼굴, 늘씬하고 우아한 신체, 물결처럼 부드러운 천의를 걸치고 하얀 고운 손을 지닌 거룩한 보살상에서 시인은 생생한 생명력을 느낀다. 살아 움직이는 듯한 신체에 분명히 맥이 뛰고 따스한 피가 흐르는 것을 감지하는 것이다. 웃는 듯 자브름하며, 조는 듯이 미소 짓는 입가에서 금방이라도 법향이 흘러나올 듯함을 느끼고, 분명히 돌인데도 만져 보면 온기가 돌 것 같음을 느끼는 것은 단단한 화강암 면에 공들여 돋을새김을 한 신라 석공의 숨결과 절묘하게 융합하는 면을 보인다. 여기에 십일면관음보살이 그 자체로 대자대비의 화엄세계를 표상하는 의미가 있다.

나아가, 국내 첫 사립미술관 서울 성북동 '간송미술관'의 설립자 전형필의 외사촌 형이기도 한 월탄은 고려청자와 이조백자에 대한 깊은 애정과 찬미를 통해 조상들의 창조적 정신과 민족적 긍지의 고취를 보여 준다. 신비로운 빛깔과 우아한 무늬, 부드러운 형태로 독보적 지위를 차지했던 고려청자이다. 특히 고려청자는 은은하면서도 맑고 오묘한 비색翡色으로 청자의 본고장인 중국 송나라에서도 천하의 으뜸이라며 극찬을 아끼지 않을 정도였다. 이런 우리의 귀중한 문화유산 고려청자기를 월탄은 〈청자부〉에서 "아리따웁게 구을러 보살같이 아담"하다고 예찬했다.

    선은
    가냘픈 푸른 선은
    아리따웁게 구을러

보살같이 아담하고
날씬한 어깨여
사월 훈풍에 제비 한 마리
방금 물을 박차 바람을 끊는다.

그러나 이것은
천 년의 꿈 고려청자기!

빛깔 오호! 빛깔
살포시 음영을 던진 갸륵한 빛깔아
조촐하고 깨끗한 비취여
가을 소나기 마악 지나간
구멍 뚫린 가을 하늘 한 조각
물방울 뚝뚝 서리어
곧 흰 구름장 이는 듯하다.

그러나 오호! 이것은
천년 묵은 고려청자기!

- <청자부> 부분

  첫 연에서는 시인은 고려청자의 푸른 선을 보살의 어깨선에 비유하여 날씬한 모습이 마치 수면을 박차고 나는 제비와 같다고 표현하고 있다. 이어 천년 동안 민족의 얼을 간직해 오고 있는 고려청자의 은은한 빛깔은 청옥빛보다 더 아름답고 조촐하고 깨끗한 비색의 하늘에 비유되어 그 아름다움의 극치를 예찬하고 있다. 궁극적으로 시인이 청자의 아름다움을 통하여 느끼는 것은 천년이라는 시간이며 민족의 역사요, 조상의 숨결이다. 이러한 경우를 영국시인 존 키츠의 유명한 〈희랍 항아리 송시〉("Ode on a Grecian Urn")에서 찾아 볼 수 있다. 키츠는 희랍 항아리를 "그대 항상 순결한 정적의 신부여, / 그대 고요와 서서히 흐르는 시간의 양자여, / 삼림의 역사가여, / 너는 과연 이렇게 / 우리의 가락보다 더 아름답게 꽃다운 얘기를 표현할 수 있구나."라고 묘사함으로써 그 아담한 자태와 표면에 무늬 새겨진 목가적인 그림에 황홀한 찬사를 보내고 있다. 키츠가 희랍의 옛 항아리를 보면서 느끼는 것은 우리가 고려청자를 보면서 느끼는 감정과 다를 바 없다. 우리는 이런 옛 도자기를 보면서, 그것을 한낱 흙으로 빚어진 조형물로 보지 않고 살아 숨 쉬는 인격체로 보게 마련이다. 그리고 거기에서 오랜 세월의 흐름과, 그 세월의 우여곡절을 내면에 간직한 채 침묵을 지키는 초연한 모습을 본다. 이러한 시적 태도는 다음의 시 〈백자부〉에서 한결 극화된다.

하이얀 자기
이조의 병아,
빛깔 희고도 다사로웁고
소박하면서 꾸밈없는 솜씨야
진실로 진실로
아버지와 할아버지
산림처사의 무명 도포다.
구수한 냄새
넓으신 금도

못난인 듯 바보의 멋
　　크다! 훈향내
　　울연히 드높다.

　　- <백자부> 일부

　청자에서 느끼는 것이 보살같은 온화함이고 날렵한 선과 비취색 하늘이라면, 백자에서 느끼는 것은 그 소박미와 꾸밈없는 질박한 멋이다. 시인은 한없이 도량이 넓고 산림처사적인 아버지와 할아버지의 모습을 떠올리면서 세속의 자잘한 이해타산을 초월한 선적인 향취와 백의민족의 무명 도포와 같은 서민적 풍취를 느끼는 것이다. 이것은 아버지와 할아버지의 풍모를 강조함으로써 민족과 겨레의 자긍심을 은연중에 상기시키는 월탄의 수법이기도 하다. 물론 그가 석굴암대불을 보면서 "천년을 지키는 침묵"이라고 했을 때에도 같은 느낌을 묘사한 것이라 할 수 있다.

　한편, 월탄의 지고지순한 조국과 민족 사랑은 황새가 천 년에 한 알씩 나르는 모래가 쌓여 산이 될 때까지, 또 천 년에 한 번 피는 꽃잎들이 쌓여 하늘에 닿을 때까지 변하지 않고 사랑하고 싶다는 간절한 소망에서 한결 선명히 드러나고 있다.

　　천년에 한 알씩
　　모래를 나르는
　　황새가 있었단다.
　　그 모래가 쌓여 산이 될 때까지

너를 사랑 하고 싶다.

천년에 한번 피는 꽃이 있었는데
그 꽃에 꽃잎이 쌓이고 쌓여
하늘에 닿을 때까지
너를 사랑 하고 싶다

학은 천 마리를 접어야
행복을 가져다주지만
나에겐 너만 있으면 행복하다

하늘에게 소중한 건 별이고
땅에 소중한 건 꽃이고
나에게 소중한건
바로 너 란다

(…)

예전에 모르던 사랑
지금은 편안한 사랑
나중에 편안할 사랑
바로 너 란다

햇살이 눈부신 날
투명한 유리병에
햇살을 가득 담고 싶다
너에 흐린 날에 주기 위해서

사랑한단 말이다

사랑한단 말이다
사랑한단 말이다

- <천년 사랑> 부분

하늘과 땅 사이 억겁을 사랑해도 모자라는 지고한 사랑을 노래하고 있다. 하늘에게 소중한 건 별이고 땅에 소중한 건 꽃이듯이, 내게 온 당신은 더 없이 소중한 존재이다. 예전에 모르던, 지금은 편안한, 나중에 편안할 사랑의 존재가 바로 당신이다. 햇살이 눈부신 날 투명한 유리병에 햇살을 가득 담고 싶은 이유도 흐린 날 당신에게 주기 위함이다. 이처럼 시인은 영혼이 맑은 당신을, 이 세상 다 변해도 한결 같이 영원히 사랑하리라는 마음을 담아낸다. "사랑한단 말이다"라는 말로 곡진하게 드러내 보이고 있다.

요컨대 "자연으로 돌아가라"는 낭만주의의 대전제 아래에 당대의 문학적 활로를 모색하는 과정에서 월탄은 한국 정신문화의 토양이었던 불교적 상상력을 바탕으로 다양한 시적 세계를 펼쳐 보인다. 무엇보다도 일제 강점기에 식민지 시인의 자각적 열망에서 비롯된 그의 문화유산에 대한 애착은 그 유물 자체의 아름다움에 대한 묘사일 뿐만 아니라, 이를 제작한 우리 조상들의 고결한 정신을 일깨워 줌으로써 우리 민족의 가슴속에 상실된 조국을 다시 찾으려는 의지와 희망을 불어넣은 살아 숨 쉬는 생명의 미학이라 할 수 있다.

신석초,

고뇌의 승화 '바라춤'과 '꽃 섬'의 시학

동양과 서양, 전통과 현대라는 독특한 화두로 시심을 불태운 신석초(1909~1975)는 충남 서천 출신으로 본명은 신응식이다. 일본 호세이대학에서 철학을 공부한 그는 사회주의 사상의 영향을 받아 카프(KAPF)에 가입했으나 카프의 도식주의적 창작 방법에 실망하여 박영희의 전향 선언과 때를 같이하여 탈퇴하였다. 1935년 무렵부터 이육사를 알게 되어 함께 동인지『자오선』을 발간하면서 본격적인 작품 활동을 하였던 그는『시학』,『문장』등을 통해 시를 발표했으나 일제강점기 말에는 고향에 묻혀 지내며 절필하기도 했다. 해방 후 그는 대한민국예술원 회원과 한국시인협회장, 한국일보 논설위원을 지냈으며, 시집으로는 『석초시집』, 『바라춤』, 『폭풍의 노래』, 『처용은 말한다』, 『수유동운』 등을 남겼다.

자신을 '우주를 떠도는 나그네'라고 늘 말해왔던 석초는 프랑스 상징주의, 특히 폴 발레리의 순수시 운동과 중국의 이백, 두보, 그리고 노장사상의 영향을 받아 그 나름의 독창적인 시세계를 보여 주고 있다. 특히 그는 '우리의 가장 고유한 것, 가장 높은 '전통', 즉 우리 선인들이 남겨 놓은 정신적 보물을 탐구하면서 무한한 법열을 느끼고 미래에 대한 희망을 꿈꾸었다. 그의 이러한 고전 및 전통에 대한 탐구와 짙은 상징성은 처녀작 〈비취단장〉(1940)에서 선명하게 드러나고 있다. 윤회 전생하는 현실적 자아가 헛된 것인데 반하여, '비취'는 영겁을 찾는 나의 본래적 자아로서 불멸하는 빛의 이미지로 제시되고 있다.

> 슬프다, 바람 숲에 구르는 옛날의 옥석이여
> 비취翡翠, 보석인 너 노리개인 너여
> 아마도 내 영원히 잊지 않을 너만의 자랑스러운
> 영화를 꿈꾸었으련만
> 뜬 세상에 어지러운 오뇌를 안고
> 거치른 쑥대 구렁을 내가 헤매느니

적막한 깊은 뜰을 비추이는 푸른
달빛조차 어이 흐려 있는다.
- <비취단장> 첫 연

석초는 비취의 상징성을 통하여 개인의 실존성과 역사의식을 시로 형상화하고 있다. 여기에서 '비취'는 빛의 보석으로 '전통'과 '가치 있는 정신'을 상징한다. '비취'의 속성은 '비취'의 과거성과 본래성에 의하여 선명히 드러난다. 다시 말해, '비취'는 영원한 영화의 창조와 이상을 지녔고, 무구하고 불멸하며 순수한 '빛'으로서의 창조의 원천적인 힘을 지니고 있다. 화자는 옥석인 비취가 제 격에 어울리지 않은 환경에 처해 있는 것을 안타까워한다. 말하자면, "옛날의 옥석"이라는 구절에서 대조적으로 오늘날 옥석의 처지를 읽어내는 것이다. 오늘날은 옛날과 달리 "거치른 쑥대 구렁"과 "바람 숲"으로 표현된 '부세浮世'는 오뇌로 가득 찬 사바세계로서의 이미지를 갖는다. 즉 부세는 옥석으로서 비취의 본질과는 다른 선명하지 못한 세상을 의미하는 것이다. 부세의 이미지가 '수풀(숲)'로 변주되어 나타나기도 하지만 화자는 마지막 연에서 '비취'의 불멸하는 순수한 빛을 발견한다.

비취, 오오, 비취, 빛나는 옥석이여
내 전신轉身의 절 안에 산란한 시간의 발자취
다비茶毘의 낡은 흔적이 어릴 제
너는 매혹하는 꽃 같은 손길에 이끌리어

그지없는 애무 속에도

오히려 불멸하는 빛을 던진다.

- <비취단장> 마지막 연

    화자는 "전신의 절 안"과 "다비"에서 감추어진 빛의 이미지를 발견한다. '비취'는 시대적 어둠을 밝혀 줄 정신적 힘인 전통, 즉 불멸하는 순수한 빛을 던지는 전통을 상징하기 때문이다. "전신의 절 안"에서 지적 혼란에서 오는 고뇌와 갈등으로 "산란한 시간"을 보내며 반가치적인 것들을 불태워 버리는 화자는, "다비"와 그 결과로서 생성되는 '사리舍利'에 대한 상상력을 폄으로써 부정적 의미의 전통을 상징했던 무광의 '비취' 속에 내재된 순수하고 "불멸하는 빛"을 발견한다. 그럼으로써 '비취'는 원래 지녔던 고유의 아름다운 광휘를 되찾고 있다.

    석초 역시 박종화처럼 불교예술이라는 감각적 대상의 주관적 묘사의 기법을 잘 구사하고 있다. '바라춤'은 불교적 제의에서 실행되는 승려들의 춤사위로, 불법수호와 의식도량을 정화하여 성스러운 장소가 되게 한다. 유년시절 충남 서천 봉서사鳳棲寺를 오가며 의식 함양, 인생진로 등을 고민하며 시심을 키워왔던 석초였다. 특히 그는 사찰에서 베풀어지는 제의식 가운데 유현하고도 아름다운 불교무용 예술의 한 장르인 '바라춤'을 유심히 바라보면서 많은 사유를 했던 것 같다. 이러한 관찰과 사유의 결과물을 감각적 대상으로 설정하고 있는 시가 <바라춤>이다. 여기에는 세속과 열반 지향의 삶 사이에서 번뇌를 떨쳐 내지 못하는 시인의 심경이 잘 형상화되고 있다. 속세의 온갖 욕망과 번뇌를 극복하려는 소망과 갈등을 관조적인 태도로 드러냄으로써 시적 승화를 추구하는 계기가 되었고, 1969년 예술원상을 수상하기도 한 작품이다.

> 언제나 내 더럽히지 않을
> 티없는 꽃잎으로 살어 여려 했건만
> 내 가슴의 그윽한 수풀 속에
> 솟아오르는 구슬픈 샘물을
> 어이할까나.
>
> 청산 깊은 절에 울어 끊긴
> 종소리는 아마 이슷하여이다.
> 경경히 밝은 달은
> 빈 절을 덧없이 비초이고
> 뒤안 으슥한 꽃가지에
> 잠 못 이루는 두견조차
> 저리 슬피 우는다.
>
> - <바라춤>(1~12행)

석초는 가야금산조와 〈청산별곡〉에 자극을 받아 바라춤을 시에 수용하게 되었다 한다. 때문에 이 시에 청산별곡이 많이 인유되고 있다. 세속에 물들지 않은 청정무구한 삶을 살고자 하는 이상과 세속적 번뇌로 뒤덮여 있는 현실 사이에서 괴로워하는 시적 자아의 모습이 묘사되고 있다. 바라춤이라는 제재를 통해 그 갈등을 그리고 있지만, 춤 동작에 대한 묘사보다는 화자의 내적인 갈등에 초점을 맞추고 있다. 시인은 "티 없는 꽃잎"과 같은 맑고 아름다운 삶을 추구하나, 그의 가슴에선 언제나 "구슬픈 샘물"이 샘솟듯 세속적 번뇌가 끊이지 않고 흘러나온다. 시인은 이러한 대립적 관계를 설정하여 갈등의 양상을 드러내 보인다. 갈등하는 화자인 '나'의 내면이 "잠 못 이루는 두견"을 통해 제시된다. 이어지는 연에서는 '나'가 생명을 지닌 존재로서 육체의 욕망을 완전히 버리지 못해 생겨나는 갈등과 열반의 세계를 상징하는 '창해'로 흘러가는 꽃잎을 부러워하는 화자의 모습을 통해 불교적 구원의 갈망이 그려지고 있다.

아아, 어이하리. 내 홀로
다만 내 홀로 지닐 즐거운
무상한 열반을
나는 꿈꾸었노라.
그러나 나도 모르는 어지러운 티끌이
내 맘의 맑은 거울을 흐리노라.

몸은 설워라.
허물 많은 사바의 몸이여!
현세의 어지러운 번뇌가
짐승처럼 내 몸을 물고
오오, 형체, 이 아리따움과
내 보석 수풀 속에
비밀한 뱀이 꿈어리는 형역形役의
끝없는 갈림길이여.

구름으로 잔잔히 흐르는 시냇물 소리
지는 꽃잎도 띄워 둥둥 떠내려가것다.
부서지는 주옥의 여울이여!
너울너울 흘러서 창해에
미치기 전에야 끊일 줄이 있으리.
저절로 흘러가는 널조차 부러워라.
- <바라춤>(13행~32행)

　이전의 갈등 양상이 보다 확대되고 깊어진 모습이다. "무상한 열반"인 드높은 초월의 경지를 꿈꾸었지만, 떨쳐 버리지 못한 번뇌가 "어지러운 티끌"이 되어 마음의 고요함을 깨뜨린다. 그 근원적인 이유는 화자가 생명을 지닌 존재로서의 육체의 욕망을 완전히 버리지 못한 때문이다. 그래서 그는 "허물 많은 사바의 몸"을 원망하며 "형역의 끝없는 갈림길"에서 자신의 존재에 대해 괴로워하는 것이다. "형역"이란 육신의 욕망으로 인해 정신이 예속된다는 의미이다. 아울러 시인은 멈추지 않고 창해로 흘러가는 꽃잎처럼 자신도 온갖 번뇌를 끊고 열반의 경지에 이르고자 하는 염원을 유장한 강물의 흐름을 통해 제시한다. 여기에는 욕망/초월, 육신/영혼, 번뇌/해탈이라는 이항대립 구조를 통한 석초의 불교적 상상력의 시학이 자리하게 된다. 결국 석초가 <바라춤>에서 주목한 불교사상은 세상의 부귀공명의 환락이 모두 헛된 것이라는 관념으로, 프랑스 상징주의 시인인 폴 발레리의 우아함의 감수성과 노장의 허무사상 등이 절묘하게 융합, 응축된 결과물이다.

　인간의 의지는 한계상황을 인식하는 데 그치지 않고 그것을 뛰어 넘으려는 데 그 의미가 있다. 이 과정에서 전제되어야 할 것이 자아 탐색을 통해 지향의지를 확인하는 일이다. 석초의 시에서 현실세계와 자아의 갈등과 고뇌를 초극하려는 정신적 지향은 '꽃 섬'의 이미지로 나타나고 있다. 즉 피안의 세계로 그려지는 '꽃 섬'은 이데아의 세계를 표상한다. '부세浮世'를 벗어나 도달할 있는 가장 높은 곳에 위치하는 공간이 '꽃 섬'이라 할 수 있다. 따라서 그에게 연꽃으로 비유되는 '꽃 섬'은 불교적 상상력을 통한 해탈에의 염원을 상징하며 우주적 합일과 조화로 이끄는 원동력을 함유한다. 그 대표적인 시가 〈연꽃〉이다.

> 붉게 피어난 연꽃이여!
> 네가 꿈꾸는 네안(涅槃)이 어디런가
> 저리도 밝고 빛난 꽃 섬들이
> 욕망하는 입술과도 같이, 모두
> 진주의 포말로 젖어 있지 않은가
>
> 또 깊은 거울엔, 고요가 깃들고
> 고요가 잠든 엽주葉舟는 저마다
> 홍보석을 실어서, 옛날 왕녀가 버린
> 황금 첩지를 생각케 하누나.
>
> 오오, 내 뉘라 오렴아! 우리
> 님프가 숨은 이 뜰을 나려
> 연잎 위에, 오래고 향그러운 아침 이슬을 길으리.
>
> - 〈연꽃〉 부분

진주와 같은 이슬을 머금고 붉게 피어난 '연꽃'을 보며 화자는 불교적 상상력을 통하여 "이상의 극한 세계"인 "밝고 빛난 꽃 섬"에 도달하고 있다. "붉게 피어난 연꽃"은 '홍보석'을 실은 '엽주'와 밝고 빛난 '꽃 섬'의 상징적 의미로 확장되면서 피안, 즉 속박에서 해탈하고 불생불멸의 경지를 체득한 열반의 세계를 지향하고 있다. 여기에서 한 순간에 사라지고 없어질 '이슬'은 '보석'의 단단함과 불멸함, 영원성, 광채성, 그리고 완전성을 지닌 '이슬'로 변환되어 형상화되고 있다. 즉 화자는 천상적인 힘과 지상적인 힘이 합쳐서 응결된 '우주적 알'을 연상시키는 이슬방울조차 '진주'에 비유함으로써 열반의 지상적 성격을 강조하고 있다. 결국 화자가 궁극적으로 지향한 곳은 우주 근원으로서의 '꽃 섬'이다. 어쩌면 석초는 이 '꽃 섬'을 지향하여 절대의지를 실현하면서 우주 근원과 존재에 대한 진지한 탐색을 시도하고자 했는지도 모른다. 이것은 곧 시를 통해 구현하고자 한 석초 삶의 신념일 수도 있다.

　　또한 석초의 시가 우리의 주목을 끄는 것은 그가 대상에 대한 단순한 응시와 성찰의 묘사에 그치지 않고 정신세계를 상징적으로 드러내 보이는 점이다. 대상에 대한 새로운 인식의 전환과 확장은 전통적인 소재에서 택한 시에서 자주 발견된다. 가령, 고려시대부터 전승되어 오는 사자탈춤을 소재로 하여 쓴 〈금사자〉에서 그러한 세계가 잘 그려지고 있다.

　　금사자야
　　금빛 바람이 인다.

해바라기가 피었다.

하늘 아래 둘도 없는
너의 황금 갈기
휘황한 너의 허리.

주홍색 아가리를
딱딱 벌리고
조금은 슬픈 듯한 동굴 같은
눈을 하고
맹수 중에
왕 중 왕.

꽃펴 만발한
싸리밭에
불붙은 태양의 먹이
네 발로 움켜잡고
망나니로 뒹군다
땅 위에.

고려 천년
화사한 날에
해바라기가 피었다.
금빛 노을이 뜬다.
  - <금사자> 전문

사자의 생동감 넘치는 율동을 통하여 밝고 호쾌하며 삶에 대한 적극적인 의지가 극적으로 그려지고 있다. 하지만 단순히 사자탈춤을 묘사한 것이 아니라 황금사자의 장엄하고도 '맹수의 왕'에 비견되는 호쾌한 모습을 통해 왕도 정신을 상징적으로 드러내고 있다. 화자는 사자탈춤을 호쾌하고 장엄하게 묘사하고 있는데, 이를 통해 황금사자로 상징되는 밝고 호탕한 정신이 창달되기를 기대한다. "금빛 바람", "해바라기"의 비유를 통해 황금사자의 빛깔의 묘사에 이어 제2연에서 금사자의 황색 갈기와 휘황한 허리의 모습이 묘사되고 있다. 제3, 4연에서는 금사자의 딱딱 벌린 아가리와 동굴 같은 눈을 통해 '맹수의 왕'으로서의 사자의 모습을 묘사하고, 제5, 6연에서는 '황금털 사자(金毛獅子)'가 태양이 내리쬐는 싸리 밭에서 마구 뒹구는 모습을, 마지막 연에서는 황금털 사자를 해바라기와 금빛 노을에 비유하고 있다. 한편, 선가禪家에서 '금털사자'는 뒤돌아봄이 없이 앞으로 내달리는 맹수의 왕으로, 가고 옴을 취하지 않고 머묾도 취하지 않는 행을 하는 존재로 언급되고 있다.

석초의 시 전체를 통해 드러나는 중심 시어는 '꽃'이다. 그의 시에서 오뇌懊惱를 자각하는 '몸'의 상징은 꽃이라는 기표를 통해 나타난다. 꽃은 가냘픈 몸에 짧은 기간 동안 피었다가 지는 유한한 존재이다. 하지만 고난과 시련 속에서 흔들리면서도 꽃은 자신의 생명과 그리움을 마냥 붉게 태운다. 시인은 이처럼 주어진 운명에 순응하며 끝까지 삶에 충실한 모습을 보이는 꽃의 생명에서 뜨거운 삶의 욕구를 발견하고 감탄한다.

꽃잎이여 그대
다토아 피어
비바람에 뒤설레며
가는 가냘픈 살갗이여.

그대 눈길의
머언 여로旅路에
하늘과 구름
혼자 그리워
붉어져 가노니

저문 산 길가에 져
뒤둥글지라도
마냥 붉게 타다 가는
환한 목숨이여.

- <꽃잎 절구> 전문

   꽃잎은 비바람에 흔들리면서 일정한 기간을 살아가는 가냘픈 존재이다. 하지만, 그 나름의 고귀한 생명을 지니고 살아가는 꽃은 하늘과 구름을 혼자 그리워하며 붉어져 간다. 하늘과 구름은 지상의 존재인 꽃이 다가갈 수 없는 천상의 존재이다. 하지만 화자는 그러한 자신의 한계를 알면서도 꽃은 열정적인 모습으로 살아감을 인식한다. "다토아 피어"라는 시구는 이러한 의미를 간결하게 전해 준다. 이렇게 붉어져 가던 꽃은 비록 "저문 산 길가에 져 / 뒤둥글지라도" 힘을 다하여 자신의 생명과 그리움을 마냥 붉게 불태운다. 그것은 자신에게 주어진 운명을 받아들이면서 끝까지 삶에 충실하고자 하는 비극적 아름다움의 모습이다. 결국 화자는 자신의 삶을 열정적으로 불사르는 꽃의 모습에 투영하여 후회 없는 열정적인 삶을 지향하는 면을 보인다.

아울러 석초 시의 '밤'과 연결되는 관능의 특이한 점은 단순히 아름다움만으로만 연결되지 않는 데 있다. 때문에 그의 시에서 관능은 원천이고, 사바세계의 중심부를 이루고 있는 것으로 그려진다. 홀로 깨어 있는 화자는 자연의 일부이지만, 그 스스로가 자연처럼 무한할 수 없는 유한한 존재임을 자각하고 있는 것이다. '밤'이라는 시간성과 관련하여 '흐르는 물'과 '두견의 울음'의 의미가 다음의 시에서 한결 잘 극화되고 있다.

  꽃지는 산 바닥에
  두견이 운다

  두견의 울음 속에
  물소리 흐른다

  으스름 달빛 아래
  사람은 잠들고
  나만 홀로 듣는다.
  - <두견> 전문

인간과 자연을 대비하여 초 여름밤의 정감을 잘 제시하고 있다. 두견의 울음과 함께 흐르는 물소리는 잠 깨어 듣는 화자에게 깊은 사색에 잠기게 한다. 즉 무한성의 '물소리'와 유한성의 '두견 울음'과 '꽃 지는' 상황에는 화자의 존재 의식에 대한 내면 갈등이 투영되어 있다. '두견'은 화자의 감정이입의 존재이며, 동일시된 대상으로서 존재를 울음으로 드러내고 있다. 무엇보다도 이 시의 특징이자 묘미는 청각적 이미지를 활용하되 동일한 청각 이미지를 대비시켜 무한성과 유한성을 절묘하게 드러내는 데 있다. "사람은 잠들고 / 나만 홀로 듣는다."는 마지막 시행에는 그 점이 잘 묘사되어 있다. '사람'과 '나'는 변별되어 있고, 사람들이 잠에 빠져 있을 때, 나만이 두견이 울음소리를 듣고 있다는 것이다. 모두가 잠든 시각 깊어가는 '밤' 시간을 물소리의 흐름으로 청각화하였지만, 그 흐름은 두견이 울음에 두 귀를 모으고 있는 화자의 정지된 동작에서 흐름으로 인식되지 않고 정지된 시간으로 인식된다. 이처럼 정지된 시간은 공간화되어 달빛 그윽하고 고요한 산 바닥만 정경화된다. 자아의 내면을 응시하는 면에서 다분히 선적 사유의 경향을 보이고 있는 시편이다.

한편, 석초는 근원적인 삶에 대한 의문을 우주에 던지고 그곳으로부터 답을 찾으려고 한다. 즉 거대한 우주에 비해 연약하고 사소한 인간임을 확인하면서부터 삶을 오뇌로 인식하는 것이다. 가령, 폴 발레리가 물속에 떨어뜨린 포도주 한 방울이 어떻게 용해되어 다시 명징한 물로 환원되는가에 대한 깊은 통찰을 하고 있는, 즉 '잃어버린 술'이 말하는 '허무한 것'에 대한 인식을 답습하여 패러디하고 있는 〈돌팔매〉가 그 전형적인 예이다.

바다에 끝없는
물결 위로
내, 돌팔매질을
허무에 쏘는 화살 셈치고서.

돌알은 잠깐
물연기를 일고
금빛으로 빛나다.
그만, 자취도 없이 사라지다.

오오 바다여!
내 화살을
어디다, 감추어 버렸나

바다에
끝없는 물결은
그냥, 까마득할 뿐 ….

- <돌팔매> 전문

  시인은 바다를 향해 '돌팔매'를 하는 행위를 통해 인간은 어떠한 존재이며, 무엇을 지향하는 존재인가에 대한 진지한 물음과 성찰을 보여 주고 있다. 다만 폴 발레리의 술에 대한 돌의 대응이 달라졌을 뿐이다. 술과 돌팔매의 그 엄청난 차이의 대응에서 석초는 바다를 떠나 허공을 대하게 된다. 바다와 대조적으로 인간의 왜소함이 부각된다. 화자는 돌팔매를 "화살"로 비유하며 존재를 이해하고 있다. 화살이 날아가는 시간, 돌멩이가 사라져 가는 그 짧은 순간이 바로 인간의 삶이라는 것이다. 이는 화살을 감춘 바다의 의지 또는 우주의 심연이 광막함을 강조하는 효과를 준다. 그러니 돌팔매질이 "화살 셈치"는 일이 될 수가 있을 것이다. "바다", "돌팔매", "돌알" 등의 시어는 중요한 의미를 지닌다. "바다"는 무한성과 광활한 속성을 바탕으로 광막한 우주를 상징하고, 바다에 던진 "돌알"은 잠깐 물 연기를 일으키다 이내 사라지는 유한한 존재의 표상으로, 어쩌면 인간 존재라고 할 수 있다. 그렇다면 "돌팔매질"이 의미하는 것은 무엇인가? 절대 허무라는 우주적 질서에 돌팔매질은 부질없는 행동에 불과하지만, 광막한 바다를 향해 화살을 던지듯 "돌팔매질" 하는 모습은 허무를 극복하려는 시인의 몸짓으로 보일 수 있다.

석초가 마음의 가난으로 생긴 고달픔을 해소하기 위하여 삼각산 자락에서 있는 것은 도연명처럼 자연 속에서 안빈낙도를 하려는 것이 아니라 하늘과 바다와 같이 깊고 높은 마음을 갖고자 함이다. 그런데 자신의 소망을 아직 이루지 못하고 하늘의 흰 구름송이나 보며 지내고 있는 처지를 이렇게 표출한다.

이 산 밑에 와 있네.
내, 흰 구름송이나 보며
이곳에 있네.

꽃이나 술에
묻히어 사던
도연명이 아니어라.

어느 땅엔들
가난이야 없으랴만
마음의 가난은 더욱 고달파라.

눈 깨면 환히 열리는 산
눈 어리는 삼각산 기슭
너의 자락에 내 그리움과
아쉬움을 담으리.

소스라쳐 깬 하늘 같은 것
출렁이는 바다 물결 같은 것
깊고 또 높은 것이여.

이 산 밑에 와 있네.
내, 흰 구름송이나 보며
이곳에 있네.

　- <삼각산 밑에서> 전문

　삼각산 밑에 와 있는 화자는 하늘의 흰 구름을 보며 살고 있다. 구름은 세속적인 것에 얽매이지 않는 자유로운 존재의 표상이다. 화자는 세속적 욕망과 번잡한 세계에서 벗어나 자연 속에서 맑고 텅 빈, 청허淸虛의 삶을 동경한다. 이것은 벼슬길을 버리고 복숭아 "꽃이나 술에 / 묻히어 사던 / 도연명"을 부러워하거나 도연명을 닮기 위해서도 아니다. 그것은 '가난'과 "마음의 가난" 때문이다. 살림의 '가난'은 "어느 땅엔들 / 가난이야 없으랴"고 위안을 삼으며 살 수 있지만 "마음의 가난은" 살림의 가난보다 더욱 고달파 참을 수 없기 때문이다. 그래서 화자는 "마음의 가난"을 채우기 위해 "눈 깨면 환히 열리는 산"인 삼각산 자락에 와서 하늘을 쳐다보며 그리움과 아쉬움을 담고자 하는 것이다. 그리움과 아쉬움은 곧 넉넉한 마음에 대한 것이다. 넉넉한 마음은 "소스라쳐 깬 하늘 같은" 마음과 "출렁이는 바다 물결 같은" 마음, 그리고 "깊고 또 높은 것"이다. 석초는 이와 같이 마음 가난을 자연과 함께 호흡하며 동화되고자 하는 것으로 극복하고자 한다. 그래서 자연을 관조하는 것은 자신을 들여다보는 것이고, 맑은 시심을 가져다준다 할 수 있다.

요컨대 석초의 절제된 언어의 시는 탄탄한 상상력과 형이상학적 관념, 초월적 정신세계, 동양적 신비와 고요, 정신적 깊이를 지니고 있다. 동양정신과 폴 발레리로 대표되는 외래사조에 영향을 받았으면서도 석초는 사유의 뿌리를 전통에 두고 존재의 근원적 관심을 담아냈다. 현대시의 지향점을 동양과 서양, 고전과 현대를 아우르는 조화에서 찾고자 했던 그의 시 정신은 김춘수, 양성우, 박남철, 최정례 등으로 이어져 현재에 이르고 있다.

백수 정완영,

분이네 살구나무와 산이 나를 따라와서

삼산이수三山二水*의 고장 김천이 낳은 백수 정완영(1919~2016)은 이병기, 이은상, 김상옥, 이호우, 이영도와 함께 1960년대 대표적인 시조시인이다. 백수라는 호는 '김천金泉'의 천泉자를 파자한 것으로,

---

* 삼산이수란 세 개의 산과 두 개의 물이라는 의미로 산과 물이 대표하는 자연의 아름다움을 비유한 것이다. 삼산은 황악산·금오산·대덕산을 말하고, 이수는 감천과 직지천이다.

깨끗한 물, 오염되지 않은 물이 되어 세상을 정화하고자 하는 그의 신념을 함축하고 있다.

백수는 해방 직후 고향 김천에서 여석기, 김상갑, 배병창 등과 〈시문학구락부〉를 발족하고, 이듬해 『오동』을 창간했다. 이때가 실질적으로 백수의 시문학이 세상에 첫 선을 보인 시기였다. 1960년 국제신보와 동아일보 신춘문예에 당선되고, 1962년 청마 유치환을 통해 『현대문학』에 추천을 완료한 그는 같은 해 〈조국〉이 조선일보 신춘문예에 당선됨으로써 그의 탁월한 시적 재능을 다시 한번 보여 주었다. 아울러 그는 1966년 이호우, 이영도, 이우출 등과 함께 '영남시조문학회'를 창립하고, 우리 고유의 정형시 시조 발전에 혼신의 힘을 기울였다. 약 3,000여 편의 작품을 발표한 그는 첫 시조집 『채춘보』를 비롯하여 『묵로도』, 『산이 나를 따라와서』, 『연과 바람』 등의 10여 편의 시조집과 산문집을 남겼다. 또한, 그는 한국시조시인협회 회장을 지내기도 했으며, 한국문학상, 가람문학상, 중앙시조대상, 육당문학상, 만해시문학상, 이육사시문학상, 이설주문학상 등을 수상하고 은관문화훈장 등을 받았다.

백수 문학의 특징은 상실되어 가는 고향의식의 회복, 이를 통한 제국주의 문화의 극복, 전통 문화유산에 대한 따뜻한 이해, 그리고 백수 특유의 고유어 등을 주조로 하고 있는 점이다. 이러한 백수의 문학적 사유와 토양을 깊게 해 준 배경에는 고향상실과 민족전통을 관류하는 정한情恨의 미학이 자리하고 있다. 특히 그의 이러한 시학은 현실상황에 대한 냉철한 인식을 기반으로 한 조국의 현실과 미래를 염려하는 애절한 조국애의 표출로 나타났다. 따라서 조국, 그것은 백수의 영원한 사랑의 대상이었다.* 그의 가슴이 늘 아팠고, 그 인연 또한 그가 받고 온 오랏줄이라서 핏줄처럼 당기어 아픔이 온다고 했던 연유도 여기에 있다. 하여 해방된 조국이 동서 열강들에 의해 세력다툼의 각축장으로 변했던 무렵, 백수는 국토순례 길에 나서 전국 124개 군을 돌아다니며 나라사랑이 무엇인지 절실히 느꼈다. 그 뜨거운 시혼에서 창작된 수많은 작품 가운데 대표적인 것이 〈조국〉이다. 그는 분단된 남북, 그 많은 젊은 목숨들을 전쟁에 빼앗기고도 끝내 하나가 되지 못한, 그저 말없이 학처럼 여위어 가는 그런 조국에 대하여 한없이 통곡하고 싶은 마음을 이렇게 표출하고 있다.

　　행여나 다칠세라 너를 안고 줄 고르면
　　떨리는 열 손가락 마다마디 에인 사랑
　　손닿자 애절히 우는 서러운 내 가얏고여.

　　둥기둥 줄이 울면 초가삼간 달이 뜨고
　　흐느껴 목 메이면 꽃잎도 떨리는데
　　푸른 물 흐르는 정에 눈물 비친 흰 옷자락.

---

* 백수의 뜨거운 조국애는 다음의 글에서 확인된다. "나의 노래는 나의 뿔 나의 冠이었다. 이 뿔에 감기는 하늘빛은 몹시도 애달팠다. 앞으로 한 세상을 살아가는데 거추장스럽기야 하겠지만 그래도 이 뿔을 고이고이 간직해 두었다가 내 사랑하는 조국, 내 사랑하는 형제 앞에 벗어놓고 가야겠다. 그것만이 주어진 목숨에의 갚음의 길이라 느껴지기 때문이다."(『채춘보』(1969) 자서)

통곡도 다 못하여 하늘은 멍들어도
피맺힌 열두 줄은 굽이굽이 애정인데
청산아, 왜 말이 없이 학처럼 여의느냐.

- <조국> 전문

우리 민족의 정한을 가장 잘 표현해 주던 가야금을 빌려 조국에 대한 애끓는 정과 조국의 슬픈 역사적 현실에 대한 안타까움, 그리고 조국의 앞날을 위한 비원悲願을 토로하고 있다. 백수가 사랑하는 조국의 모습은 풍요롭고 희망찬 나라가 아니었다. 어디까지나 서럽고, 눈물을 자아내는, 그러기에 떨리는 열 손가락으로 줄을 고를 수밖에 없는 조국이었다. 가야금 소리가 더욱 애절하게 울리면 가녀린 꽃잎마저도 격정을 못 이겨 스스로 몸을 떨게 된다는 시인이다. '조국'이라는 무거운 시 제목과 '가얏고'라는 전통적 제재의 절묘한 결합이 주는 경건하면서도 장중한 비장미는 놀랍다. '둥기둥 줄이 울면'의 청각적 감각과 '초가삼간 달이 뜨고'의 시각적 감각의 절묘한 조화는 백수 그만의 독보적인 한국적 서정미를 묘출하고 있는 압권이다. 그 애틋한 가락 속에 서러운 겨레의 모습을 떠올리는 시인은 마지막 연에서 '가얏고'의 가락이 절정에 이르기도 전에 하늘은 멍이 들고 말지만 목숨만큼이나 사랑하는 '가얏고'이기에 피맺힌 그 열두 줄은 굽이굽이가 다 애정뿐인데, 어찌하여 청산(가얏고, 조국)은 말없이 학처럼 야위어 가기만 하느냐고 반문한다. 참으로 감칠맛 나는 고유어와 다양한 감각적 이미지를 통하여 조국에 대한 무한한 애정을 선명하게 보여 주고 있다. 실로 백수 시조 문학의 백미이다.

백수가 자신의 시조 세계에서 그린 고향은 시간과 공간을 초월한 영원불변의 장소성을 지닌다. 고향은 그의 의식을 일깨워주는 터전이었고, 그것이 확장되어 조국의 이미지와 중첩되었다. 그래서 그는 우리의 조상들이 대대로 가꾸어 온 고향이란 터전을 어떤 시련 속에서도 지켜내야 하고, 거기에 의지하며 가슴속에서 고향의식을 회복해야 한다고 역설하였다. 그의 조국과 민족애에 대한 정신이 상실감에서 비롯된 고향회귀 의식으로 한층 고양되는 것도 이런 까닭이다. 그의 이러한 시적 경향은 탁월한 시적 상상력으로 대상을 수용하거나 우리 고유의 시어를 전통적인 율격에 잘 조화시킴으로써 시조의 새로운 지평을 열어 주었다. 그 전형적인 시가 〈고향생각〉이다.

　　　쓰르라미 매운 울음이 다 흘러간 극락산極樂山 위
　　　내 고향 하늘빛은 열무김치 서러운 맛
　　　지금도 등 뒤에 걸려 사윌 줄을 모르네.

　　　동구 밖 키 큰 장승 십리 벌을 다스리고
　　　푸수풀 깊은 골에 시절 잊은 물레방아
　　　추풍령 드리운 낙조에 한 폭 그림이던 곳.

　　　소년은 풀빛을 끌고 세월 속을 갔건마는
　　　버들피리 언덕 위에 두고 온 마음 하나
　　　올해도 차마 못 잊어 봄을 울고 갔더란다.

　　　- 〈고향생각〉 전반부 3연

돌아갈 수 없는 시간에 대한 그리움과 안타까움을 함께 담고 있다. 백수에게 고향은 상실감을 극복하기 위해 설정된 근원적인 고향의 의미가 주조를 이루고 있다. 화자는 고향을 가슴에 지니되 지극한 사무침과 하나 되는 심경을 묘사하고 있다. 가령, 마땅히 기다릴 사람이 없으면서도 눈길이 가는 극락산 자락, 동구 밖 키 큰 장승 십리 벌을 다스리는 곳, 풀 숲 시절 잊은 물레방아 도는 곳, 추풍령 드리운 낙조에 한 폭 그림이던 곳, 버들피리 언덕 위에 마음 하나 두고 온 곳, 그리고 풀잎 같던 유년시절이 있고 자신을 있게 한 모든 근원들이 바로 그의 고향이다. 이는 곧 언젠가는 자신도 묻히게 될 있음과 없음이 하나로 이어져 있는 진정한 고향을 의미한다. "쓰르라미 매운 울음"에서 '울음'과 '매운'이 주는 소위 '어긋남의 조화'라든지, "내 고향 하늘빛은 열무김치 서러운 맛"에서 '내 고향 하늘빛'을 열무김치 맛으로 치환하고 그것도 '서러운' 맛으로 묘출하는 것은 시각, 청각, 후각뿐만 아니라 미각까지도 자극하여 원형적 고향을 자연친화적 공간으로 인식하게 한다. 이처럼 백수는 사물에 대한 시각적·후각적 묘사, 민족어의 음악적 가능성을 최대한으로 살려 민족적 삶의 원형을 끄집어낸다. 이와 같이 정한과 그리움의 절묘한 조화와 시청각의 비유, 감칠맛 나는 듯한 선율과 시적 상상력의 확장은 가히 백수 시조 미학의 압권이다.

백수의 고향에 대한 의식은 꽃의 이미지와 긴밀히 조응하는 데서도 잘 드러난다. 호박꽃의 모습에서 생명의 만다라를 포착하고 포근한 고향마을을 보고 있다.

호박꽃을 들여다보면 벌 한 마리 놀고 있다
호박꽃을 들여다보면 초가삼간이 살고 있고
경상도 어느 산마을 노란 등불이 타고 있다.

- <호박꽃>

사소한 것으로부터 우주로 확장되는 내면 풍경은 사물의 일부로 조화롭게 존재하는 세계와 만난다. 화자는 호박꽃 한 송이도 실제의 눈으로, 생각의 눈으로, 마음의 눈으로 보고 있다. 호박꽃 속에 벌 한 마리가 실제로 놀고 있음을 보고, 그 꽃 속에서 생각의 눈으로 초가삼간을 찾아내고, 산마을 고향의 노란 등불까지 읽어내고 있다. 사실 '만다라'는 낱낱의 살인 폭이 속 바퀴 축에 모여 둥근 수레바퀴인 원륜圓輪을 이루듯이 모든 법을 원만히 다 갖추어 모자람이 없다는 윤원구족輪圓具足을 의미한다. 이는 곧 삼라만상의 존재들이 상호 연대를 이루며 내적으로 긴밀하게 연관되어 있는 친연성의 형상화를 상징한다. 그렇다면 만다라의 세계를 표상하고 있는 호박꽃, 벌, 초가삼간, 노란 등불 등이 서로서로 비추고 비추어서 화엄의 세계를 이루고 있다. 그 화엄의 세계가 백수에게는 진정한 마음의 고향이다.

신록이 짙어지면 푸른 잎 사이로 별 모양의 감꽃이 피고 보리누름이 시작될 무렵쯤 꽃 진 자리에 애기 풋감이 맺힌다. 감꽃은 동그랗게 풍선처럼 빵빵하다가 사방으로 펴진다. 유년시절, 시인은 미리 준비해 간 실타래에 떨어진 감꽃들을 주렁주렁 꿰어 목에 걸고 신나서 집으로 오던 기억이 있다. 그 추억을 생생하게 담아내고 있는 시가 다음의 〈감꽃〉이다.

> 바람 한 점 없는 날에,
> 보는 이도 없는 날에
> 푸른 산 뻐꾸기 울고 감꽃 하나 떨어진다
> 감꽃만 떨어져 누워도
> 온 세상은 환하다
>
> 울고 있는 뻐꾸기에게,
> 누워 있는 감꽃에게
> 이 세상 한복판이 어디냐고 물었더니
> 여기가 그 자리라며
> 감꽃 둘레 환하다.
>
> - 〈감꽃〉

꽃이 진다는 것은 슬픈 일일 것이다. 바람 한 점 없는 날에, 보는 이도 없는 날에 조용히 꽃이 지는 것이고, 너무 슬퍼 '푸른 산 뻐꾸기 울고' 꽃이 떨어지는 것이다. 하지만 노란 감꽃이 떨어져야 감이 열리는 것이고, 단지 '감꽃만 떨어져' 누웠을 뿐이지만 떨어진 꽃은 온 세상을 환하게 만든다. 화자는 '울고 있는 뻐꾸기에게, 누워 있는 감꽃에게' '이 세상 한복판이 어디냐고' 묻는다. 그 대답은 '여기가 그 자리'라는 것이다. 바로 감꽃이 떨어져 누워 있는 그 자리, 비록 떨어졌지만, 이제 감이 열릴 것이니 그 사명을 다하고 떨어져 편안하게 누운 자리는 이 세상의 중심이 된다. 그러니 누워 있는 '감꽃 둘레'는 의당 환할 수밖에 없다.

을숙도乙淑島는 낙동강 1,300리를 달려온 물줄기가 마지막으로 쉬었다 가는 곳이다. 지금은 다리가 놓여 쉽게 오갈 수 있는 곳이지만, 을숙도는 과거에 갈대가 많고, 철새(乙)들이 많고, 맑은(淑)' 섬으로, 청춘남녀들의 천국이었다. 40여 년 전, 백수는 을숙도에 와 세월의 흐름과 강의 흐름을 동일시하며 을숙도의 아름다운 모습을 청신한 감각과 그만의 독창적인 비유와 넉넉한 마음으로 묘출하였다.

> 세월도 낙동강 따라 칠백리 길 흘러와서
> 마지막 바다 가까운 하구에선 지쳤던가
> 을숙도 갈대밭 베고 질펀하게 누워있네.
>
> 그래서 목로주점엔 대낮에도 등을 달고
> 흔들리는 흰 술 한 잔을 落日 앞에 받아 놓으면
> 갈매기 울음소리가 술잔에 와 떨어지데.
>
> 백발이 갈대처럼 서걱이는 노사공도
> 강물만 강이 아니라 하루해도 강이라며
> 金海벌 막막히 저무는 또 하나의 강을 보네.
> - <을숙도> 전문

첫 연에서는 세월이 강 따라 흘러와서 바다 가까운 하구에서 지쳤는지 을숙도 갈대밭을 베고 누워 있다고 한다. 세상과 세월을 바라보는 낙조의 모습과도 같이 갈대를 백발이 성성한 노사공의 이미지로 형상화하고 있다. 둘째 연에서는 목로주점에서는 손님이 하도 많아 대낮에도 등을 달고 손님을 받고, 흔들리는 막걸리 한 잔을 지는 해(落日) 앞에 받아 놓으면 "갈매기 울음소리가 술잔에 와 떨어"진 다고 했다. 가히 절창의 표현이다. 술만 따라 마셔도 취하는데 갈매기 울음소리까지 술잔에 따라 함께 마시는 화자의 마음에는 모든 갈등과 대립을 넘은 상생의 인식이 내재되어 있다. 셋째 연은 갈대처럼 서걱거리는 백발의 노사공도 "강물만 강이 아니라 하루해도 강이라며" 김해 벌에 저무는 또 하나의 강을 본다고 묘사한다. 강물에 드리운 석양이 드넓은 김해 벌을 한결 장엄하게 물들이고 있음을 관조하는 시인이다. 어쩌면 목로주점에서 한 잔 막걸리를 마시는 마음 속에 홍조된 취기가 해넘이의 모습일 수 있다. 시인은 모두가 내 것일 수도 있고 그렇지 않을 수도 있는 자족적인 공간에서 꾸밈없이 살고(무위), 욕심이 없는(무욕) 조화와 순응의 세계관을 드러내 보이고 있다. 을숙도의 이러한 무위와 무욕의 공간을 통해서 시인은 비움과 충만의 세계를 보듬는다.

백수 시조 문학의 중요한 또 하나의 특징은 인간을 자연의 일부로 파악하고 자연과의 화해와 소통을 지향하고 있는 점이다. 그는 자아와 대상의 구별을 없애고 합일세계를 추구함으로써 물아일여의 경지에 이르고자 한다. 자연과 하나됨으로써 우주 속에서 자신의 정체성을 찾고, 자연과의 대화를 통하여 우주적 질서의 울림을 묘출하고 있는 〈산이 나를 따라와서〉는 그 좋은 예이다.

동화사 갔다 오는 길에 산이 나를 따라 와서
도랑물만한 피로를 이끌고 들어 선 찻집
따끈히 끓여주는 주는 차가 단풍만큼 곱고 밝다.

산이 좋아 눈을 감으신 부처님 그 무량감 머리에
서리를 헤며 귀로 외는 풍악楓岳소리여
어스름 앉는 황혼도 허전한 정 좋아라.

친구여, 우리 손들어 작별하는 이 하루도
천지가 짓는 일들의 풀잎만한 몸짓 아닌가
다음날 설청雪晴의 은령銀嶺을 다시 뵈려 옴세나.
- <산이 나를 따라와서> 전문

    자연과의 교감은 자신을 버리는 일로부터 시작된다. 욕심을 비운 빈자리의 넓이만큼 자연이 들어올 수 있기 때문이다. 시인은 짧은 시간이었지만 동화사에 다녀오는 동안 자신을 비워내고 그 자리에 산을 앉혔다. 하산하는 길에 찻집에 들려 차를 마시고 하산을 하지만 단풍 든 산 풍경을 놓지 못한다. 그래서 내가 산을 이끌고 하산하는 것이 아니라 "산이 나를 따라" 온다고 생각하는 것이다. 이어 "산이 좋아 눈감으신 / 부처님 그 무량감"을 보고 난 뒤에 "어스름 앉은 황혼도 / 허전한 정"이라는 대목은 삶이 허전하여도 저 단풍처럼 아름답게 물드는 삶이라면 어찌 정이 들지 않을 수 있겠는가 하는 심경을 표현하고 있다. 인간 삶에 있어 "손들어 작별하는 이 하루"는 결코 가볍지 않은 기록일 수 있다. 하지만 "천지가 짓는 일들"에 비하면 "풀잎만한 몸짓"에 불과하다. 그래서 가슴에 두지 않아도 저절로 따라오는 풍경이 있으니, 눈이 온 겨울에 다시 한번 찾아와 이 아름다움을 바라보자는 시인의 심경이 그려지고 있다. 자연과의 교감을 통한 비워짐과 사라짐이 가져다 줄 채워짐과 만남에 대한 화엄적 사유가 담지되어 있는 듯하다.

 백수의 자연 친화적 사유는 목련 잎을 노래한 시에서도 분명히 드러나고 있다. 목련은 봄기운이 살짝 대지에 퍼져나갈 즈음인 3월 중하순경, 잎이 나오기 전에 가지 꼭대기에 한 개씩 커다란 꽃을 피운다. 그러다가 며칠 후 하염없이 떨어지고 그 자리에 새로운 잎이 돋는다. 하여 덧없이 왔다 가는 봄철의 꽃도 아름답지만 이보다 더 아름다운 것이 잎 철에 불현듯 피어낸 연초록의 목련 잎임을 시인은 이렇게 노래한다.

> 하늘이 뜻이 있어 겨울나무 가지 끝에
> 은밀히 빈자리를 마련하여 두시더니
> 봄날이 들기도 전에 꽃이 다녀갔습니다.
>
> 왜가리 같은 꽃이 무리무리 날아와서
> 사나흘 앓고 난 후 깃털 뽑아 흘려 놓고
> 천지간 자취도 없이 사라지고 없습니다.
>
> 덧없는 봄날이야 오는 듯 가버려도
> 꽃보다 고운 철이 잎철이라 하시면서
> 불현듯 피워낸 연초록 찰랑찰랑 넘칩니다.
>
> - <木蓮心經>

 일체만물이 개체로서 고정되어 존재하지 않고 열리고 비우고 확장되어 또 다른 하나를 완성해 가고 있음을 일깨워주는 시편이다. 새로운 의미 읽기이다. 시인은 겨울나무 끝에 은밀한 빈자리에 봄이

들기 전에 꽃이 피었다가 이내 지고 만 목련 나무에서 새로이 돋아나 찰랑찰랑 넘치는 연초록 잎들을 바라보며 삶의 새로운 인식을 하고 있다. 자신을 자연의 일부로 여기며 살아온 시인은 그의 삶도 이와 다르지 않다는 것을 깨닫게 된다. 이러한 발견은 기존의 대상관계를 해체시키면서 새로운 대상관계를 읽어내는 순간이다. 이는 곧 목련에서 사라짐과 채워짐의 조화로운 화엄의 세계를 간파하는 백수의 '마음 경' 읽기라 할 수 있다.

백수는 말년에 순수성 추구를 통해 마음의 고향인 동심으로 돌아간다. 봄을 통해 동심 회복을 노래하거나 유년의 꿈을 통해 동심 회복을 추구하고, 엄마에 대한 그리움을 통해 동심 회복을 표현하고자 한다. 민족 전통 가락을 살린 시 구절에 맑고 투명한 어린이의 감성을 담아내는 동시를 쓰기 시작한 것이다. 그런 시인의 노력으로 '동시조'라는 새로운 용어가 탄생되었다. 살구꽃은 아름답고 4월에 연분홍빛으로 핀다. 옛사람들은 살구꽃을 급제화及第花라 하여 관문에 등용되는 상징적 의미로 삼았다. 이러한 살구꽃을 천진무구한 동심의 상상력으로 잘 빚어내고 있는 시가 〈분이네 살구나무〉이다.

동네서 젤 작은 집
분이네 오막살이

동네서 젤 큰 나무
분이네 살구나무

밤사이 활짝 펴올라

대궐보다 덩그렇다.

- <분이네 살구나무> 전문

작은 것에 의미를 부여하면서 거기에 담겨 있는 새로운 큰 우주를 체험케 하고 있는 작품이다. 이는 의상대사의 <법성게>의 "한 티끌 속에 세계를 머금었고, 낱낱의 티끌마다 우주가 다 들었네"(一微塵中含十方 一切塵中亦如是)라는 화엄적 상상력과 맥을 같이 한다 할 수 있다. 동네에서 제일 큰 '분이네 살구나무'가 밤사이 활짝 꽃을 피워 동네에서 제일 작고 초라한 분이네 오막살이집을 환하게 비춘다. 집 둘레가 얼마나 환해졌을까? 그야말로 분이네 집은 '꽃대궐'이 되었을 것이다. 꽃핀 모습을 보고 "대궐보다 덩그렇다"고 표현한 것은 참으로 신선한 놀라운 시적 상상력이다. 분이는 평소에 주눅이 들어 어깨 한 번 펴지 못했지만 이때만큼은 어깨를 활짝 폈을 것이다. 이 때 우리는 대궐에 사는 사람이 아니라 동네서 젤 작은 집에 사는 분이가 된다. 분이의 환한 마음이 우리에 와 닿는 순간 우리의 가슴도 한결 넉넉하고 환해지리라 생각된다. 여기에 이 시가 던지는 치유의 메시지가 있다.

실존적인 존재로서의 인간이 갖는 한계와 고독을 깊이 있게 성찰해 온 백수는 일상적인 자연을 소재로 선택하여 간결하면서도 적절한 비유로 자신의 내면세계를 형상화한다. 그것은 부모님에 대한 뜨거운 시혼으로 표출되기도 한다. 누구에게나 엄마가 그리운 시간이 있다. 시인은 어릴 적 어머니에 대한 넉넉한 품안과 그리움을 곡진하게 묘사한다.

옛날 우리 어머님은 빨랫줄에 빨래를 널어야
비로소 하늘 문이 열린다고 하시었다
아득히 너무 푸르러 막막해진 하늘 문이.

왜인지 나는 몰랐다 어린 제는 몰랐었다
한 타래 다 풀어 넣어도 닿지 않던 그 唐絲실
어머님 그 깊은 가슴 속 하늘빛을 몰랐었다.

　- <어머님의 하늘> 전문

　백수의 어린 시절, 아득히 푸른 하늘이 왜 푸른가를 모르던 시절에 어머님은 빨랫줄에 흰 빨래가 가득 널려서 바람에 나부끼면서 하늘을 씻어줘야만 하늘 문이 열린다고 생각했던 것이다. 당사唐絲실 한 타래 다 풀어 넣어도 닿지 않던 어머님의 그 깊은 가슴속 하늘빛, 그 깊이를 이제야 알 것 같은 시인의 간절한 마음이 짙게 깔려 있다. 시인의 어머니에 대한 진한 그리움은 환한 목소리를 통해 한결 잘 표현된다. 그 어떤 노래도 엄마의 부름처럼 곱고, 엄마 목소리처럼 정겨우며, 희망과 용기, 위로를 주지 못한다. 시인은 이러한 엄마 목소리의 밝음과 위대함을 이렇게 담아내고 있다.

보리밭 건너오는 봄바람이 더 환하냐
징검다리 건너오는 시냇물이 더 환하냐
아니다 엄마 목소리 목소리가 더 환하다.

혼자 핀 살구나무 꽃그늘이 더 환하냐

눈 감고도 찾아드는 골목길이 더 환하냐
아니다 엄마 목소리 그 목소리 더 환하다.

- <엄마 목소리> 전문

눈에 보이는, 가슴으로 보이는, 마음으로 보이는 엄마 목소리의 큰 울림을 묘출하고 있다. 보리밭 건너오는 봄바람보다, 징검다리 건너오는 시냇물보다, 살구나무 꽃그늘보다, 눈 감고도 찾을 수 있는 골목길보다 더 맑고 환하며 포근한 목소리가 엄마 목소리임을 역설하고 있다. 그 목소리 앞에 세상 그 어떤 고통도 다 사라질 것이고, 삶은 희망에 찬 봄빛일 수 있기 때문이다. 그래서 엄마의 목소리는 어떤 목소리보다 아픈 상처와 슬픔을 달래주며 또한 포근하고 따뜻한 위로와 용기를 주는 치유의 공간이 되기도 한다 할 것이다. 백수의 지고지순한 부모님에 대한 깊은 애정은 사흘 집에 와 계시다 말없이 돌아가시는 아버지의 빛바랜 모시 두루막 자락을 보며 가슴 속 깊이 스미는 부자의 정을 그린 시에서 한결 극화되고 있다.

사흘 와 계시다가 말없이 돌아가시는
아버님 모시 두루막 빛바랜 흰 자락이
웬 일로 제 가슴 속에 눈물로만 스밉니까.

어스름 짙어 오는 아버님 여일餘日 위에
꽃으로 비춰 드릴 제 마음 없사오며,
생각은 무지개 되어 고향 길을 덮습니다.

손 내밀면 잡혀질 듯한 어릴 제 시절이온데
할아버님 닮아 가는 아버님의 모습 뒤에
저 또한 그 날 그 때의 아버님을 닮습니다.

- <父子像> 전문

진정한 마음 안에서 출발한 그림인 듯하다. 화자는 늙으신 아버님께 효도를 다하지 못한 아들의 자책감을 '눈물'로 표현하고 있다. 이어 적적한 여생이 얼마 남지 않은 아버님께 효도하고 싶어도 현실적인 여건 때문에 제대로 무엇을 해드릴 수 없는데 어느덧 아버님 모습이 할아버지 닮아가고 자신도 아버지 모습처럼 닮아가는 것을 보며 늙어가는 자신의 모습을 말하고 있다. 즉, 할아버지 — 아버지 — 아들로 이어지는 혈연 의식을 되새기면서 삶의 덧없음을 말하고 있다. 아버지와 아들 사이의 은은한 정, 아들의 아버지에 대한 깊은 사랑, 대를 이어 내려가는 가족의 영원한 관계가 맑고 그윽한 서정의 목소리로, 바슐라르가 말한 '울림'으로 다가온다.

백수 시학의 또 다른 중요한 특징은 불연佛緣에 대한 깊은 이해와 이를 시적으로 형상화하고 있는 것이다. 무엇보다도 백수와 황악산 직지사는 깊은 인연이 있다. 황악산 높이가 해발 1111m이고, 백수의 탄생일이 11월 11일인 것도 묘한 인연이다. 직지사는 418년(눌지왕 2) 아도화상이 도리사를 창건한 후 창건했으며, 사명대사의 출가 사찰이기도 하다.* 직지사 주변의 전원공간은 그의 유년의 꿈을 키

---

* '東國第一伽藍黃嶽山直指寺'과 뒷면의 '覺城林泉高致'라는 현판 글씨는 '秋史

우던 유희공간이고, 동화공간이었으며, 오늘날의 백수가 있게 한 불심과 문학적 삶의 자양분의 공간이었다. 천불선원 상량문** 등 직지사 전각들의 상량문을 남긴 그는 〈직지사 운〉, 〈직지사 인경소리〉, 〈직지사 그 산, 그 물〉, 〈중암에 올라〉 등 직지사를 배경으로 빼어난 작품을 남겼다. 직지사의 지리적 환경의 빼어남과 아름다움, 그 역사적 의미, 그리고 포근한 마음의 안식처였음을 시인은 이렇게 담아내고 있다.

> 소백산 푸른 산맥이 남쪽으로 흐르다가
> 한 번 불끈 힘을 주어 추풍령을 만들었고
> 또 한 번 구비를 틀어 황악산을 앉혔지요.
>
> 산이 높아 골이 깊고 골이 깊어 절은 사는데
> 실꾸리 감았다 풀듯 겨울 가면 봄은 또 오고
> 새 울면 새가 운다고 지줄대며 흐르는 물.

이래 여초'라는 평가를 받는 여초 김응현(1927-2007)이 쓴 것이다. '각성'은 깨달음의 성이니 직지사를 의미하며, '임천'이라 함은 자연을 의미하는 것으로 황악산을 일컫는다. '치고'란 한자로 高趣와 비슷한 말로서 빼어난 정취를 말한다. 하여 '覺城林泉高致'에는 숲과 샘이 솟는 빼어난 황악산 직지사에 올라서야 깨닫게 된다는 의미가 담겨 있다. '임천고치'의 또 다른 뜻은 중국 송나라 때 산수화가로 유명한 곽희의 산수화 이론을 기술한 서책을 말한다.

** "산 아래 다함없는 맑은 샘물을 / 산중의 벗들께 두루 드리니 / 저저이 표주박 하나 지니고 와서 / 보름달 하나씩 담아 가소서(無盡山下泉 普供山中侶 各持一瓢來 總得全月去)." 백수는 추사 김정희의 부친이 초의선사에게 전한 것으로 알려지는 이 시를 천불전 상량문에 썼다고 한다.

목 트인 인경소리가 골안개를 걷어내면
흐르는 개울물 소리 핏줄처럼 흔들리고
내 고향 천년 직지사 벌떼처럼 이는 솔빛.

그 옛날 사명대사님 이 절에 와 머리 깎고
산과 물 정기 받아 큰 스님 되신 후에
불바다 임진왜란을 몸소 막으셨대요.

일찍이 김삿갓도 이 산 이 물 찾아와서
직지사 가는 길이 왜 굽었나 노래하며
떠가는 구름도 한 장 물빛 보태놨대요.

- <직지사 그 산, 그 물> 부분

　　백수의 시적 원형 공간인 황악산 직지사에 대한 서정이 맑게 그려지고 있다. 시인은 백두대간 소백산, 추풍령, 황악산, 직지사의 빼어난 정기를 묘사하고, 이러한 정기를 받아 승병장이 되어 왜적을 물리친 사명대사의 걸출함을 노래한다. 천하의 방랑객 김삿갓이 직지사를 품고 있는 물과 산, 구름이 어울려 동천洞天을 이루고 있음을 찬탄하고 있듯이, 백수에게 인경소리 울려 골안개가 걷히면 핏줄처럼 흐르는 개울물과 벌떼처럼 선연히 드러나는 솔빛 을 함장한 천년 고찰 직지사는 순수성과 생명력이 충만한 피안의 세계였던 것이다.

매양 오던 그 산이요 매양 보던 그 절인데도
철따라 따로 보임은 한갓 마음의 탓이랄까
오늘은 외줄기 길을 낙엽마저 묻었고나.

뻐꾸기 너무 울어 싸 절터가 무겁더니
꽃이며 잎이며 다 지고 산 날이 적막해 좋아라
허전한 먹물 장삼을 입고 숲을 거닐자.

오가는 윤회의 길에 승속이 무에 다르랴만
沙門은 대답이 없고 행자는 말 잃었는데
높은 산 외론 마루에 기거하는 흰 구름.

- <직지사 운韻> 부분

직지사 입구에 큰 시비로 새겨져 있는 시이다. 특히 백수는 대한 불교 조계종단 총무원장과 동국대학교 이사장을 지낸 영허당 녹원 큰스님과 각별한 인연이 있었다. 이 시비가 직지사 경내에 세워진 것도 큰 스님과의 지중한 인연 덕분이라 한다. 오늘날 직지사는 녹원 큰스님의 원력으로 30여 년간에 걸친 대작 불사로 전통과 현대를 가장 잘 아우른 유수의 대가람이 되었다. 형상에 집착하지 않고 보면 산과 물, 절은 늘 그대로이다. 그러나 겉모양에 집착하면 달리 보일 뿐이다. 화자는 수십여 년 전부터 매양 오는 절이건만 철마다 따로 보인다고 한다. 물론 올 때마다 한두 개씩 거대한 전각이 들어섰기에 당연한 일이다. 하지만 본래 그대로 절이고 물이다. 다만 형상만 다를 뿐이다. 마음에 집착이 있기 때문이다. 한편, 사찰이란 공간은 그 적막감으로 인하여 세속으로부터 벗어나 있는 듯하다. 봄날 그토록 울어대던 뻐꾸기소리가 절간을 무겁게 하고, 꽃잎이 다 지고 난 절간의 적막함이 화자에게는 더 없이 좋게 느껴졌던 모양이다. 그래서 먹물 장삼 걸치고 세상일의 번거로운 마음을 내려놓고 유유히 흘러가는 흰 구름처럼 빈 마음으로 침묵의 적요 공간, 숲길을 소요하고 싶어 한다. 이처럼 백수에게 직지사는 세간과 출세간을 잇는 공간이고 또한 지치고 힘든 삶을 치유하는 마음의 고향이고 안식처였던 것이다.

    요컨대, 백수에게 시조는 하나의 신앙이었다. 돌이켜 보면 미운 정 고운 정이 온몸에 반점처럼 돋아나 있는 속절없는 '한 마리 얼룩배기 사슴'으로 자신을 표현한 백수는, 시조는 말로만 쓰는 시가 아니라 말과 말의 행간에 침묵을 더 많이 심어두면서 우리말의 내재율 안에 그간 잃어버린 노래를 되살려 현대시조의 기틀을 마련하였다. 그 밑바닥에는 상실한 조국과 고향을 찾고자 뜨거운 시혼이 그대로 녹아 있다. 인간을 자연의 일부로 파악하고 자연과의 조화로운 삶을 지향하며 상실한 고향을 찾아 지난한 삶을 살아 온 백수의 고독한 영혼에는 다양한 마음소리들이 빚어내는 서정 미학이 담겨 있다.

김상옥,

도도록 내민 젖가슴 숨도 고이 쉬도다

통영 출생의 초정 김상옥(1920~2004)은 1938년 김용호, 함윤수 등과 함께 시 동인지 『맥』의 동인으로 활동하면서 〈모래알〉, 〈다방〉 등의 시를 발표하고, 1939년 이병기의 추천으로 『문장』에 시조 〈봉선화〉로 등단했다. 1941년 동아일보신춘문예에 〈낙엽〉이 당선됨으로써 본격적으로 작품 활동을 시작하게 되었다.

초정은 이호우와 함께 일제 강점기에 항일운동에 관계하여 몇 차례 투옥된 적이 있다. 해방 후 부산·마산·삼천포 등에서 교원생활을 했던 그는 1956년 유치환, 윤이상, 김춘수, 전혁림 등과 함께 '통영문인협회'를 조직하여 향토문화 창달에 힘썼다. 『초적』, 『고원의 곡』, 『이단의 시』, 『의상』, 『목석의 노래』, 『삼행시』, 『묵을 갈다가』, 『느티나무의 말』, 『촉촉한 눈길』 등의 시조집과 동시집 『꽃 속에 묻힌 집』, 산문집 『시와 도자』 등을 남긴 그는 노산문학상, 중앙시조대상, 가람시조문학상을 수상했다.

전통적인 율격과 제재를 바탕으로 현대시조의 새로운 경지를 개척한 초정의 시적 세계의 특징은 섬세한 언어 구사를 통해 관념세계와 사실세계를 잘 융합하여 민족 고유의 예술미와 전통적 정서를 형상화하는 데 있다. 초정이 태어나고 자란 통영은 지중해의 나폴리가 부럽지 않다는 아름다운 예향의 고장이다. 향수어린 서정의 노래는 고향에 대한 그리움으로 한결 생생하게 묘사되는데, 이것은 초정의 초기 시의 주조를 이루는 주제이다.

눈을 가만 감으면 굽이 잦은 풀밭길이,
개울물 돌돌돌 길섶으로 흘러가고,
백양 숲 사립을 가린 초집들도 보이구요.

송아지 몰고 오며 바라보던 진달래도
저녁노을처럼 산을 둘러 퍼질 것을.
어마씨 그리운 솜씨에 향그러운 꽃지짐.

어질고 고운 그들 멧남새도 캐어 오리.
집집 끼니마다 봄을 씹고 사는 마을.
감았던 그 눈을 뜨면 마음 도로 애젓하오.

- <사향思鄕> 전문

   소박한 시어로 향토색 짙은 한 폭의 풍경화를 그려내고 있는 시편이다. "눈을 가만 감으면"으로 시작해서 "감았던 그 눈을 뜨면"으로 끝나는 명상의 시상으로 전개되고 있는 점이 이채롭다. 화자는 1연에서 고향 마을의 전경을 회상하고 있고, 2연에서는 어머니에 대한 애틋한 그리움에 젖어 들고 있으며, 3연에서는 비록 가난하지만 심성이 착하고 고운 고향사람들을 마음속에 아련한 향수로 떠올린다. 이러한 고향의 자연과 인정의 세계는 "개울물 돌돌돌 길섶으로 흘러가고"라는 청각적 이미지, 진달래꽃이 저녁노을처럼 퍼져 있다는 뛰어난 시각적 비유와 "향기로운 꽃지짐(花煎)"이라는 후각적 이미지의 결합, "봄을 씹고 사는 마을"이라는 미각적 이미지를 통해 생동감 있는 봄으로 그려지고 있다. 이처럼 시인은 다채로운 이미지의 구사를 통해 우리에게 잃어버렸던 고향의 자연과 인정에 대한 감각적 정서를 되찾게 해주고 있다. 읽을수록 우러나는 단맛이 나는, 한국적인 힘이 흐르고 있다. 번다한 도시생활의 고달픔을 잠시라도 내려놓게 하는 고향에 대한 서정의 압권이다.

   초정의 이러한 순수 동심의 세계는 그의 이상적인 세계의 지향과 무관하지 않다. 어쩌면 여기에는 그만큼 현실 존재로서의 깊은 고단함이 있는지도 모른다. 지금은 상실되어 가고 있는 소중한 것들을 절실히 그리워 부르는 향수의 노래는 비가 오고 난 후 장독간에 핀 봉선화 꽃을 소재로 한 〈봉선화〉에서 한결 서정적으로 그려진다.

    비오자 장독간에 봉선화 반만 벌어
    해마다 피는 꽃을 나만 두고 볼 것인가
    세세한 사연을 적어 누님께로 보내자

    누님이 편지 보며 하마 울까 웃으실까
    눈앞에 삼삼이는 고향집을 그리시고
    손톱에 꽃물들이던 그날 생각 하시리

    양지에 마주 앉아 실로 찬찬 매어주던
    하얀 손 가락 가락이 연붉은 그 손톱을
    지금은 꿈속에 본듯 힘줄만이 서노나
      - 〈봉선화〉 전문

1939년 가람 이병기의 추천을 받아 『문장』지에 실린 작품이다. 봉선화 꽃으로 하여 시집간 누님이 생각나고, 자세한 사연을 적어 누님께로 보내자는 소년의 동심 어린 목소리가 담겨 있다. 양지에 앉아서 봉선화 꽃과 잎과 백반을 함께 찧어 손톱에 얹고 손가락을 헝겊으로 싸고 실로 찬찬히 매어주던 누님의 모습, 하루쯤 지난 다음 손가락을 풀었을 때 연붉게 물이 들어 있던 손톱이었건만, 그러한 유년시절로 되돌아갈 수 없는 지금은 꿈속에 본 듯이 힘줄만이 설 뿐이다. 되돌아갈 수 없는 시간에 대한 향수는 향토적·토속적 정서와 어울려 한층 더 애련함을 자아내기도 하고 고향에 대한 아련한 추억과 그리움을 더해 준다.

초정의 고향 인식의 밑바닥에는 시대적 상황이 자리하고 있다. 지정학적 고향인 통영을 중심으로 한 토속적 공간이 그 하나라면, 다른 하나는 우리 민족의 정신적 고향인 전통문화유산을 통한 전통정신으로서의 고향이다. 그것은 곧 아름다운 우리 전통문화 속에서 민족의 정체성을 찾으려는 의도이다. 그 대표적인 작품들이 〈청자부〉, 〈백자부〉, 〈십일면관음〉, 〈다보탑〉 등이다. 통일신라 조각의 절정인 8세기 중엽 경덕왕 때에 조성된 위엄과 원만상의 극치인 토함산 석굴암 본존불 뒤에는 우아하고 화려한 자태의 십일면관음보살상이 왼손에 정병을 쥐고 오른손으로 영락을 잡아당기며 조심스럽게 서 있다. 변치 않는 '신라의 연인'으로 여겨지는 이 보살상은 동양미술사에서 가장 아름다운 '그림조각'으로 손꼽힌다. 초정은 이를 시 창작의 새로운 동인으로 적용시키고 있다. 그 전형적인 시가 〈십일면관음; 석굴암〉이다.

> 의젓이 연좌 위에 발돋움하고 서서,
> 속눈썹 조으는 듯 동해를 굽어보고
> 그 무슨 연유 깊은 일 하마 말씀하실까.
>
> 몸짓만 사리어도 흔들리는 구슬소리,
> 옷자락 겹친 속에 살결이 꾀 비치고,
> 도도록 내민 젖가슴 숨도 고이 쉬도다.
>
> - 〈십일면관음; 석굴암〉 부분

신라인이 이상으로 여긴 불상의 이미지가 절정에 달한 사실주의적 기법으로 표현되고 있다. 외부로 향한 열의 얼굴과 자신의 내면으로 열린 마지막 한 분의 존안으로 보살도가 완성되었음을 보여 주는 십일면관음상에 대한 예찬이다. 고결함을 간직한 채 달콤하게 꿈꾸는 듯, 깊은 사색에 잠겨 있고, 풍염하면서도 섬세한 부드러움이 온몸을 감싸고 있는 이 보살상은 신성함 속에서 숨통을 트여주고 온화한 정감을 불러일으키며 우리를 차분한 숨결로 인도한다. "몸짓만 사리어도 흔들리는 구슬소리 / 옷자락 겹친 속에 살결이 꾀 비치고 / 도도록 내민 젖가슴 숨도 고이 쉬도다"라는 시행에서 보듯이, 수많은 장신구를 걸치고 천의 자락으로 몸을 감싸고 있는 모습이 살짝 움직이기만 해도 마치 구슬들이 부딪치는 소리가 들리는 듯하다. 또한 얇은 옷이 몸에 짝 달라붙었기에 옷 속으로 젖가슴이 도드라져 보인다는 대목에서는 차가운 돌에서 들리는 숨소리에 따뜻한 온기가 느껴진다. 결국 자비의 다양한 모습과 차별 없는 모습을 사실적이면서도 한편으로는 상징적으로 표현하고 있는 이 보살상에서 시인은 민족정신의 원형질을 찾고 있는 것이다.

한국미의 특색을 가장 잘 보여 주는 예술품 중의 하나는 도자기라 할 수 있다. 그중에서도 조선의 백자는 한국인의 미의식을 명징하게 보여 준다. 특히 백자에 그려진 그림은 장생불사를 상징하는 십장생으로, 소나무, 백학, 바위, 불로초, 채운, 시냇물, 사슴 등이 등장하고 있다. 초정은 아름다운 그림과 그리움이 있고 생동감이 넘치면서도 순박함을 잃지 않는 티없이 맑고 깨끗한 백자의 모습을 통해 우리 국토의 아름다움과 민족의 정신을 예찬한다.

찬 서리 눈보라에 절개 외려 푸르르고
바람이 절로 이는 소나무 굽은 가지
이제 막 백학 한 쌍이 앉아 깃을 접는다.

드높은 부연 끝에 풍경소리 들리던 날
몹시리 기다리던 그린 임이 오셨을 제
꽃 아래 빚은 그 술을 여기 담아 오도다

갸우숙 바위 틈에 불로초 돋아나고
채운 비껴 날고 시내물도 흐르는데
아직도 사슴 한 마리 숲을 뛰어드노다.

불 속에 구워내도 얼음같이 하얀 살결!
티 하나 내려와도 그대로 흠이 지다
흠 속에 잃은 그날은 이리 순박하도다.

- <백자부> 전문

첫 연에서는 소나무에 학이 깃든 모습을 통해 전통사회에서의 올곧은 선비의 모습이 묘사되고 있고, 둘째 연에서는 몹시도 그리운 임과의 반가운 재회를 상상하며 그 반가운 자리에서 술을 담아 오는 귀한 용도로 쓰이는 백자가 그려지고 있다. 셋째 연은 동양적 이상향이 그려져 있는 백자의 문양을 객관적인 관찰을 통해 묘사하며, 넷째 연은 순박하면서도 고결한 아름다움을 지닌 백자를 역설적으로 예찬하고 있다. "불 속에 구워내도 얼음같이 하얀 살결!"에는 백자의 외형적인 아름다움을 넘어서, 티 하나에도 흠이 질까봐 노심초사하는 도공의 장인정신이 내재되어 있다. 도공의 이러한 고귀한 정신을 시인은 "흙 속에 잃은 그날은 이리 순박하도다"라고 절찬하고 있다. 이러한 도공이나 석공이 빚은 문화유산에서 민족정신의 원형을 발견하고자 하는 시인의 노력은 다보탑에서 받은 예술적 감흥을 다양한 비유와 상징을 동원하여 간결하고도 섬세한 언어로 표현하는 데서 한결 잘 드러난다.

불꽃이 이리 튀고 돌조각이 저리 튀고
밤을 낮을 삼아 정 소리 요란하더니,
불국사 백운교 위에 탑이 솟아오르다.

꽃쟁반 팔모 난간 층층이 고운 모양,
임의 손 간 데마다 돌 옷은 새로 피고,
머리엔 푸른 하늘을 받쳐 이고 있도다.

- <다보탑> 전문

다보탑을 제작하기까지의 창조적인 수고와 그렇게 만들어진 다보탑의 예술적 아름다움이 사실적으로 묘사되고 있다. 첫 연은 다보탑이 완성되기까지 석공들이 다보탑 제작에 쏟은 예술적 정열과 쉼 없는 노력을, 다양한 표현 기교와 "불꽃", "돌조각", "정 소리" 등 시각적·청각적 이미지를 동원하여 표현하고 있다. 둘째 연은 석공들의 예술적 정열과 노력의 결정인 다보탑의 아름다운 모습과 영원성을 노래하고 있다. "돌 옷"은 석공들이 만든 다보탑의 여기저기에 이끼가 끼었다는 의미로 오랜 세월이 지났음을 상징하며, "머리엔 푸른 하늘을 받쳐 이고 있도다"는 시행에는 다보탑이 가지는 영원불변한

예술성이 암시되어 있다.

  어지러운 세상은 서슬 푸른 넋이 깃들 자리를 내 주지 않으려 하고, 오욕의 세월은 은은한 향이 스며들 여지를 남기려 하지 않는다. 그러기에 시인은 고졸한 세계에 대한 염원이 강해지고 자신은 백자의 빛깔이 되고 한란의 향이 되고자 한다.

> 날 세워
> 창살을 베는
> 서슬 푸른 넋이 있다.
>
> 한 목숨
> 지켜 낼 일이
> 갈수록 막막하건만
>
> 향만은
> 맡길 데 없어
> 이 삼동을 떨고 있다.
>   - <한란寒蘭> 전문

  날이 추워져야 잎을 피우는 한란은 그처럼 매섭고 심독한 일면을 내장하고 있다. 그토록 예리한 잎으로 냉혹한 계절의 추위에 맞서 목숨을 지켜낸다는 것은 그리 간단치 않다. 하지만 한란은 목숨보다도 자신의 향을 지키는 일에 더 비중을 둔다. 한란 이외의 어느 누가 이 향을 감당할 수 있는가. 따라서 어느 누구에게도 이 향만은 맡길 수 없어 한란은 몸을 떨며 삼동을 견디어 내고 있는 것이다. 목숨보다 서슬 푸른 넋을 지키고 은은한 향을 지키는 것, 이는 곧 말년의 초정이 지향한 정신의 경지였다 할 것이다.

죽순은 보통 4월 이후에 돋아난다. 그런데 경우에 따라서는 겨울에 눈 속에 묻혀 있던 땅 속 줄기에서 죽순이 돋아나기도 한다. 눈 덮인 겨울에 대나무로 성장할 죽순이 돋아난다는 것은 분명 경이로운 일이다. 시인은 이것과 생의 이적을 관련하여 다음의 시를 창작하게 된다.

    남은 심지 끝에 마지막 타는 기름
    어드메 네 눈시울, 이슬을 거둬가는 찰나!
    오동지 설한을 헤집고 죽순으로 돋거라.

    - <겨울 異蹟> 전문

남은 심지 끝에 마지막 타는 기름처럼 생의 막바지에 이르러 간신히 호흡을 이어가는 한 사람의 모습을 비유하고 있다. 마지막 불꽃을 피우듯 생명을 지속하는 그 사람의 눈시울에 고통을 감내해 온 눈물기운이 사라지는 그 순간, 시인은 그 사람을 위하여 겨울의 이적을 간절히 바라는 염원을 담아둔다. 마지막의 "오동지 설한을 헤집고 죽순으로 돋거라"라는 구절은 추위에 굴복하지 않는 고결한 정신으로 승화되길 염원하는 것이다.

    한자리 내려 앉아 생각는가 조으는가
    억겁도 일순―瞬으로 향기처럼 썩지 않는 말씀

돌조각 무릎을 덮은 그 무명 석수의 손에

얼마를 머뭇거리다 얼룩 푸른 이끼를 걷고
속살 부딪는 광채로운 눈웃음 새겨낼 때
이별도 재회도 없는, 끝내 하나의 몸이여!

- <現身> 전문

아주 오래된 불상에 대한 정밀한 관조를 보여 준다. 문화유산을 소재로 그 안에 담긴 정신세계를 모색한 초기의 작품 연장선상에 속하면서도 달관과 무념의 경지에 이른 불상의 기품을 정밀한 시어로 담아내고 있다. 아득한 시대의 석공이 돌조각이 무릎을 덮을 정도로 오랜 시간과 정성을 들여 조성한 그 불상은 한 자리에 그대로 앉아 어떤 생각에 잠긴 것인지 아니면 조는 것인지 말이 없다. "생각는가 조으는가"의 시구에는 세상의 모든 욕심에서 벗어나 시인이 도달한 내면의 원숙한 경지가 잘 드러나 있다. 이 말없는 석상은 억겁의 세월동안 한결같이 향기처럼 썩지 않는 말씀을 들려주고 있다. 세월의 잔해를 안고 있는 얼룩진 이끼를 걷어내자 환한 속살이 드러나고 정겨운 미소가 살며시 떠오르는 불상의 원융한 모습은 세속의 윤회를 벗어난 것이기에 "이별도 재회도 없는" 완전한 전일체를 이룬다. 이것은 시인이 추구하는 고결한 정신이 원숙의 나이에 접어들면서 평온과 무위의 경지에 대한 관심으로 그 지향이 확대되는 것을 의미한다. 열정에 불타올랐던 초정의 시혼은 중년으로 접어들며 자신의 삶에 대한 관조의 면모를 보인다. 즉 존재의 형이상학적인 면을 추구하던 그의 맑은 시심은 대상을 관조하는 경지로 변모하게 된다. "난이 있는 방, 마음 귀도 밝아온다"는 그의 존재의 보다 깊은 응시는 말없이 늙어 온 나무에서 한결 깊어진다.

 한 아름 굵은 줄기는
 창천 높이 들내어 북녘의 소식을 듣고
 땅을 굳게 파악한 뿌리는
 뜨거운 지심을 호흡하는 오랜 고목 있으니

 머언 세월 하도 서글퍼
 모진 풍우에 껍질은 터지고
 오히려 운을 더한 가지는 골격처럼 굽었도다.

 잠자코 떨고 견디어
 그 무엇에 항거하는 역의逆意처럼 위로 위로만 뻗치는
 오오 아프고도 슬픈 너의 심금心襟!

 이 말없이 늙어온 나무는
 그 어느 날 눈도 못 뜨도록
 온갖 塵埃에 사는 증오로운 것들을 휩쓸어갈
 마지막 일진의 태풍을 형형히 기다리고 있다.
 - <고목> 전문

'고목'을 주목하면서 존재의 의미를 투영하고 있는 시편이다. 시적 화자는 한 아름 굵은 줄기를 지니고 "창천 높이 들내어 북녘의 소식을 듣고, 땅을 굳게 파악한 뿌리는 뜨거운 지심을 호흡하는 고목"

은 천지의 비밀을 알고 있음을 간파한다. 때문에 고목은 존재의 표상이다. 다시 말해, 온갖 풍상을 다 겪은 고목이 드러내는 존재의 의미는 바로 시인 자신의 존재 해석이라 할 수 있다. 부조리한 존재 의식 속에서 외부 세계의 변화를 기다리는 정황은 고목이 역경 속에서도 증오로운 것들을 몰아가 일진 태풍을 형형히 기다리는 모습에서 포착된다. 뿐만 아니라 연륜을 더해 갈수록 깊어지는 시인의 삶에 대한 관조는 세월이 지나면 결국 무로 돌아간다는 모래의 속성을 구도자의 모습에 비유하고 있는 데서 잘 드러난다.

> 본디 너 어느 바닷속 크나큰 바위로
> 파도의 毒牙에 깨물린 천겁의 갖은 풍상을
> 이제 여기서 다시금 회상하누나.
>
> 저 밀려오는 호수의 포효!
> 반항도 없으나 굴종 또한 없었거니
>
> 몸은 닳고 쓸리어 작아만 가도
> 너 마음 한없이 한없이 넓어만져
>
> 그리고 또 알았노니
> 쓸모없이 육중한 체구는 모조리 모조리 내던지고
> 오직 참된 영혼만을 가지려는
> 오오 너의 의도여!
> - <모래 한 알> 전문

시적 화자는 결국 모든 것은 공으로 돌아가고 외형적인 모습에서 벗어나 진실한 자아를 추구할 때 '참된 영혼'을 찾을 수 있다고 말한다. 이는 '세상 모든 것이 변한다'는 것을 깨닫고 집착과 욕망을 초월하여 진정한 '나'를 찾을 때 가능하다. 그렇다면 '모래 한 알'은 크나큰 바위가 역경 속에서 연마한 '참된 영혼'의 결정체일 수 있다. 여기에 존재 자체의 정화나 승화를 지향하는 초정의 시의식의 비의가 함축되어 있다.

한편, 초정의 생과 사의 경계 의식에 대한 치열한 사유는 때마침 눈높이로 뜬 한 떼의 고추잠자리를 응시하면서 존재의 궁극을 생각하는 데서 잘 드러난다. 그중 한 놈이 연밥 위에 앉아 쉬고 있는데, 그런 정황에서 화자는 못 가본 저승길보다 이승이 아득해 온다고 노래한다.

    못 가 본
    저승길보다
    이승이 아득해진다.
      - <이승에서> 부분

존재의 궁극인 죽음을 가까이 느끼면서 이제는 실존적으로 죽음의 강을 건너고자 하는 마음이 사실적으로 표출되고 있다. 즉 이승길보다 저승길이 더 가깝게 느껴진다는 것을 통해서 죽음의 실존적 인식을 드러내고 있는 것이다. 이와 같이 죽음으로써 현실 세계에서 이루지 못한 존재의 완성을 모색하는 시인의 염원은 <소망>에서도 극명하게 드러난다. 말하자면, 자기 자신의 고단한 신세가 있지만 초정은 떠날 땐 푸른 반딧불 먼 별처럼 사라지길 소망하는 것이다.

> 가다가
> 늙은 두보杜甫처럼
> 꽃 위에 눈물도 뿌리고,
>
> 멋있는
> 젊음과 사귀다가
> 일부러 가는귀도 먹고,
>
> 떠날 땐
> 푸른 반딧불
> 먼 별처럼 사라졌으면―.
>
> ― <소망> 전문

요컨대 가람 이병기와 노산 이은상이 현대시조의 뿌리를 전통의 토양 속에 든든히 내렸다면 초정은 그 위에 아름다운 꽃을 피워 낸 결실로서 자리매김할 수 있을 것이다. 무엇보다도 초정은 고결한 정신세계로 우리의 전통정서를 현대에 살아 숨 쉬는 형식으로 담아내고자 한다. 그것은 관념보다는 경험적이고 일상적인 자연 혹은 시인 자신의 내면과 깊이 상응하는 자연의 모습으로 나타나고 있다. 여기에는 고향의식이 내재되어 있고, 특히 불교적 사상이 근간이 되어 있는 전통문화유산을 바탕으로 민족의 원형질을 찾으려 한 뜨거운 시혼이 담겨 있다.

제2부

조지훈, 자연의 원음 꾀꼬리 울음과 꽃의 설법
조병화, 항상 봄처럼 부지런하고, 꿈을 지니며 새로워져라
신달자, 어른이어서 미안하다 연둣빛 생명이여!
조창환, 고요와 견딤 속에 생성된 깨달음의 세계
이상국, 자연과 합일의 치유의 시학

조지훈,

자연의 원음 꾀꼬리 울음과 꽃의 설법

경북 영양 출생의 조지훈(1920~1968)의 본명은 동탁東卓이다. 엄격한 가풍 속에서 한학을 배우고 상경하여 혜화전문을 졸업한 그는 1939년 정지용의 추천으로 『문장』지에 〈고풍의상〉, 〈승무〉, 〈봉황수〉가 발표되어 문단에 나왔다. 박두진·박목월과 함께 자연을 소재로 순수 서정을 드러내는 시집 『청록집』(1946)을 간행하여 '청록파'라 불렸다. 『풀잎 단장』, 『조지훈시선』 등을 간행한 그는 자유당 정권 말기에 현실에 눈을 돌려 민권수호국민총연맹, 공명선거추진위원회 등에 적극 참여하였다. 이 무렵에 시집 『역사 앞에서』와 유명한 평론집 『지조론』을 남겼다. 또한 그는 고려대학교 교수로 재직하며 『한국문화사대계』를 기획, 『한국문화사서설』, 『신라가요연구논고』, 『한국민족운동사』 등의 논저를 남겼으나 아쉽게도 그 방대한 기획을 완성하지 못한 채 세상을 뜨고 말았다. 자유문학상을 수상하고 조선어학회 편찬원, 서울시 문화위원회 위원, 문교부 국어심의회 위원, 한국시인협회 회장을 지낸 그의 시비가 서울 남산에 있다.

지훈의 시적 세계의 특징은 고전적 제재를 바탕으로 민족정서를 섬세한 언어로 담아내며, 또한 균형과 조화의 미를 이루면서 심오한 선적인 깊이를 지니고 있는 것이다. 특히 해방 직후 이념대립과 정치적 갈등기의 한국 시단에 '청록파' 시인들의 전통적인 서정시는 기존의 시적 경향과는 사뭇 다른 이색적이고 신선하게 다가왔다. 즉 고고한 '사슴'의 이미지에 이상적이고 신비스런 색채 이미지를 띤 '청록'은 곧 청록파 시인들의 정갈하고도 식지 않는 시혼의 원천이자 자의식의 상징이기도 했다. 이러한 전통에 바탕을 둔 지훈은 한국적인 정서와 고전적 품격으로 단아한 관조의 미학을 추구함과 아울러 선적 직관을 통해 자연의 대상물과 하나됨을 담아내고 있다. 그래서 그의 시에서 드러나는 자연은 정밀한 관조 끝에 몰록 깨닫게 되는 선적인 세계라 할 수 있다. 이와 같이 그의 전통적, 서정적인 관조와 선적인 사유는 초기 시의 핵심을 이루고 있다. 그 대표적인 시가 노승이 체득하는 깨달음의 경지를 관조적으로 잘 묘사하고 있는 꾀꼬리 울음의 설법, 〈앵음설법〉이다.

> 벽에 기대 한나절 조을다 깨면
> 열어 제친 창으로 흰 구름 바라기가 무척 좋아라.
> 노수좌는 오늘도 바위에 앉아 두 눈을 감은 채로 염주만 센다.
> 스스로 적멸하는 우주 가운데 먼지 앉은 經이야 펴기 싫어라.
> 전연篆煙이 어리는 골 아지랭이 피노니 떨기남에 우짖는 꾀꼬리 소리.
> 이 골안 꾀꼬리 고운 사투린 범패소리처럼 낭랑하구나.
> 벽에 기대 한나절 조을다 깨면
> 지나가는 바람결에 속잎 피는 고목이 무척 좋아라.
>   - 〈앵음설법〉 전문

노승이 체득하는 오도의 경지를 관조적으로 잘 묘사하고 있다. 일체의 걸림과 구속이 없는 선가의 일상적인 삶이 한 폭의 그림처럼 그려지고 있다. 그야말로 시정화의詩情畵意가 풍부하다. 졸음 후에 흰 구름을 바라보거나 염주를 세는 것은 선가 수행의 지속적인 내면 관조와 참구의 행위를 말해 준다. 스스로 적멸하는 우주 공간 속에서 경을 읽는 것이 오히려 화자에게는 거추장스러울 뿐이다. 그 순간, 화자는 산골짜기에 울려 퍼지는 범패처럼 낭랑한 꾀꼬리 소리에서 무정설법을 듣는다. 바로 원음圓音의 법을 설하고 있는 자연의 소리인 꾀꼬리소리에서 깨달음의 설법을 듣는 것이다. 실로 그 소리는 깨달음의 경계를 긋는 열반의 묘음성妙音聲이고, 대자연의 호흡이기에 일체를 감싸는 자성自性의 소리이다. 이것은 자연을 있는 그대로 보지 않고서는 들을 수 없는 것이다. 시인이 원음의 세계를 시적으로 형상화하게 된 동기는 부처님의 대기설법이 아니라 일상생활에서 체험할 수 있는 자연의 일부인 꾀꼬리의 울음소리, 즉 낭랑한 범패소리 같은 앵음설법의 선적 관조이다. 처음과 마지막의 반복된 시행은 겉으로는 노수좌가 졸음에 겨운 행위를 계속하지만, 실제로는 시작과 마무리의 형식으로 창을 통한 관조와 참구에 이은 "지나는 바람결에 속잎이 피는 고목"으로 끝맺음 된다. 이 시구는 화자가 깨달음을 얻은 순간과 화엄의 세계를 상기시켜 준다. '경經'을 대신하여 산과 물의 색과 소리를 관조하는 것은 다분히 '시'를 '선'의 연장선상에서 이해하고 있는 것이라 할 수 있다.

 시의 소재로서의 자연은 서권書卷을 대신하는 직관과 관조의 대상이다. 이와 같이 불교적 상상력에 근거한 지훈의 시적 자아와 대상의 관조는 시공을 뛰어넘는 통찰을 함장하고 있는 것으로 보인다. 시를 통해 하찮은 자연의 존재 속에서 우주를 찾아내면서, 그 속에서 자신을 성찰하고 있기 때문이라 할 수 있다. 그 전형적인 시가 풀잎 같은 미시적 자연물 속에서 우주를 바라보는 〈풀잎 단장〉이다. 풀잎과 같은 연약한 존재이면서 한편으로 이 넓은 세상 안에 태어나 조그만 바람결에도 흔들리며(번뇌하며) 서로의 얼굴을 마주보며 살아가는 풀잎의 모습을 통해 시인은 자기 자신의 새로운 모습을 발견한다. 즉, 자연과 인간 사이의 화해와 그것이 이루는 우주적 교감을 나타낸다.

무너진 성터 아래 오랜 세월을 風雪에 깎여 온 바위가 있다.
아득히 손짓하며 구름이 떠가는 언덕에 말없이 올라서서
한 줄기 바람에 조찰히 씻기우는 풀잎을 바라보며
나의 몸가짐도 또한 실오리 같은 바람결에 흔들리노라.
아, 우리들 태초의 생명의 아름다운 분신으로 여기 태어나
고달픈 얼굴을 마주 대고 나직이 웃으며 얘기하노니
때의 흐름이 조용히 물결치는 곳에 그윽이 피어오르는 한 떨기 영혼이여.

- <풀잎 단장> 전문

인간과 자연의 친화와 조화를 이루는 우주적 질서가 그려진다. 풀잎에 대한 미시적 관조로써 자연과 인간의 교감을 노래한 7행의 자유시다. '풀잎 단장'은 풀잎을 보고 느낀 짧은 생각을 의미한다. 시인은 무너진 성터 언덕에서 바람에 조찰히(맑고 깨끗하게) 씻기는 풀잎을 바라본다. 그때 문득 그 풀잎처럼 시인 자신 또한 실오리 같은 바람에 흔들리는(번민하는) 존재임을 깨닫고 풀잎과 "우리"가 되어 이야기를 나눈다. 나아가 시인은 우리가 태초 생명의 아름다운 분신으로 이 세상에 태어나 고달픈 얼굴을 마주 대고 있고, 또한 "때의 흐름이 조용히 물결치는 곳에 그윽이 피어오르는 한 떨기" 풀잎을 "영혼"이라고 노래함으로써 풀잎에 대한 경외감을 드러내 보인다. 다시 말해, 세상에 존재하는 모든 것, 그것이 풀잎과 같이 매우 작은 것일지라도 풀잎이란 단순히 하찮은 존재가 아니라 생명의 신비를 간직한 우주적 존재로 인식한다. 그런 측면에서는 인간도 마찬가지라는 것이다. 아주 작은 바람에도 흔들리는 풀잎과도 같이 조그만 고통에

도 흔들리고 번뇌하는 존재가 바로 인간이기 때문이다. 이렇게 시인은 '풀잎'을 통해 우리 자신과 자연의 모습을 동시에 되돌아보게 하고 있다. 자연 관조를 통해 불법을 얻는 선적 사유에 기반한 생명의 존귀함을 일깨워 주는 시이다.

한때 지훈은 오대산 월정사에 머물며 지냈다. 이 무렵 지훈은 초기 시의 자아분열을 극복하고 변화의 불가피성을 받아들이며 그 흐름에 자신을 맡김으로써 고요한 정관의 경지를 보여 준다. 그러한 정관의 경지를 잘 보여 주는 시가 〈고사 1〉이다. 정적 속에서 피어나는 법열과 숙명적인 한의 서정으로 시인은 적요한 달관을 바탕으로 하여 눈부신 '노을'과 '모란'의 아름다운 소멸을 표출하고 있다.

    목어를 두드리다
    졸음에 겨워

    고운 상좌아이도
    잠이 들었다.

    부처님은 말이 없이
    웃으시는데

    서역 만 리 길

    눈부신 노을 아래
    모란이 진다.
    - 〈고사 1〉 전문

천년 고찰의 해질 무렵 풍경을 절제된 언어와 민요적 리듬으로 여백이 많은 한 폭의 동양화처럼 묘사하고 있다. 오래된 절의 풍경이 은은하면서도 깊이 있게 그려져 있어 심오한 선의 세계에 빠져드는 듯한 감동을 주고 있다. "고운 상좌 아이", "말없이 웃으시는 부처님", 일체 중생의 상징일 수 있는 "모란" 등 모두 "눈부신 노을"과 같은 환희와 희열감에 젖어 있다. 마침내 정토의 세계인 "서역 만 리 길"로 귀의함으로써 시인이 그린 정경묘사는 한결 심오한 선의 세계로 젖어들고 있다. 고색창연한 절의 은은하고 아름다운 풍경을 보며, 고민과 갈등의 현실로부터 벗어나 아늑하고 평안한 느낌을 갖는 것만으로도 이 시는 우리의 심금을 울리기에 충분하다. 시인은 직관과 관조를 통하여 상대적 세계, 즉 사법계의 이면에 내재된 '본원상' 혹은 '절대의 경지'를 포착하여야 한다 할 때, 위의 시는 제행무상의 실상과 소멸의 질서를 담담하게 받아들이는 지훈의 '단순미'*의 시세계를 잘 담아내고 있다 할 수 있다.

반야사상의 핵심은 공空사상이다. 흔히 '색즉시공 공즉시색色卽是空 空卽是色'이라 말하듯이, 실상이 있는 듯하지만 사실 그 근본 자성은 없는 것이며, 없는 듯하지만 그 작용과 실상이 있으니 또한 있는 것이라는 역설이 불교의 공사상의 핵심이다. 지훈의 이러한 공의 세계는 범종을 통해 삶과 죽음의 의미를 모색하는 데서 명징하게 드러

---

* 지훈은 '단순미'를 시적 언어의 핵심적인 요건으로 규정한다. 시의 언어는 말로써 나타나지 않는 수많은 말과 생각을 함축하기 위하여 '단순미'를 고안해 낸 것이다.

난다. 무르익은 과실이 가지에서 절로 떨어지듯이 허공에서 떨어지는 종소리의 의미를 과실의 추락으로 묘사하여 선적인 사유를 고양시키고 있다.

    무르익은 과실이
    가지에서 절로 떨어지듯이 종소리는
    허공에서 떨어진다. 떨어진 그 자리에서
    종소리는 터져서 빛이 되고 향기가 되고
    다시 엉기고 맴돌아
    귓가에 가슴 속에 메아리치며 종소리는
    웅 웅 웅 웅 웅...
    삼십삼천을 날아오른다 아득한 것.
    종소리 우에 꽃방석을
    깔고 앉아 웃음짓는 사람아
    죽은 자가 깨어서 말하는 시간
    산 자는 죽음의 신비에 젖은
    이 텅하니 비인 새벽의
    공간을
    조용히 흔드는
    종소리
    너 향기로운
    과실이여!
    - <범종> 전문

지훈에게 '시적 감흥'은 '절대의 경지'로 비견되고 있는 만큼 선적인 깨달음의 함의를 갖는다. '하강에서 상승'으로의 변증법적 지양을 토대로 한 시적 구조를 보이고 있는 이 시는 선적 사유의 원리와 일치한다. 낙과落果로 비유된 종소리의 하강이 상승으로 반전되는 변증법적 지양은 바로 공사상의 사유 체계이기 때문이다. 성숙의 실체는 그대로 머무르는 게 아니라 무無로의 진행이 이루어진다. 그것처럼 허공에 가득한 종소리도 하강한다. 그리고 그 떨어진 종소리는 빛과 향기로 변한다. 이렇게 변전된 종소리는 허공에 그윽하게 퍼지면서 다시 상승한다. 종소리의 상승과 함께 화자의 의식도 함께 상승을 한다. 이 종소리는 허공을 타고 아득히 올라 부처 나라인 삼십삼천까지 미치게 된다. 그곳은 불국토이자 모든 윤회가 멈추는 열반의 세계이다. 생로병사가 끊기고, 지극한 법열만이 가득한 해탈의 세계이다. 이 해탈과 열반의 경지에서 웃는 자는 부처이면서 화자가 맛보는 시적 교감의 하나이다. 그 순간은 해탈의 순간이기 때문에, 세속적인 차원을 떠나 종교적 진리를 깨닫는 시간이 되는 것이다. 그러기에 죽은 자가 깨어나 말하는 시간이 될 수 있고, 산 자가 죽음의 신비감에 싸일 수 있는 시간이 될 수 있는 것이다. 광대무변한 우주 공간을 조용히 흔드는 종소리는 새벽의 무無의 공간을 채우면서 무를 유有로 변화시킨다. 잘 익은 과일이 떨어져 다시 싹을 틔우고 열매를 맺듯이, 종소리는 그런 과실처럼 텅 빈 허공을 의미 있게 채워간다. 이런 인식을 하며 화자는 법열에 잠긴다.

또한 지훈의 시에서 꽃은 각별한 시적 이미지로 작용한다. 시인은 꽃이라는 화두를 매만져 또 다른 언어의 꽃을 피워낸다. 민들레는 국화과 식물로 노란색과 흰색이 있다. 국화가 절개를 상징하는 관습적 소재라는 점에서, 민들레는 시적 자아가 지닌 영원한 사랑을 암시하는데 적합할 수 있다. 민들레는 한 송이씩만 피어나는 특성을 지니고 있는데, 이것은 자아의 외로움을 부각시키는 데에 효과적인 기능을 발휘할 수 있다. 시인은 다음의 시에서 임에 대한 애틋한 그리움을 민들레꽃에서 찾고, 맑은 영혼을 통해 고독을 극복하려는 의지를 보여 준다.

    까닭 없이 외로울 때는
    노오란 민들레꽃 한 송이도
    애처롭게 그리워지는데

    아, 얼마나 한 위로이랴
    소리쳐 부를 수도 없는 이 아득한 거리에
    그대 조용히 나를 찾아오느니

    사랑한다는 말 이 한마디는
    내 이 세상 온전히 떠난 뒤에 남을 것

    잊어버린다. 못 잊어 차라리 병이 되어도
    아 얼마나 한 위로이랴
    그대 맑은 눈을 들어 나를 보느니.
    - <민들레꽃> 전문

〈민들레꽃〉 이전에 지훈의 객체는 모두가 인생의 고뇌, 갈등을 초탈한 자리에 있었다. 그것이 위의 시에서는 외롭고 그리운 마음으로 변주된다. 화자가 위로의 대상으로 그저 "바라본 민들레꽃"이 오히려 화자를 "바라보는 민들레꽃"으로 전이되어 만남을 이루는 상황이 이채롭다. '그대'는 "소리쳐 부를 수도 없는 아득한 거리"를 두고 멀리 존재하고 있다. 그러한 애타는 그리운 사랑을 위로해 주는 것이 한 송이의 "노오란 민들레꽃"이다. 그대와 민들레꽃을 동일시한 것이다. 마지막 연에서 마침내 민들레꽃을 의인화함으로써 임의 부재로 인한 외로움을 위로받고, 임이 나를 바라보듯 맑은 눈을 들어 보게 된다. 다시 말해, 민들레꽃의 순수하고 맑은 아름다움이 내 마음에 안정을 가져다주고 민들레꽃의 맑은 눈이 마음을 순화시켜 주는 것이다. 불멸의 애정을 짧은 시형 속에 응축시킴으로써 시인은 시적 긴장감을 잘 유지하고 있다.

　석가모니 부처는 장광설 대신에 연꽃 한 송이를 들어 보임으로써 무설의 법문을 하셨다. 하지만 시인은 미소가 아닌 언어로써 그것을 그려낸다. 선가에서 꽃은 하나의 대상이자 깨우침의 그릇을 담는 매개로 작용한다. 꽃이 피는 것은 수행정진의 절정으로 그려지기에 선시에서 다루는 꽃은 장엄하다. 그래서 시인은 꽃을 통하여 생명과 우주의 근원을 깨닫고자 한다. 있는 그대로의 사물을 보는 것이 선의 방법이라 할 때, 시인은 한 송이 꽃 속에서 순간적으로 우주의 새로운 질서를 파악한다. 그 전형적인 시가 〈화체개현〉이다. 새벽 동이 트면서 섬돌 위로 올라 온 햇살이 개화의 이미지로 극대화되고 있다.

실눈을 뜨고 벽에 기대인다
아무 것도 생각할 수가 없다.

짧은 여름밤은 촛불 한 자루도 못다 녹인 채
사라지기 때문에
섬돌 우에 문득 석류꽃이 터진다

꽃망울 속에 새로운 우주가 열리는 파동!
아 여기 태고太古적 바다의 소리 없는
물보라가 꽃잎을 적신다.

방 안 하나 가득 석류꽃이 물들어 온다.
내가 석류꽃 속으로 들어가 앉는다.
아무것도 생각할 수가 없다.

- <화체개현> 전문

화자는 실눈을 뜨고 벽에 기대어 선정에 들어 대상의 본질을 바라보고 있다. 한 송이 꽃 속에서 순간적으로 우주의 새로운 질서를 파악하는 시인은 개화를 "새로운 우주가 열리는 파동"과 "태고의 바다 물보라"로 본다. 즉 아침 햇살이 바다 물결의 파동으로 확산되어 물보라처럼 퍼지면서 아름다운 석류꽃으로 방안에 진입하는 것으로 묘출한다. 화자는 꽃 속에서 나 자신을 잃어버림으로써 꽃뿐만 아니라 나 자신을 알게 된다. 이처럼 개화는 단순한 자연묘사가 아니라 깨달음의 완성이기에 화자인 자아와 하나가 되는 것을 의미한다. 무엇보다도 꽃망울에 내재된 우주에서 꽃잎을 적시는 물을 바라보는 것은 선적 사유가 아니고서는 도저히 불가능하다. 뿐만 아니라 정상적인 눈을 뜨고 있었다면 "섬돌 우에 석류꽃이 터지"는 화체개현은 불가능했을 것이다. 하지만 선정의 상태, 즉 "아무 것도 생각할 수 없는" 몰아 경지에 있었기에 꽃은 내 앞에서 활짝 피었던 것이다. '피다'가 아니라 '터지다'라고 표현한 것은 심홍색의 꽃잎을 지닌 꽃이 피는 모습이 마치 고여 있던 피가 터져 나오는 것처럼 시인에게 보였기 때문일 것이다. 석류꽃 꽃망울 속에 우주가 열리고, 그 석류꽃 속으로 시적 화자가 들어간다는 독특한 공간적 상상력, 즉 자연과 인간의 세계를 하나로 통합하는 이러한 열린 상상력은 포괄적이며 총체적인 지훈의 세계관을 대변하고 있다 할 것이다.

'외씨 버선길'은 경북 청송과 영양, 봉화, 그리고 강원 영월 등 4개 지역이 협력해 꾸며 가는 명품의 길을 말한다. 총 길이가 약 170km나 되는 이 길은 고요한 사색과 치유의 숲길이며, 보부상의 발자국이 오랜 흔적으로 새겨진 민초들의 옛길 탐방로다. 무엇보다 분명한 것은 이 길은 채우고, 또 비우고, 몸보다는 마음으로 걷고, 그 마음으로 숨을 쉬고, 들숨 날숨에 머리가 맑아지는 그런 길임이 분명하다. 이 길을 걷게 되면 슬픔과 절망의 구름이 걷히고, 빛을 찾아 가는 희망의 길이 보인다. 그 길목에 지훈의 생가가 있는 주실마을이 있다. 마을 입구에는 〈빛을 찾아가는 길〉이라 새겨진 그의 시비가 세워져 있어 우리의 마음을 맑혀 주고 밝은 미래의 희망을 보듬게 한다.

    사슴이랑 이리 함께 산길을 가며
    바위틈에 어리우는 물을 마시면

살아 있는 즐거움의 저 언덕에서
아련히 풀피리도 들려오누나.

해바라기 닮아 가는 내 눈동자는
자운 피어나는 청동의 향로

동해 동녘 바다에 해 떠 오는 아침에
북받치는 설움을 하소하리라.

돌뿌리 가시밭에 다친 발길이
아물어 꽃잎에 스치는 날은

푸나무에 열리는 과일을 따며
춤과 노래도 가꾸어 보자.

빛을 찾아가는 길의 나의 노래는
슬픈 구름 걷어가는 바람이 되라.

- <빛을 찾아 가는 길> 전문

    화자는 과거의 힘들고 어두운 고통을 극복하고 밝은 미래를 지향하는 의지를 보여 준다. 그가 꿈꾸는 미래는 자연의 생명력이 살아 숨 쉬는 이상적인 상태이다. 길에서 나를 찾고, 나를 비우며, 사슴이랑 이리와 함께 하는 산길은 사색의 길이며 치유와 명상의 공간이다. 누구에게나 현실적인 고민과 걱정이 있고, 지금도 숱한 시련과 상처의 몸을 비틀거리며 어둠 속의 긴 터널을 걸어가는 이도 있을 것이다. 한 생각 바꾸어 용기를 내어 마음속의 의지를 공고히 하면,

슬픔과 절망의 구름이 걷히고 희망의 길이 보일 것이다. "자운 피어 나는 청동의 향로"의 자운은 자줏빛 구름으로 삶에 대한 강렬한 갈 망의 은유이며, "아물어 꽃잎에 스치는 날은" 시련과 고통의 치유를 의미한다. 우리 민족이 겪어 왔던 과거의 시련과 고통, 상처와 슬픔 을 치유하고, 즐거운 삶에 대한 희망찬 미래를 향해 전진하기를 소 망하는 시인의 뜻이 응축되어 있다.

  삶에 희망이 없다면 우리의 자아는 상실되기 싶다. 가시밭길의 시 련과 고난을 거치더라도 한 송이 꽃을 피울 수만 있다면 희망의 끈 을 놓아서는 안 될 것이다. 그래서 현실의 삶이 고달프고 답답하며 우울하지만 그것을 극복하고 보다 밝은 삶을 구가하려는 의지가 중 요할 때가 있다. 이러한 맥락에서 지훈은 태양을 향하여 돌아가는 해바라기처럼, 현실의 고통과 슬픔을 극복하고 저 높은 곳에 맑고 높은 영혼이 살도록 항상 하늘을 받들고 세상을 우러르며 고난을 사 랑하면 반드시 마음의 태양이 떠오르리라는 것을 설파한다.

    꽃 사이 타오르는 햇살을 향하여
    고요히 돌아가는 해바라기처럼
    높고 아름다운 하늘을 받들어
    그 속에 맑은 넋을 살게 하자.

    가시밭길 넘어 그윽히 웃는 한 송이 꽃은
    눈물의 이슬을 받아 핀다 하노니
    깊고 거룩한 세상을 우러르기에
    삼가 육신의 괴로움도 달게 받으라.

괴로움에 짐짓 웃을 양이면
슬픔도 오히려 아름다운 것이
고난을 사랑하는 이에게만이
마음 나라의 원광圓光은 떠오른다.

푸른 하늘로 푸른 하늘로
항시 날아오르는 노고지리같이
맑고 아름다운 하늘을 받들어
그 속에 높은 넋을 살게 하자.

- <마음의 태양> 전문

    화자가 추구하는 이상세계는 원광(해)의 세계이다. 해바라기가 "타오르는 햇살", 즉 태양을 "향하여 / 고요히 돌아간다는" 구절은 밝음을 추구하는 정신적 자세를 말한다. 해바라기는 육신의 괴로움도 달게 받고 눈물의 이슬을 받아 피는 꽃이기에, 화자는 청자에게 "높고 아름다운 하늘을 받들어 / 그 속에 맑은 넋을 살게 하자"라고 권유하고, 마지막으로 "그 속에 높은 넋을 살게 하자"라고 한다. 여기에는 시련과 고난을 상징하는 "가시밭길"과 밝음과 높음을 지향하는 정신적 자세를 나타내는 "해바라기"와 "노고지리"의 대비를 통하여 아름답고 고상한 삶의 모습을 지향하는 태도가 분명히 드러나 있다. 마음속의 먹구름 같은 존재, 어둠의 존재 같은 답답함과 우울함을 떨쳐버리면 마음 나라의 원광이 환히 떠오르는 맑고 아름다운 세계가 펼쳐지는 듯함을 상기시켜 주는 시편이다.
    요컨대 투명한 감성, 밝은 지성, 예리한 감각과 윤택한 정서를 통하여 한국의 현대시사에 하나의 불멸의 업적을 남긴 지훈은 정밀한 관조와 선적인 사유로 자아와 자연의 대상물과의 합일을 체득하는 상상력을 보여 준다. 그는 시적 발상과 착상의 과정을 '문자'에 의한 점진적인 힘의 축적으로 보지 않고, 직관에서 구하고 있다. 그에게 '문자'나 '서권'을 대신하는 것은 자연이라 할 수 있다. 시적 자아와 자연과의 하나되는 직관, 즉 골 안에 울려 퍼지는 꾀꼬리의 울음소리와 터지는 꽃을 통해 상호 침투하는 화엄법계를 조응하는 것은 지훈 시학이 갖는 생명력이라 할 것이다.

조병화,

항상 봄처럼 부지런하고, 꿈을 지니며 새로워져라

경기도 안성 출생의 편운 조병화(1921-2003)는 경성사범학교를 거쳐 일본 도쿄고등사범학교 물리화학과를 졸업하였다. 광복 후 경성사범학교·제물포고등학교·서울고등학교 교사를 지낸 그는 1949년 김기림의 추천을 받아 시집 『버리고 싶은 유산』을 출간하면서 등단하였다. 도시풍의 서정 시인으로 자신의 독특한 시적 세계를 구축하고, 일상의 평이한 어법으로 노래하여 많은 독자들의 공감을 자아낸 편운은 경희대학교 교수와 세계시인대회장·예술원 회장·문인협회 이사장을 역임하고 계관시인으로 활약하였다. 아시아자유문학상, 한국시인협회상, 대한민국예술원상 및 국민훈장모란장 등을 수상하였다. 시집으로는 『하루만의 위안』, 『인간고도』, 『밤의 이야기』, 『시간의 숙소를 더듬어서』, 『공존의 이유』, 『남남』, 『고요한 귀향』, 『남은 세월의 이삭』과 번역시론집 『현대시론』, 수필집 『사랑은 아직도』 등이 있다.

편운片雲, 즉 구름조각으로서 자유와 고독, 허무, 이별, 애수, 달관, 어머니와 고향, 갈망과 보헤미안, 사랑과 평등을 노래한 조병화는 한국 시문학사상 가장 많은 시를 창작한 시인 중의 한 사람이다. 약 50여 년간의 시작 생활을 통해 모두 53권의 시집을 발표했으니 가히 다산이다. 그의 이 같은 다산성은 스스로도 생전에 "내면의 소리가 날숨처럼 나왔다"면서 마치 숨 쉬듯 시를 써왔다고 밝힌 사실에서 확인된다. 이처럼 그의 시가 일상 속에서 말하듯, 편지 쓰듯 쉽고 평이한 비유와 소박한 시어, 그리고 깊이 있는 내면의 울림으로 많은 독자층을 확보하고 있음은 그의 뜨거운 시혼의 생명력을 선명히 말해 준다.

희망과 목표를 향해 가는 길은 고독하기도 하고 때로는 허무가 엄습해 오기도 한다. 편운 역시 고독과 절망으로 인천 월미도를 배회하던 중 바닷가의 소라를 보고 꼭 자화상 같다는 생각이 들어 쓴 것이 초기의 시 〈소라〉이다.

바다엔
소라
저만이 외롭답니다

허무한 희망에
몹시도 쓸쓸해지면
소라는 슬며시 물속이 그립답니다.
해와 달이 지나갈수록
소라의 꿈도
바닷물에 굳어간답니다

큰 바다 기슭엔
온종일
소라
저만이 외롭답니다.

- <소라> 전문

  한 곳에 정착하지 못하고 정처 없이 떠도는 고독한 화자의 모습이 그려지고 있다. 화자는 바다에서 "소라 저만이 외롭"다고 했지만, "소라는 슬며시 물속이 그리워"지는 것을 인식한다. 즉 소라가 외롭긴 하지만 거기에 안주하지 않고 "큰 바다 기슭"으로 걸어 나와 외로움을 감내하는 것을 느끼는 것이다. 좌절감으로 방황하던 시절, 이 시를 쓴 이후로 그는 '고독과 허무'를 견디고 새로운 사유의 폭을 넓힐 수 있는 힘을 얻게 된다.
  나아가 편운은 자신의 '길'을 확장하고, 그것을 통해 자신의 '길'

을 성찰하는 데 잠시도 눈을 떼지 않는다. 그것은 역설적으로 '나'의 의식에 대한 깊이를 더하고자 하는 시혼으로 형성된다. 그의 이러한 목소리는 결국 해와 달이 지고 뜨는 영원한 삶의 동경으로의 애처로운 몸부림이다. 이와 같은 몸부림은 길가에 아무런 이유 없이, 이름 없이 피어 있는 작은 꽃에 대한 사랑을 느끼고 존재의 의미와 가치를 찾는 데서 잘 드러난다.

>길가에 아무런 이유 없이
>피어 있는 작은 들꽃은, 요란하지 않아도
>곁에 피어 있는 것만으로
>길 가는 사람에게 다정한 위안을 준다
>
>길가에 아무런 까닭 없이
>피어 있는 작은 들꽃은, 요염은 하지 않아도
>곁에 피어 있는 것만으로
>먼 길을 가는 나그네에게
>따뜻한 큰 위로를 준다.
>
>- <존재> 부분

시인은 화려한 장식이나 과시를 위한 꽃이 아니라 길가에 외로이 홀로 피어 있는 "작은 들꽃"에 사랑을 느끼고 거기에서 위안을 받는다. 다시 말해, 무심코 지나쳐 버릴 수 있는 "작은 들꽃은" 인위적이 아니라 '존재로서의 존재'라는 지극히 평범한 존재의 가치를 그는 새롭게 인식하고 거기에서 삶의 무상함을 위안 받는다. "작은 들꽃"에도 눈길을 주고 거기에서 얻는 '사랑'과 '위안'은 단순한 존재의 의미를 넘어 하나의 존귀한 생명을 발견하고 있어 깊은 울림을 준다.

  소유한다는 것은 구속이며 욕심의 시작이라는 시인은 늘 대지와 하늘, 구름과 함께하는 작은 들꽃에서 소박한 행복을 찾는다. 작은 들꽃들은 인간들이 울고 불며 갖는 애착과 소유, 고민을 가지고 있지 않다고 생각하기 때문이다.

    사랑스런 작은 들꽃아
    내가 너를 사랑한다 한들
    어찌 내가 그 말을 하겠니
    구름으로 지나가는 이 세월
    너는 이승에 핀 작은 들꽃이로구나

    하늘의 별들이 곱다 한들
    어찌 너처럼 따스하리

    너는 정교한 부처님의 창조
    노쇠한 내가 조각구름으로 지나가며
    너를 사랑한다 한들
    이 늦은 저녁노을, 어찌 내가 그 말을 하리

    이 사랑스러운 작은 들꽃아,
    너는 참으로 귀엽구나, 곱구나, 아름답구나
    순결하구나

그러한 너를 내가 사랑한다 한들
어찌 내가 네 곁에 머물 수 있으리.

- <타향에 핀 작은 들꽃>

　볼품없이 자라고 있는 들꽃에서 유한적 인간의 모습을 본다. 그는 이 이승을 자신의 본고향(저승)에 대하여 늘 타향이라는 생각을 하고 있다. 그래서 이 세상을 살고 있는 것은 이 세상을 살고 있는 것이 아니라, 타향을 지나가고 있는 나그네라는 생각을 늘 하고 있었던 것이다. 타향, 남의 땅, 남의 나라를 지나가고 있는 정처 없는 나그네가 시인의 모습이다. 이곳에서 사랑을 한들, 욕심을 낸들, 그것은 한 순간의 것이고, 애착을 가지면 가질수록 고민만 늘어가는 것이다. 하여 어쩌면 시인은 들꽃 같은 삶을 지향하면서 그 자신만의 시적 세계를 구축해 왔는지도 모른다.
　이처럼 하찮은 들꽃에서 생명 존재의 존귀함을 인식하는 편운은 구름조각으로서 보헤미안의 자유와 고독, 허무를 이야기하면서 사랑의 믿음과 평등을 노래한다. 웅장하여 오히려 위압감이나 소외감을 느끼게 하는 사원보다는 한적한 곳에 자리 잡은 들꽃 같은 사원이 더 포근하고 아늑하게 느껴질 수 있음을 말한다. 때문에 시인은 모든 생명들은 작든 크든, 천하든 귀하든 간에 생명이라는 점에서 서로 평등하며 또 평등해야 함을 강조한다. 그 대표적인 시가 <해인사>이다.

큰 절이나
작은 절이나
믿음은 하나

큰 집에 사나
작은 집에 사나
인간은 하나.
　　- <해인사> 전문

　큰 절이나 작은 절이나 믿음은 하나이며, 큰 집에 사나 작은 집에 사나 인간은 하나라는 인식이다. 세상 만물은 그 나름대로 모두가 우주의 중심이기 때문이다. 이는 모든 생명 그 자체가 세상에서 유일한 존재이며 그 나름의 고유한 가치를 지님을 의미한다. 이 시는 바로 이러한 평등이라는 개념을 소박하고 간결하게 언급함은 물론 선적 직관을 담은 짤막한 시형을 통해 만물평등으로서 불교적인 깨달음의 시세계를 형상화하고 있는 점에서 중요한 의미를 지닌다.

　한편, 편운은 존재 확인과 더불어 공의 세계를 넘나드는 탈속의 시적 경향을 보여 준다. 그는 유한의 존재인 자신을 바람과 구름에 비유하여 그 한계를 인식하고, 인생에 대한 철저한 고뇌와 이를 초탈하고자 하는 시적 사유를 드러내 보인다. 그 전형적인 시가 <나의 존재>이다.

바람이 집이 없듯이
구름이 거처가 없듯이

나는 바람에 밀려가는
집 없는 구름이옵니다

나뭇가지에 간혹 의지한다 해도
바람이 불면
작별을 해야 할 덧없는 구름이올시다.

- <나의 존재> 전문

구름 같은 편운의 덧없는 인생에 대한 인식이 간결하게 표출되고 있다. 혹여 나뭇가지에 잠시 머문다 해도 바람이 불면 떠나야 하는 구름 같은 존재의 인식은 유한적 존재로서의 죽음이라는 극한 상황을 보여 준다. 이는 삶과 죽음의 경계를 지우는 세계인식의 방법이다. 이 경우 보이지 않는 곳에서 항시 그의 삶과 죽음을 조율해 주거나 초월의 세계로 인도하는 절대자는 '당신'이다. '당신'은 보이지 않지만 항시 한 발 앞서 그의 인생을 따라다니며 그를 주시하고 있고, 그 역시 '당신'의 뜻을 천명으로 알고 있는 '당신'을 볼 수 있다. 아울러 당신의 마음이 나의 마음이며 나의 삶이기에, 한없이 넓고 무한한 세월을 내가 지탱해 올 수 있었던 것은 바로 보이지 않는 '당신' 덕분이었고, 그 '당신'은 결국 시인의 삶의 좌표이며 절대자이고 부처님이었다.

부처님 하늘을 돌아가시다가
오늘은 이곳, 불국사에 들리신듯하여
날이 개기 전에

산길을 올라, 산문에 이르렀으나, 산문은 닫혀
아직 시간은 되지 않아 들어갈 수 없다하여
하는 수 없이 되돌아왔습니다.

일흔넷 고비를 올라올라 이곳까지 왔건만
아직 시간이 되지 않았다고 퇴짜를 맞고
되돌아 내려오는 내 머리에
희끗희끗 지나가는 길 놓친 안개.

- <아직은> 부분

　당신, 즉 부처님을 만나는 것은 곧 부처님이 계신 산에 올라간다는 것이다. 그 하늘에 도달하고자 하는 것이 곧 삶의 존재 이유일 수도 있다. 일흔넷의 삶은 당신의 보이지 않는 실체 앞에서 끊임없는 탐구의 과정을 거쳐 도달한 자신의 존재확인이며 세계의 인식이고 죽음과 삶에 대한 깨달음이라 할 수 있다. 그러나 아직 시간이 되지 않았다 하여 부처님 그림자도 보지 못하고 산문에서 퇴짜를 맞고 다시 돌아온다. 어쩌면 그것은 저승으로 돌아갈 시간이 아직 멀었다는 단순한 시간적 의미일 수 있고, 또한 아직 부처님을 만날 인연을 얻지 못했다는 '하심'의 표현인 동시에 아직도 그에게는 이승에서 해야 할 일들이 남아 있음을 의미하기도 한다. 결국 시인은 자신의 의사와는 상반된 것을 애써 "길 놓친 안개"와 융화시켜 자연의 질서와 합일을 이루며 위안을 삼는다. 이 세계는 다름 아닌 천상과 지상, 인간과 부처, 이승과 저승이 상즉상입하는 원융의 공간일 수도 있다.

　사랑은 공존의 윤활유이다. 사랑이란 대상이 나를 선택함으로써 이뤄지는 게 아니라 내가 변화하며 열어가는 시공간적 인연의 장이다. 아름다운 사랑은 요구하는 것이 아니고 주는 것이요, 아름다운 사랑은 정복하는 것이 아니고 정복당해 주는 것이요, 아름다운 사랑은 붙잡는 것이 아니고 고이 보내 주는 것이다. 이러한 맥락에서 편운의 시적 고향은 바로 사랑하는 어머니다. 하여 그의 시에는 일찍이 혼자되어 7남매를 기르며 어렵게 살림을 꾸려온 어머니 대한 애틋한 마음과 연민이 절절히 묻어 있다. 그런 어머니에 대한 사모의 정은 '어머니는 나의 종교'라고 할 만큼 그의 마음자리를 차지한다. '달에 비쳐 오르는 어머님의 큰 얼굴을 / 이렇게, 먼 곳에서 보고만 있습니다 // 고향처럼 / 절벽에서'(〈어머님이 고향처럼〉)라는 시에서 볼 수 있듯이, 그의 시세계에는 모성 지향성이 강하게 드러난다. 편운은 팔순을 맞아 펴낸 쉰 번째 시집 『고요한 귀향』에 실린 다음의 시에서

  나는 어머님의 심부름으로 이 세상 나왔다가
  이제 어머님 심부름 다 마치고
  어머님께 돌아왔습니다.
   - 〈꿈의 귀향〉

라고 말함으로써 어머니의 부름을 받기 위해 기다린 그는 시비와 묘비를 손수 세워두고 결국 어머니 곁으로 돌아갔다. 그에게 있어 어머니는 육신의 발원이자 마음의 고향이요, 삶의 등불이며 안식처이자 최종의 귀의처였다. 이러한 사실은 그의 시가 "어머니를 찾아온

길이고, 어머니가 내 꿈이요, 내 철학의 하이마트요, 내 예술의 본향"임을 함축하고 있다. 결국 어머니를 향한 마음은 현실에서 단절을 느끼면서 영원을 지향하는 것일 수 있다.

> 나의 목숨은 이승에 단 램프
> 아직은 어머님이 주신 기름이 남아
> 너를 볼 수가 있다
>
> 불빛이 밝은 만큼 뚜렷이
> 불빛이 강한 만큼 따뜻이
> 불빛이 퍼진 만큼 넓게
> 어둠을 헤치며
>
> 아직은 어머님이 주신 기름이 남아
> 멀리서나마, 이렇게 까마득히 멀리서나마
> 그냥
> 너를 저리도록 그리워할 수가 있다
>
> 간단없는 거센 바람 속에
> 영원처럼
>
> - <이승에 단 램프> 전문

이승과 저승을 함께 관조하며 '어머니'와 '너'라는 상징을 통해서 구원을 갈망하고 영원을 지향하는 간절한 심경이 담긴 시이다. 어머니에게서 생명을 받아 이 세상에 태어났듯이 다시 이승을 떠나면 어머니의 세계로 돌아가고자 한다. '너'는 영원한 그리움과 갈망의 표상이라 할 수 있다. 어머니는 풍찬노숙의 어둡고 버거운 현실 혹은 이승에서 빛을 던져주는 생명의 근원이자 실존의 한 버팀목이다.

시집『낮은 목소리로』는 한 인간이 어머니에게 바치는 극진한 게송이며 찬탄이라 할 수 있다. 시인은 자신에게 주어진 가장 낮은 목소리로, 가장 먼 목소리로 이야기하고자 한다. 다음의 시는 마음이 무상의 자리로 돌아가 하나도 감춤이 없이 '나'라는 존재를 드러내 보이면서 '있음'과 '없음'이 본질적으로 '공'이라는 깊은 사유의 흔적을 보여 준다.

> 낮은 목소리로 이야기하옵니다는 이미
> '보이는 세계'와 보이지 '아니하옵는' 세계에
> '있는' 세계와 '없는' 세계에
> 가득히 차 있으옵는 것은
> 마냥 고요한 '있음'과 '없음', 실은 '공'이옵니다.
> - <시 46> 전문

"낮은 목소리로 이야기하옵니다"라는 시인의 언설은 지극한 '하심'의 자세를 보여 준다. 화자는 가시적인 세계와 불가시적인 세계 그리고 있는 세계와 없는 세계에 충만한 것은 한없이 고요한 '있음'과 '없음'이요 이는 곧 '공'이라는 것을 인식하고 있다. 이러한 깨달음은 현실인식과 역사적인 삶에 대한 깊은 통찰, 즉 진공묘유에 대한 깨달음의 길을 열어 보인다. 이와 같이 어머니는 현실의 어둠을 헤쳐 나가게 해 주는 원동력이자 구원의 등불이고, 영원으로 향하게 하는 강력한 시적 상징이 되고 있다.

편운의 고향은 경기도 안성군 양성면 난실리이다. 영혼의 고향 이 곳에 그가 그토록 찾고자 한, 불심이 돈독했던 어머님이 영면하고 있다. 편운 역시 지금은 어머니 곁으로 돌아가 이곳 동산에 묻혀 있 다. 연작시 〈개구리 명상〉은 그가 태어나 자란 공간, 부모가 잠들어 있는, 어쩌면 그의 시 정신을 지배하고 있는 고향의 목소리라 할 수 있다. 난실리에 있는 그의 서재를 '청와헌聽蛙軒'이라고 명명한 것으 로 보아도 그 개구리 울음소리를 잊지 못하고 있는 시인의 애상의 마음을 엿볼 수 있다.

>어쩌면 저렇게도 순진한 울음소리가 있으리
>하늘의 목소리 다하여
>밤새워 온 천지를 진동시키는구나
>
>나의 슬픔은 그곳에 숨어 있는 거
>오, 순진무구한 무상의 희열이여
>생명을 가진 자들의 오열이여
>   - 〈개구리 명상 5〉 부분

삶을 살며 수많은 사람들을 만났지만 자신이 찾는 '순수'를 발견 하지 못한 시인은 고향의 개구리 울음에서 '순수'와 '기쁨'을 찾는다. 개구리 울음 소리를 "하늘의 목소리"에 비유하고, 그 순진한 소리가 "밤새워 천지를 진동시키"는 것으로 표현함으로써 순수의 가치를 더욱 고양시켜 주고 있다. 고향의 자연과 이웃들 그리고 여전히 옛 날과 변함없는 개구리 울음소리를 들으면서 시인은 순수를 되찾고 거기에서 새로운 생명을 발견함으로써 기쁨을 느낀다. 개구리 오열을 가슴에 담는다는 것은 곧 영원불멸의 자연에 회귀하고자 하는 시인의 탈속적인 모습을 보여 준다.

해마다 봄이되면
어린시절 그 분의 말씀
항상 봄처럼 부지런해라
땅속에서, 땅위에서
공중에서
생명을 만드는 쉼없는 작업
지금 내가 어린 벗에게 다시 하는말이
항상 봄처럼 부지런해라

해마다 봄이되면
어린 시절 그 분의 말씀
항상 봄처럼 꿈을 지녀라
보이는 곳에서
보이지 않는 곳에서
생명을 생명답게 키우는 꿈
봄은 피어나는 가슴
지금 내가 어린 벗에게 다시 하는 말이
항상 봄처럼 꿈을 지녀라

오, 해마다 봄이 되면
어린 시절 그 분의 말씀

항상 봄처럼 새로워라
나뭇가지에서, 물 위에서, 둑에서
솟는 대지의 눈
지금 내가 어린 벗에게 다시 하는 말이
항상 봄처럼 새로워라
- <해마다 봄이 되면> 전문

　봄처럼 부지런하고 봄처럼 꿈을 키우며 봄처럼 새로워질 것을 노래하고 있다. "땅속에서, 땅위에서, 공중에서 생명을 만드는 쉼 없는 작업"을 하는 봄처럼 항상 부지런하다면 우리가 세상에서 이루지 못할 것이 있을까? 더구나 배우는 학생이 봄처럼 부지런하다면 그 학생의 미래는 얼마나 밝을 것인가? "보이는 곳에서, 보이지 않는 곳에서 생명을 생명답게 키우는" 봄처럼 항상 꿈을 지니고 목표를 이루기 위해 학업에 전념한다면 어렵고 힘든 학문의 길도 '피어나는 가슴'이 될 것이다. 끝으로 화자는 어린 벗에게 "항상 봄처럼 새로워라"라고 말하고 있다. 사실 '항상 봄처럼' 새롭기는 쉬운 일은 아닐 것이다. "나뭇가지에서 물 위에서 둑에서 솟는 대지의 눈"처럼 항상 새롭기는 참으로 어려운 일일 것이다. 하지만 그렇게 다시 마음을 가다듬고 졸음을 참아내며 새로운 마음을 가지려고 항상 애쓰고 노력한다면 우리가 이루지 못할 것이 무엇이 있을까? 늘 새로운 마음으로 시작하고 일에 몰두한다면 능히 그 어떤 목표라도 달성할 수 있을 것이다. 부지런하고 꿈이 있는 삶은 언제보아도 늘 싱그럽고 아름다우며 삶의 에너지가 풋풋하게 살아 있다. 그러니 늘 봄처럼 부지런하고 봄처럼 꿈을 지니며 봄처럼 새로워지는 삶을 살아야 할 것임을 시인은 노래하고 있다.

  요컨대, 편운의 시학은 삶에 대한 본질적 탐색이며 삶을 바탕으로 한 실존철학에 접맥된 공간이요 불교적 공의 세계라는 데서 그 특징을 찾을 수 있다. 그것은 연약하고. 잊혀지고, 착한 것들에 대한 연민과 공감의 마음으로 상처받은 영혼들에게 나름대로의 따뜻한 감동과 위안, 격려의 메시지를 전하는 데 의미가 있다. 그의 시적 세계는 상대적인 고독이 아니라 꿈을 가지고 살아가는 자의 숙명이라고 할 수 있는 '순수 고독'과 '순수 허무'를 극복하기 위한 치열한 몸부림의 흔적이라 할 수 있다. 여기에는 〈해마다 봄이 되면〉의 싯구 "항상 봄처럼 부지런해라, 항상 봄처럼 꿈을 지녀라, 항상 봄처럼 새로워 져라"라는 인생관이 큰 줄기로 작용하고 있다. 오늘날 많은 독자들이 그의 시를 읽고 감동하며 난실리 '편운동산'으로 발걸음을 향하고 있는 것도, 봄처럼 꿈을 가지고 부지런하며 새로워지려는 태도로 고독과 허무라는 인간의 본원적 문제를 소박하고 쉬운 표현으로 진솔하게 노래한 점에 있다 할 것이다.

신달자,

어른이어서 미안하다 연둣빛 생명이여!

경남 거창 출신의 신달자(1943~)는 숙명여자대학교 국어국문과를 졸업하고 동 대학원에서 문학박사학위를 받았다. 평택대학교 국문과 교수를 거쳐 명지전문대학 문예창작과 교수로 재직했던 그는 1972년 박목월에 의해 『현대문학』에 〈발〉, 〈처음 목소리〉가 추천되면서 등단하였다. 시집으로 『봉헌문자』, 『고향의 물』, 『모순의 방』, 『시간과의 동행』, 『아버지의 빛』, 『어머니, 그 삐뚤삐뚤한 글씨』, 『오래 말하는 사이』, 장편소설로 『물위를 걷는 여자』 등이 있다. 대한민국문학상, 시와 시학상, 한국시인협회상, 현대불교문학상, 영랑시문학상, 공초문학상을 수상했고, 한국시인협회 회장을 지냈다.

신달자의 시 쓰기는 삶의 본질을 깨닫기 위한 치열한 구도의 여정이다. 참 '나'를 찾으려는 내면 성찰의 길은 격정과 고통의 터널을 지나 깊은 사색과 응시를 거쳐 발효된 경지로 잘 드러난다. 이러한 과정을 시인은 솔직함으로 온몸으로 고백한다. 그 대표적인 시가 〈소〉이다. 뇌졸중으로 쓰러진 남편을 24년간 수발하며, 시어머니와 어머니의 죽음, 본인의 암 투병 속에서도 희망을 잃지 않고 삶과 문학에 대한 열정으로 사나운 '소' 같은 고통과 운명 극복이 잘 그려지고 있다.

사나운 소 한 마리 몰고
여기까지 왔다
소몰이 끈이 너덜너덜 닳았다
미쳐 날뛰는 더러운 성질
골짝마다 난장 쳤다
손목 휘어지도록 잡아끌고 왔다
뿔이 허공을 치받을 때마다
몸 성한 곳 없다
뼈가 패였다
마음의 뿌리가 잘린 채 다 드러났다
징그럽게 뒤틀리고 꼬였다

생을 패대기쳤다
세월이 소의 귀싸대기를 한 사흘 때려 부렸나
늙은 악마 뿔 삭아 내리고
쭈그러진 살 늘어뜨린 채 주저앉았다 넝마 같다
핏발가신 눈 끔뻑이며 이제사 졸리는가
쉿!
잠들라 운명
- <소> 전문

"사나운 소"는 시인 자신이다. 이런 자신이 지금은 늙어서 살이 늘어지고 졸린 눈을 끔뻑이는, 죽음이 가까운 운명에 처해 있다. 소의 뿔이 허공을 치받을 때마다 몸 성한 곳 없고, 뼈가 패이고, 마음의 생채기가 그대로 다 드러났던, 그야말로 징그럽게 뒤틀리고 꼬인 삶이었다. 하지만 시인은 온몸으로 그런 삶을 받아냈다. 수행의 자세와 뼛속 상처까지 드러내는 시 속의 '사나운 소'는 어쩌면 우리 모두가 극복해야 할 대상이다. 요컨대 운명이다. 시인은 고통과 절망 속에서 깨달은 인생의 빛과 그림자를 보여 주며, 영원히 싸우고 사랑해야 할 것은 오직 인생뿐이라는 희망의 메시지를 전해 준다.

 오랜 삶의 고통을 이겨낸 시인은 평범한 일상 자체가 감동이라는 사실을 보여 준다. 그리고 그 속에 그리움을 묻어 두고, 그런 소리 없는 공간을 거치면서 시인은 더 넓은 세계에 눈을 뜬다. 표제시 <살 흐르다>는 흐르는 생과 죽음에 대한 사유를 압축하고 있는 시편이다.

거실에서는 소리의 입자들이 내리고 있다
살 흐르는 소리가 살 살 내리고 있다
30년 된 나무 의자도 모서리가 닳았다
300년 된 옛 책장은 온몸이 으깨어져 있다
그 살들 한마디 말없이 사라져 갔다
살 살 솰 솰 그 소리에 손 흔들어 주지 못했다
소리의 고요로 고요의 소리로 흘러갔을 것이다
조금씩 실어 나르는 손이 있다
멀리 갔는가
사라지는 것들의 세계가 어느 흰빛 마을을 이루고 있을 것

거기 가늘가늘 소리 들린다
다 닳는다
다 흐른다
이 밤 고요히 자신의 살을 함께 내리고 있다.

- <살 흐르다> 부분

시간이 흐르고 난 뒤 찾아온 적막과 고요의 순간을 다루고 있다. 시인은 눈에 보이지 않는 시간에 입자 이미지를 덧씌워 형상의 살 덩어리를 부여한다. 시인의 상상 속에서 형체를 얻은 시간은 비처럼 위에서 아래로 흘러내린다. 나무 의자와 책장이 서서히 닳아 가면서 형체의 입자를 소리 없이 떨구듯이 시간은 켜켜이 쌓인다. 시인은 그렇게 시간의 살이 미세하게 닳아가는 과정이 비처럼 '살 살' 내리는 소리로 들린다고 노래한다. 즉 어느 새 슬그머니 사라지는 몸, 그것을 어디선가 들려오는 '살 흐르는 소리'라고 표현한다. 어떤 보

이지 않은 손이 살들을 조금씩 실어 나르는 동안 우리는 작별인사도 하지 못한다. 하지만 시인은 그렇게 사라지는 것들이 어느 흰빛 마을을 이루고 있다고 말한다. 그런 투시력을 지닌 시인의 마음은 세속의 욕망으로부터 풀려나 적막하다. 시간은 '소리의 고요로 고요의 소리로' 흘러가는 것이다. 시인은 그런 침묵의 소리에 귀를 기울이는 존재다. 그래서 시인은 '거기 가늘가늘 소리 들린다'면서 이 밤 고요히 자신의 살을 내리고 있다고 노래한다.

한편, 삶에 대한 실존적 고뇌를 섬세한 감성으로 포착해 온 시인은 가정백반, 옥수역, 손톱 관리, 스타벅스, 삼익떡집, 신사동 먹자골목, 포장마차 등 세속의 것들에서 시의 언어를 길어낸다. 〈저 거리의 암자〉는 포장마차를 암자에 비유한 절창이다.

> 어둠 깊어가는 수서역 부근에는
> 트럭 한 대 분의 하루 노동을 벗기 위해
> 포장마차에 몸을 싣는 사람들이 있습니다
>
> (중략)
>
> 밤에서 밤까지 주황색 마차는
> 잡다한 번뇌를 싣고 내리고
> 구슬픈 노래를 잔마다 채우고
> 빗된 농담도 잔으로 나누기도 합니다
>
> (중략)
>
> 비워진 소주병이 놓인 플라스틱 작은 상이 휘청거립니다
> 마음도 다리도 휘청거리는 밤거리에서 조금씩 비워지는

> 잘 익은 감빛 포장마차는 한 채의 묵묵한 암자입니다
> 새벽이 오면 포장마차 주인은 밤새 지은 암자를 걷워냅니다
>
> 손님이나 주인 모두 하룻밤의 수행이 끝났습니다
> 잠을 설치며 속을 졸이던 대모산의 조바심도
> 가라앉기 시작합니다
> 거리의 암자를 가슴으로 옮기는데
> 속을 후려치는 하룻밤이 걸렸습니다
> 금강경 한 페이지가 겨우 넘어갑니다
>
> - <저 거리의 암자> 부분

2007년도 현대불교문학상 수상작이기도 하다. 포장마차를 한 채의 작은 암자로 전이시키는 시인의 상상력이 이채롭다. 하루 일과를 끝낸 도시노동자들은 포장마차에서 잡다한 번뇌를 싣고 내리고 구슬픈 노래를 잔마다 채우고 빗된 농담도 잔으로 나눈다. 노동의 고됨을 함께 풀고 나눔으로써 덜어지는 모습이 잘 익은 감빛 포장마차를 통해 그려진다. 그 감빛 포장마차는 "한 채의 묵묵한 암자"로 비유된다. 새벽이 오면 포장마차 주인은 밤새 지은 암자를 걷어내고 손님은 역시 돌아간다. 속을 후려치는 하룻밤이 없고서야 거리의 암자를 가슴으로 옮길 수 없다는 대목은 삶의 버거움을 잘 표현하고 있다. 녹록하지 않은 삶의 과정이 금강경 한 페이지가 넘어가는 것만큼 힘든 일로 비유되고 있다. 인간적이며 또한 세속적인 경험을 통해 대승적 깨달음을 획득하게 하는 힘이 내재된 시편이다.

고달프고 험악한 세상살이에서 시인에게 숲은 고향이고 안식처

였다. 숲은 바로 그를 숨 쉬게 하는 생명의 동력이었다. 그래서 그는 헨리 데이빗 소로우의 『월든』을 마음의 월든으로 옆에 두게 되었다고 한다. 아마도 자연에 대한 애착과 그곳으로 향하는 마음은 자신도 모르게 배어든 환경의 원초적 경험 때문일 것이다. 숲에 들면 마치 어머니의 품속에 안기는 듯한 안도를 느낀다는 시인은 숲이 주는 모성의 사랑을 구체적이고도 생생한 이미지로 육화시키고 있다.

여름 숲은 살아 있다.
여름 숲은 그래서 이야기한다.
겨드랑 사이에 예쁜 새들을 키우며
여름 숲은 모성의 사랑을 베푼다.

황혼이 내리면
알맞게 젖이 차오른
숲은
가슴이 부풀어 오른 채
나른하게 돌아오는
새들을 맞는다

종일 놀다가
허기져 돌아왔는지
앞단추도 끄르기 전
머리를 디미는
새들을

숲은
부드러운 미소와 자애로
넉넉한
품안에 받아들인다.

- <여름 숲에서> 전문

생이 뒤틀리기 시작하고 힘겨울 때 광릉수목원을 몇 번 찾았던 시인이다. 그는 소홀산을 바라보면서 마치 어머니를 만난 것처럼 뜨겁게 울고 울었다 한다. 숲은 자신을 안아 주었고 큰 위로가 되었기 때문이다. 어머니 같은 원초적 감동으로 다가오는 숲의 이미지는 새들과의 관계를 통해 구체적으로 드러난다. 부드러운 미소와 자애로 앞단추도 끄르기 전에 머리를 디미는 새들을 넉넉한 품안에 받아들이는 숲이 이를 잘 말해 준다. 여름 숲은 더욱 그러하다. 시인의 이러한 태도에는 온갖 생명들이 숨 쉬며 살아가는 지구 생태계에 대한 새로운 인식이 담지되어 있다.

부안 내소사 대웅전 앞에는 숱한 세월을 묵묵하게 지키고 서 있는 '천년 느티나무'가 있다. 천년을 하루같이 버티고 있는 것은 말처럼 쉬운 일이 아니다. 이 나무는 폭우와 벼락, 천둥, 폭설 등을 겪었어야 하는 아픔과 고통을 선연하게 떠올리게 한다. 사실, 그런 인고의 세월을 이겨내지 못하였다면, 분명 오늘은 존재할 수 없었을 것이다. 시인은 삶의 무게를 온몸으로 받아내고 견뎌낸 천년 느티나무를 "내소사 앞들의 부처"와 "내 어머니 부처"로 비유한다.

부안에서 곰소 지나 내소사 들면
대웅전 앞에 선 천년 느티나무
몸이 다 비틀어지고 옆구리 동궁처럼 패어
어디 그것을 산몸이라고 하겠는가
천년 비바람이 다 쓸어 가고
천년 몸살로 다 삭아 내려
한 발짝도 뗄 수 없는 천년 병석을
제 스스로 끌어안고 있는
내소사 앞뜰의 부처
지금도 불자들 돌아가는 손에
자신의 푸른 가지 하나씩 안겨 주고 있는
천년을 주고도 더 주어야 한다고
영영 가지 못하고 늙어 가는
내 어머니 부처.
- <천년 느티나무> 부분

고통 속에서 더욱 단단해진 그녀의 시는 삶의 곡절마다 깊은 사유와 성찰을 통해 우리들의 삶과 맞닿아 있음을 보여 준다. 천년 비바람이 다 쓸어 가고 천년 몸살로 다 삭아 내려 한 발짝도 뗄 수 없는 천년 병석을 제 스스로 끌어안고 있는 내소사 앞뜰의 부처. 지금도 불자들 돌아가는 손에 자신의 푸른 가지 하나씩 안겨 주고 있는, 천년을 주고도 더 주어야 한다고 영영 가지 못하고 늙어 가는 내 어머니 부처. 이들 모습은 고통이 서려 있는 시간의 퇴적층이라 할 수 있다. 이런 오래된 숲은 나를 되돌아보는 시간을 만들어 주고, 힘들 때는 많은 위안을 가져다주며, 또한 상처 입은 마음을 치유케 한다.

신달자의 시에서 숲의 이미지는 끊임없이 우주 질서의 일부로 변주되면서 새로운 이미지를 낳고 있다. 녹음의 세계가 열리고 있다. 푸르름은 우리들 마음의 고향이요, 우리들 꿈의 색상이다. 그래서 녹음을 바라보노라면 마음도 푸르게 열리고 탁한 마음도 맑게 된다. 시인은 생명의 열띤 호흡을 나뭇잎 하나하나에서 뜨겁게 받는다.

무거워 보인다
잎새 하나마다
태양이 엉덩이를 깔고 누웠는지
잎새 하나마다
한 채 눈부신 궁궐이다
그 궁궐 호수도 몇 개 거느리고
번쩍 튀어 오르는 물고기들
위로 위로 쏘는 화살처럼
휘번뜩거리는데
이런 세상에 이 출렁이는
검푸른 녹음의 새빨간 생명들이
왁자지껄 껴안으며 춤추며 뭉개며
서로서로 하나로 겹쳐지는데
무지 실하다
공空으로 가기 위해
힘을 불리고 있는 중인가.

- <녹음> 전문

나뭇잎 하나 속에서 우주의 큰 흐름을 발견하는 시인의 놀라운 상상력이 도드라져 보인다. 푸름은 젊음, 희망, 신선함의 상징이다. 그것은 바로 생명을 보는 것이다. 꽃이 지면 꽃자리에 연초록 새 잎사귀들이 동시에 돋아나온다. 놀랍게도 그 안은 궁궐이다. 놀라운 상상력의 건축물이 형성되고 있다. 팽팽하게 살아나는 안식의 궁전은 초록 생명을 퍼져나가게 하고 초록 숨결을 불어넣는 '푸르름'을 배경으로 서 있다. 잎맥 속의 궁궐이 다시 나뭇가지 전체의 호수가 되고 각각의 이파리는 호수 위로 튀는 물고기가 되는 것으로 포착된다. 가지와 잎들을 펼쳐 수액을 길어 올리고 위로만 쏜 화살처럼 도약하는 생명력으로 넘쳐나는 그 자체가 자연 질서의 표상이다. 이러한 짙은 녹음의 불타는 생명들에게서 열정과 화합의 풋풋하고 튼실한 젊음이 읽혀진다. 하지만 이 모든 것은 결국 우주의 놀라운 질서 쏲의 일부라는 보다 큰 의미를 함축하고 있다. 시인의 불교적 깨달음을 서정적 세계로 변용시키고 있는 통로를 여기서 보게 된다.

시인은 끊임없이 낮은 곳을 통해 자연을 관조하고 노래한다. 속초와 설악, 백담사를 찾고 깊은 성찰에 젖어 든다. 어제는 설악산과 저녁 겸상을 했다는 시인은 산속의 구구절절한 사연들이 밥상에 올라와 있었음을 인식한다. 말하자면 비닐하우스에서 고속으로 몸을 키우지 않고 서서히 자연의 속도로 하늘의 질서를 잘 견디어 온 낱낱의 산나물에서 득도의 명장들을 보았던 것이다. 입을 굳게 닫고 무릎을 꿇고 깨끗이 상을 비웠던 시인은 오늘은 백담사와 저녁 겸상을 하면서 '없음' 가운데 '있음'의 미학을 이렇게 노래한다.

오늘은 백담사와 저녁 겸상을 했다. 상이 비어 있었다. 정갈한 절 간음식과 터질 듯 쏟아지는 공짜 별들이 상을 가득 메울 것이라는 나의 예감은 빗나갔다. 공이라는 둥근 밥상, 없는데 있다고 하고 있는가 하면 없는 저 공의 밥상. 이상하다. 아무것도 입안에 넣은 것 없이 가득 배불러 며칠 입 쉬어도 좋겠다.

- <사막의 성찬> 부분

공이라는 둥근 밥상을 보면서 큰 깨달음을 얻는 시인이다. 마음을 내려놓고 걸림 없이 자재하는 상황이다. 아무것도 입안에 넣은 것 없이 가득 배불러 며칠 입 쉬어도 좋겠다는 대목에는 채움만을 위해 달려온 생각을 버리고 비움에 다가서는 불교적 사유의 서정이 그대로 묻어난다.

해를 품은 암자라는 뜻의 향일암은 644년 원효대사가 원통암으로 창건했다고 한다. 거북이 등에 올라탄 형국의 특성상 한국 4대 관음도량 중의 하나로 불리는 이 절은 958년 윤필대사가 금오암으로 개칭했으며, 1715년에 인묵대사가 해 뜨는 모습이 장관을 이루어 향일암이라고 바꿔 불렀다고 한다. 중생들은 절을 지어 해를 바라는 마음을 빌고, 해는 부처를 향해 절을 하니, 해와 절과 사람이 하나가 되는 곳이 향일암이다. 시인은 바위틈으로 난 해탈의 길을 지나 이르는 대웅전의 부처님이 기도하는 중생들에게 한 주먹씩 해를 나누어 주는 망망대해 앞의 자비와 남해를 다 먹이고도 넉넉한 향일암의 청량한 바람 소리를 찬탄한다.

여수시 돌산읍 율림리
돌산 꼭두머리
날마다 떠오르는 해와 마주 보며
바위 절벽에 붙어
빠끔히 문 열어 놓은
산 조가비 같은 대웅전
막 떠오르는 해가 날마다 부처님 앞에
먼저 문안드리면
부처님은 종일 무릎 꿇는 자들에게
한 주먹씩 해를 나누어 주는
망망한 바다 앞의 자비
주머니가 큰 사람이
달랑 집어넣고 싶은
돌산 핸드폰 고리 같은 대웅전은
아직도 새벽마다 뜨는 해를
아침 공양 전에 받고 계시다
바다가 떠받고
하늘이 두 팔로 아우르는
절묘한 향일암의
청량한 바람 소리가 남해를 다 먹이고도
넉넉하다
  - <향일암> 부분

아침마다 새롭게 떠오른 해가 대웅전 부처님께 먼저 문안드리면 부처님은 그 햇살자락을 가슴에 꼭 안고 있다가 겸손하게 무릎 꿇은 사람들에게 한줌씩 나누어준다. 사람들은 그 햇살 한줌을 꼭 쥐고 다시 세상으로 나간다. 그리고 그것을 함께 나눈다. 보살의 정신이다. 어떠한 경우에도 해는 다시 떠오를 것이고 향일암은 우리에게 언제나 희망 한줌씩을 나누어 줄 것이다. 하늘과 바다가 한마음으로 손잡고 절벽 위에 향일암을 만들었듯이 우리도 서로서로 햇살 한줌씩을 나누어 갖고 희망의 날들을 보듬어야 할 것이다. 햇살 한줌을 나누는 넉넉함이 바로 향일암의 마음이고 희망이다.

그런데 어찌된 일인가? 햇살 한줌을 제대로 나누지 못해 어이없는 일이 일어나고 말았다. 미처 피지도 못한 꽃들이 졌다. 2014년 4월 16일 오전 8시 48분 세월호가 진도 팽목항 부근에서 침몰했다. 수학여행을 떠난다며 즐거워했던 아들, 딸들은 싸늘한 주검이 되어 돌아왔다. 지금도 검푸른 바다에서 한없이 흐르고 있을 연둣빛 생명들에게, 또 그들을 그리워하는 많은 사람들에게 시인은 이제는 울부짖는 가슴을 붙들고 서로 쓰다듬고 서로 상처를 보듬어 주고 위로하며 일어서기를 간절히 기도한다.

> 산인들 울지 않겠느냐
> 물인들 거세게 파도치지 않겠느냐
> 태양은 죄 없이 동트는 것이 미안해 미적거리며 떠오릅니다
> 오! 어쩌자고 연두 빛 신록의 생명들을 물밑으로 잠기게 했는지요
> 어린아이의 부모를 잠기게 했는지요
> 부끄럽고 챙피합니다
> 아프고 갈갈이 가슴 찢어집니다

신달자

그러나 이젠 울지 말아요
물속에 잠긴 아이들의 소망은 통곡이 아닌지 모릅니다
자식을 잃은 부모들이여! 조국의 못난 가슴팍을
맥없이 바라본 국민들이여!
이젠 일어섭시다 이젠 두 손에 불끈 힘을 줍시다
우리 다시 울부짖는 가슴을 붙들고 서로 쓰다듬고
서로 상처를 업어 줍시다
우리는 좀 더 가슴을 넓히고
우리는 좀 더 마음의 키를 키우고
그래, 그렇게 합시다
그래서 상처로 온몸이 녹아내리는 사람들을 업어 줍시다
우리 모두가 서로 서로 업어 주며 서로 달래어 줍시다

- <세월호 희생자 추모시> 부분

'어른이어서 미안하다 연두 빛 생명이여'라는 제목의 세월호 희생자 추모시이다. 연둣빛 생명의 주검 앞에서 시인은 산도 울고, 물도 거세게 파도치고, 태양은 죄 없이 동트는 것이 미안해 미적거리며 떠오른다며 안타까운 심정을 토로한다. 슬픔에 잠긴 대한민국, 비록 사랑하는 사람들을 잃어 슬픔에 잠겼지만 이제 남은 우리는 마음을 추스르고 일어나서 서로가 서로를 끌어안고 상처를 위로하며 용기와 희망을 전하는 지혜가 필요함을 당부하고 있다.

요컨대 신달자는 고통의 시간들을 성찰하고 그것을 탁월한 감수성으로 건져 올린 삶과 죽음, 그리고 사랑에 대한 깊은 사유를 진술하게 그려내고 있다. 즉 경험한 세상사의 여러 굴절들을 숙성하고

발효시켜 단단하게 여문 결실들을 선연하게 드러내 보이고 있다. 여기에는 여성적인 섬세함과 모성애, 포용력, 그리고 희망의 메시지가 담겨 있어 우리의 마음을 한결 밝게 치유한다.

조창환,

고요와 견딤 속에 생성된 깨달음의 세계

　서울 출생의 조창환(1945~)은 서울대 국문과와 같은 대학원에서 박사학위를 받았으며, 아주대학교 국문과 교수로 정년퇴임하고 현재 명예교수로 있다. 1962년 소년한국일보에 동시, 1966년 한국일보에 동화, 1973년『현대시학』에 〈귀향〉, 〈연가〉 등이 추천되어 등단한 그는『빈집을 지키며』,『라자로 마을의 새벽』,『그때도 그랬을 거다』,『마네킹과 신사』,『파랑 눈썹』,『피보다 붉은 오후』,『수도원 가는 길』 등의 시집과 시선집『신의 날』,『황금빛 재』 등을 펴냈으며, 한국시인협회상과 경기도문화상을 수상했다.

조창환의 시적 세계의 특징은 생명현상에 대한 경이와 감사, 근원을 향한 열망, 겸허한 자기 성찰, 신앙적 구도와 고독 등을 담아 내는 데 있다. 섬세한 감각으로 삶의 깊은 근원과 구체성에 주목하는 그는 작고 연약한 것들이 지닌 아름다움을 놀라움의 시선으로 깨닫는 모습을 보여 준다. 〈풀잎〉은 그 전형적인 시이다. 여기에서 시인은 식물의 호흡작용을 자세히 관찰하여 공기(향기, 바람)가 드나드는 현상을 포착함으로써 존재의 소통을 읽어낸다.

> 풀잎 속을 가만히 들여다보면
> 향기가 드나드는 작은 숨구멍들이 보인다.
>
> 숨구멍들은 늘 열려 있기도 하고
> 늘 닫혀 있기도 한 회전문이다.
>
> 회전문으로
> 깃털처럼 부드러운 바람이 드나들어
> 바람이 흘리고 간 얼룩이 남아 있다.
>
> 가을 잠자리 파르르 떨고 있는
> 풀잎 속을 가만히 들여다보면
> 토마토 국물 같은 눈물 자국이
> 떨고 있는 것도 보인다.
>
> － 〈풀잎〉 전문

풀잎 속을 들여다보며 향기가 드나드는 작은 숨구멍들을 보는 화자는 사물에 대한 신선한 감수성을 보여 줄 뿐만 아니라 사물 속에 깃든 생명들이 아름답고 놀라운 존재임을 간파한다. 시인은 자신의 숨조차 죽이고 대상을 "가만히" 응시함으로써 풀잎이 지니는 "작은 숨구멍들"을 본다. 즉 소우주의 경이로움을 발견하게 되는 것이다. "숨구멍"은 향기와 바람이 드나드는 곳, 즉 풀잎이 그들과 만나서 소통하는 곳이다. 시인은 이 호흡기관을 "회전문"이라 부른다. 언제나 열려 있기도 하고 동시에 닫혀 있기도 한 것이 회전문의 특징이다. 열려 있는 동시에 닫혀 있다는 이 모순은, 열려 있음과 닫혀 있음이 구분되지 않고 또한 고정되어 있지도 않다는 것을 의미한다. 그래서 이 회전문 숨구멍을 통해 출입하는 공기는 부드럽게, 그러나 치열하게 풀잎과 만나는 것이다. 그 치열함을 시인은 숨구멍에는 "바람이 흘리고 간 얼룩"이 남아 있으며, "토마토 국물 같은 눈물 자국"이 보이기도 한다고 말한다. 연약하고 부드러운 것들 속에 존재하는 가장 놀라운 힘, 그것을 시인은 생명의 힘이라고 여긴다. 풀잎이라는 세미한 세계에서 우주적 생명감각을 발견하는 시인의 상상력이 도드라져 보인다.

뿐만 아니라 거대하고 아름다운 자연 앞에 선 인간의 감정을 섬세하게 조형해 내는 조창환은 자연 속에서 함께 융합될 수 없는 소외감을 고요와 고독의 시적 장치로 읽어낸다. 이처럼 근접할 수 없는 자연에 대한 외경과 인간에 대한 존중을 보여 주는 시인에게 밝음이 지배하는 그늘을 보는 시선은 아름다움의 저편에 깃든 슬픔을 보는 시선이며, 또한 시간의 기억 속에 세계와 동화되어 있는 자아에 대한 인식임이 이렇게 그려지고 있다.

    이슬 내린 풀밭이라고 말한다, 사람들은
    이슬은 허공이 벗어놓은 옷, 허공이
    풀어 놓은 살, 허공이 남겨 놓은
    그늘인 줄 안다
    아니다, 그렇지 않다
    오늘 아침 맨발로 이슬을 밟을 때
    풀밭이 진저리치며 흐느껴 운 흔적을 보았다
    밤새 풀밭이 어둠을 끌어당겨
    몸부림 친, 핏자국 같은 것
    제 안의 물기 모두 품어 올려
    적셔 놓은, 젖은 수건 같은 것
    지친 눈물자국 같은 것으로 풀밭은
    쓰러져 있었다, 행복하게
    쓰러진 풀밭에, 질펀하게, 번진
    이슬 쓰다듬으며, 나는, 지상의 행복이란
    모두 울다가 지친 흔적인 것을 알았다
    아침 해가 퍼지기 전, 황급히
    풀밭이 이슬을 거두는 시간
    부끄러운 속내를 들킨 풀밭이, 민망하여, 제 손으로
    제 얼굴을 감싸는 것을 보았다

    - <이슬> 전문

대개 사람들은 이슬은 허공이 벗어 놓은 옷, 허공이 풀어 놓은 살,

혹은 허공이 남겨 놓은 그늘인 줄 알지만 시인은 이슬을 "풀밭이 진저리치며 흐느껴 운 흔적"으로 보고 있다. 따라서 시인에게 비친 이슬은 밤새도록 풀밭이 어둠을 끌어당겨 몸부림친, 핏자국 같은 것이고, 또한 이슬 내린 풀밭은 제 안의 물기를 모두 품어 올려 적셔 놓은, 젖은 수건 같은 것이거나 지친 눈물 자국 같은 것을 머금은 것이다. 결국 풀밭에 내린 이슬을 보며 시인은 지상의 행복이란 "모두 울다가 지친 흔적인 것"을 알았던 것이다. 그렇다면 이슬풀밭은 세계에 대한 육화의 경험이며 세계와의 조화와 화해의 양상일 수 있다. 기억의 재생이 아니라 기억을 품고 있는 혼의 모습이며, 밝음이 지배하는 그늘 같은 것을 느끼게 하는 압권의 시편이다. 다음 시편도 그러한 시간의 흔적을 잘 보여 준다.

큰 나무를 가만히 안아본다
굳고 거칠고 따뜻하다
나무에 귀 대고 소리를 들어본다
조용하고 침착하게 웅웅거린다
짐승 같다, 편히 쉬고 있는
나무는 내가 저를 안아 주는 것을 안다
바람도 없는데 우듬지를 조금 흔들어 준다
나무속으로 들어가지는 않고 나무 곁에서
쓰다듬어 준다, 나무도 편하고 나도 편하다
옹이와 상처와 흠집 많구나
그래도 편안하구나
그늘에 새 날아와 쉬는구나

> 고요가 조심스레 등짐을 내려놓는다
> 나무는 높고 외롭고 한가해 보인다
> 아무도 나무를 방해할 수 없다
>
> - <나무를 안고> 전문

   나무라는 존재를 통해 시인은 존재의 비의와 연기의 이치를 깨닫는다. 시인은 '나무'라는 생태계의 사물이 내지르는 '소리'를 듣고 그에 온몸으로, 온 감각으로 응답한다. 굳고 거칠고 따뜻한 큰 나무를 안고 있는 모습에서 생태계 존재들의 근원적인 소리를 듣고자 하는 것이다. 나무를 안고 나무에 귀를 대고 듣는 신성한 '소리'는 조용하고 침착하게 웅웅거리면서 시인의 지각을 예리하게 해준다. 편히 쉬고 있던 나무가 시인의 몸짓에 순한 반응을 시작하자, 시인은 나무 속으로 들어가지 않고 그저 나무 곁에서 나무를 쓰다듬어 준다. 나무는 나무대로 시인은 시인대로 가장 편한 상호조응을 하며 결속을 하고 있는 것이다. 비록 옹이와 상처와 흠집이 많은 나무이지만, 그것들은 마치 '키스 자국 / 눈물 자국'처럼, 새들이 날아와 쉬게 하는 보금자리가 되어 준다. 그때 고요가 조심스레 내려앉고, 나무는 외롭고 높고 한가하게 스스로의 존재를 완성한다. 이러한 시인의 몸에 대한 인식은 공감과 연대의식의 표출이며 나아가 개체적 자아를 확장하여 큰 자아(Self)로 승화되는 불교적 세계관과 조응한다 할 수 있다.

   한때 간암 수술을 받았던 조창환은 생명이라는 것의 고마움과 신비, 아름다움을 표현한다. 사람들이 즐겁게 살면서 거만한 자태를 보이는 것이 싫고, 죽을 고비를 넘기고 나면 숨 쉬는 게 아름답다는 생각이 들었다는 시인이다. 그래서 세상사의 모든 일은 몸부림의 흔적이고, 그 흔적에는 큰 결에 따라 흔들리는 무늬가 있음을 깨닫는다.

나무에만 결이 있는 게 아니라
돌에도 결이 있는 걸 알고 난 후
오래된 비석을 보면 손으로
쓰다듬는 버릇이 생겼다

돌의 결에 맞추어 잘 쪼아낸
글씨를 보면
돌을 파서 글자를 새긴 것이 아니라
글자를 끌어안고 돌의 결이
몸부림친 흔적이라는 생각이 든다

지나간 기억들, 거미줄에 걸린
잠자리 같은
파르르 떨다 파득거리다
이제사 먼지 속에 가라앉은 것들
목숨이 제 결을 따라
고꾸라진 흔적이라는 생각이 든다

(중략)

어느 무거운 밤, 어둠 속에서
오래된 비석 같은

> 흔적, 결 따라 파인, 쓰다듬을 때
> 지나간 시간들, 큰 결 따라
> 흔들리는 무늬였음을 깨닫는다
>
> - <결에 관하여> 부분

나무에만 결이 있는 게 아니라 돌에도 결이 있다. 시인은 해묵은 비석에 결대로 새겨진 글씨를 쓰다듬는 순간, 돌을 파서 글자를 새긴 것이 아니라 글자를 끌어안고 돌의 결이 몸부림친 흔적임을 깨닫는다. 또한 거미줄에 걸려 파닥거리다가 죽은 잠자리 같은 존재들 역시 목숨이 제 결을 따라 고꾸라진 흔적들임을 깨닫는다. 이처럼 시인은 희로애락이라는 삶의 큰 결 속에서 끊임없이 흔들리는 삶의 자잘한 무늬를 섬세하게 그려낸다. 생태계의 모든 존재들은 흐르는 세월 속에 큰 결에 따라 얽히면서 생성된다는 흔적의 '존재의 향기'를 잘 드러내 보이는 시편이다.

고요 속에 남은 시간의 흔적들을 응시하고, 그 흔적들의 흐름을 따라 펼쳐지는 고요한 풍경들의 묘사는 '잔상'의 미학이라 불릴 수 있다. 그 대표적인 시가 표제시 <벚나무 아래, 키스 자국>이다. 시인은 사월의 벤치에 앉아 눈보라처럼 쏟아지는 벚꽃의 낙화를 하염없이 바라보면서 그 꽃잎들을 어느 한 생명이 '흘린 키스 자국'으로 연상하고 있다.

> 사월 어느 날, 만개한 벚나무 아래, 나무 벤치에 앉아
> 겨울 눈보라처럼 쏟아지는 꽃잎 치어다보다

저 꽃잎들 어느 목숨이 흘린 키스 자국인가 생각한다
빛 고요하고, 바람 촘촘하고, 가슴 먹먹하다
한 꽃잎이 다른 꽃잎을 흔들어 끌어안고 몸부림친 흔적들이
허공에 가득 부푼 팽팽한 허기를 메꾸어 준다
삭발한 여승처럼 파르스름한 하늘의 오장육부를 씻어 내리는
저 키스 자국은 세상에 없는 눈물 자국인 것을 생각한다
천 년 전에도, 천 년 후에도
저 흔적은 바보하늘의 오장육부를 씻어 내릴 것이다
봐라, 벚나무 아래 잠들었던 나귀가 활짝 웃는다

- <벚나무 아래, 키스 자국> 전문

    빛은 고요하고 바람은 촘촘한 시간, 쏟아지는 꽃잎을 바라보는 화자의 가슴은 먹먹하다. 화자에게 비친 눈물 자국으로서의 꽃잎은 "한 꽃잎이 다른 꽃잎을 흔들어 끌어안고 몸부림친 흔적들"이다. 그 흔적들은 "파르스름한 하늘의 오장육부를 씻어 내리는" 일을 계속함으로써 그 의미를 더한다. 그러한 풍경을 두고 벚나무 아래 잠들었던 나귀(시인)도 활짝 웃는 것이다. 이 "웃음"의 화답은 슬픔에 싸여 있으면서도 끝내 웃음을 잃지 않는 조창환 시학의 특징이다. "키스 자국"으로서의 꽃잎은, 세상에 없는 "눈물 자국"으로 점차 그 의미망을 넓혀가고 있다. 이렇게 조창환의 밝은 시선은 허공에도 아픈 자리가 있는지를 살피기도 하지만 깨끗한 고요 가득 품은 허공의 무늬를 발견하는 원초적인 힘이 되어 주기도 한다. 그만큼 시인은 자연스럽게 존재의 잔영에서 홀연 빛나다 스러지는 것들 속에서 '시간의 흔적'을 일관되게 응시하고 그 안에서 신성한 힘을 발견하는 것

이다.

조창환의 시에는 아름다움의 저편, 그 아슬아슬한 곳에 스며 있는 슬픔 같은 것이 깃들어 있다. 그의 시의 수채화처럼 맑은 언어적 터치는 선명하고 싱싱한 묘사를 도와 그의 시에 청결한 색채감을 빚는다. 이처럼 그가 빚어내는 풍경에 겹쳐진 혼의 떨림은 미묘하게 흔들리는 반투명의 그늘을 이루어 시간을 정화시킨다.

> 감나무 가지 끝에 빨간 홍시 몇 알
> 푸른 하늘에서 마른번개를 맞고 있다
> 새들이 다닌 길은 금세 지워지고
> 눈부신 적멸만이 바다보다 깊다
> 저런 기다림은 옥양목 빛이다
> 칼 빛 오래 삭혀 눈물이 되고
> 고요 깊이 가라앉아 이슬이 될 때
> 묵언默言으로 빚은 등불
> 꽃눈 틔운다
> 두이레 강아지 눈 뜨듯
>
> 이 차갑고 명징한 여백 앞에서는
> 천사들도 목덜미에 소름이 돋는다
> - <여백> 전문

한 폭의 풍경화 같은 시이다. 푸른 하늘 아래 인동忍冬하는 사람들이 까치밥 감 홍시 몇 알 남겨 두었다. 서리가 와도 따지 않고 놔두는 까치밥은 내 몫을 나눔으로써 천지가 배부른 이치를 일깨워 준다. 새들이 허공을 날지만 흔적을 남기지 않는다. "눈부신 적멸"이다. 번다한 삶을 살아가면서 저토록 고요한 여백을 접하거나 "옥양목 빛" 같은 여백의 시간을 갖는다는 게 그리 쉬운 일이 아니다. 그래서 시인은 옥양목 빛의 파란 명징한 가을, 너무 많은 말을 하고 들으며 살아가는 우리들에게 "묵언으로 빚은 등불"이 새로운 꽃눈을 틔워 줄 것으로 믿는 것이다. 명징한 풍경의 여백을 이루고 있는 고요와 적멸의 경지를 통해 눈과 귀, 마음의 잔재들을 다 씻어 보고자 하는 시인의 상상력이 참으로 빼어나다.

영국 낭만주의 시인 윌리엄 워즈워스는 '시'란 "힘찬 감정의 자연발생적 분출"이지만, 그 아득한 기원은 "고요 속에 회상된 정서"에 있다고 말한 바 있다. 말하자면, 시인이란 과거 경험에 대한 기억에 집중하여 그 정서의 출발점이었던 '고요'를 처음 경험할 때와 같은 강렬한 감정으로 되살려 내는 존재라는 것이다. 존재를 파악하는 것이 이성적으로만이 아니라 감각적 현존으로도 이루어진다는 것을 선명하게 보여 주는 조창환은 환한 고요 속에 남은 시간의 흔적들을 응시하고, 그 흔적들의 흐름을 따라 펼쳐지는 고요한 풍경들을 섬세하게 그려 보여 준다. 그 전형적인 시가 봄 오후의 아름다운 정경을 보면서 이에 대한 경이감을 노래하고 있는 〈피보다 붉은 오후〉이다.

> 푸른 잔디 가운데로 투명한 햇살이 폭포처럼
> 쏟아진다
> 피보다 붉은 모란 꽃잎이
> 툭

떨어진다
아그배나무 가득 희고 작은 꽃이
바글바글
피어 있다
첫 키스를 기다리는 숫처녀처럼
숲을 설레게 하는 두려움이
파도처럼
술렁인다
이 하늘 아래 빈 발자국 몇 개 남겨 놓은 일이
너무 눈부셔
어깨에 묻은, 달빛 같은 바람을
쓸어안는다

- <피보다 붉은 오후> 전문

  인적 없는 고요의 정적감이 역설적으로 그려지고 있다. "폭포처럼 / 쏟아"지는 햇살, "툭" 소리 내어 떨어지는 모란꽃, "바글바글" 피어 있는 아그배나무 등 역동적 묘사를 통해 자신의 존재감을 최대한 드러내고 있다. 이렇듯 아름다운 봄 풍경을 바라보고 있는 시적 화자는 인생이 결국 "하늘 아래 빈 발자국 몇 개 남"기는 것처럼 순간적인 것임을 깨닫는다. 세상은 무한히 아름답지만 그 아름다움을 볼 수 있는 눈을 가진 사람만이 그것을 볼 수 있다. 시인은 이런 눈을 가지고 봄 어느 날의 한 순간을 이렇게 포착하여 언어로 그림을 그려 놓는다. 자연에 대한 '눈부심'을 깨닫는 화자는 바람은 스쳐 지나가는 것이 아니라 그 "어깨에 묻"어 있음을 알고, 그 바람을 "쓸어

안"음으로써 자연의 움직임에 부드럽게 조응한다. 오후의 한 순간이 지니는 고요하고 적막한 분위기 그 이면에 존재하는 강렬함 사이의 긴장이 이 시의 묘미를 이루고 있다.

　이와 같이 시인은 고요 이면에 내재된 음성을 듣고 자연 속에 함께 뒤섞일 수 없는 소외감에 대해 절망감이나 왜소함으로 표현하지 않고 슬픔이나 고요, 고독으로 읽어내고 드러낸다. 이러한 시적 태도는 범접하기 힘든 자연에 대한 외경과, 또한 인간에 대한 따뜻한 존중이 함께 어우러지는 보기 드문 균형감각에서 비롯된다.

　　금동미륵보살반가사유상 오래 바라본다
　　이승과 저승 사이
　　시들지 않는 건들거림
　　모과 냄새 묻은 적멸寂滅
　　이런 고요는 모란꽃 같다
　　수련 잎 얼비치는 잠 속에서
　　나비가 날개를 말리고 있다
　　　- <이런 고요> 전문

　아름다움을 바라보는 시인의 순간의 언어가 아름답다. 시인이 바라보는 것은 일차적으로는 "금동미륵보살반가사유상"이지만, 그 오랫동안 바라본 대상은 시인 주위로 몰려온 '고요'일 수 있다. 미륵반가사유상의 "시들지 않는 건들거림"과 "모과 냄새 묻은 적멸"은 모두 이승과 저승 사이를 잇는 어떤 고요하고 아스라한 힘들이다. "이런 고요"를 환유하는 순간의 아우라가 충만할 때, 시인은 모란꽃 같은 고요를 거듭 생각하면서 "수련 잎 얼비치는 잠 속에서 / 나비가 날개를 말리고" 있는 풍경을 순간적으로 포착한다. 나비가 고요를 끌어안고 놀고 있는 풍경은 고요의 절정을 절묘하게 함축적으로 담아내고 있다.

좋은 서정시는 우리를 둘러싸고 있는 불모의 현실과 그것을 견디고 치유하려는 꿈 사이의 긴장에서 발생하는 신생의 기록으로서, 생의 불모성과 싸우면서 그것을 회복하고 치유하려는 열망과 의지에 의해 완성된다. 이러한 회복과 치유를 열망하는 조창환 시학의 감각적 촉수는 아프게 지나간 것들이 남긴 흔적을 넘어 그것을 보듬는 넉넉한 마음을 환하고 아름답게 보여 준다. 그 환하고 '밝은 집'에서 깨끗하고 청량한 '봄맞이'를 하고 있는 시인의 시선이 동해안 파도의 결을 따라 고요하고 아름답게 출렁이고 있다.

> 갈매기들이 꼼짝 않고 파도를 견디는 모습은 명상적이다
> 저 밝은 집, 유정하고 환하게 출렁거리는데
> 새들은 흔들리는 북소리에 얹혀 그림처럼 고요하다
> 저렇게 노을 기다리고 밤 지새다가
> 석류 붉은 알 투둑 타개지듯 해 돋을 무렵
> 일제히 날아오를 것인가 소나기 퍼붓는 마음 안고
> 새들도 오래 침묵하면 도道에 이르는 것일까
> 공기에 검푸르고 부드러운 털 스며 있어
> 새들을 견디게 하는구나, 그러나 새들이 만드는
> 기다리고 또 기다리고 더 기다리는 자세에
> 불온한 뜨거움이 도사려 있을지 모른다

위엄 있는 갈매기 떼 죽은 듯이 버티고 있는
저 밝은 집, 다만 유정하고 환하게 출렁거리고
새들은 흔들리는 북소리에 얹혀 그림처럼 고요한데
나는 내가 알지 못하는 세상에 대해 너무 오래 잊고 지냈다
저렇게 꼼짝 않고 흔들리면서 파도를 견딜 줄 몰랐다
늙은 바람 속에 신생의 빛이 숨겨져 있는 것을 알기 위해서는
그 어떤 절망도 화염방사기로 불태워서는 안 되는 것을
만 겹 캄캄한 얼음공기 견뎌야 시뻘건 동백 탁! 터지는 것을
새들이 먼저 아는 구나, 다만 우렁우렁 허공에 부딪쳐
으스러지는 둥글고 맛없는 시간을 끌어안고 버티는구나

- <밝은 집> 전문

 시인의 상상력으로 그려내는 '밝은 집'은, 그 자체로 '시'의 은유적 등가물이자, 궁극적으로 시인이 향유하고자 하는 시간의 내적 질로 승화된다. 시인은 바닷가 갈매기들이 꼼짝 않고 파도를 견디는 모습을 '명상적'이라고 표현하고 있다. 이렇게 유정하고 환하게 출렁거리는 '밝은 집'에서 새들은 한때는 그림처럼 고요하고 한때는 일제히 날아오르는 역동성을 품고 있다. 그 고요와 비상의 교차 속에서 새들은 오랜 침묵으로 '도'에 이른다. 마치 오랜 명상과 침묵을 통해 '도'에 이르는 구도 과정처럼, 조창환의 시학은 오랜 견딤과 기다림 속에서 "불온한 뜨거움"과 "위엄"을 찾아가는, 즉 자아 찾기의 지난한 과정을 섬세하게 보여 준다. 그렇게 '밝은 집'에서 "꼼짝 않고 흔들리면서 파도를 견딜 줄" 모른 채 살아왔던 시인은 이제야 비로소 "늙은 바람 속에 신생의 빛이 숨겨져" 있고 따라서 어떤 절망도 쉽

게 불태워서는 안 되는 것을 차츰 깨달아 간다. 물론 시인은 그것을 새들이 먼저 안다고 했지만, 그 '밝은 집'이 새들의 집이자 시인의 희구하는 집이기도 하다. 이처럼 한결같은 견딤과 기다림의 균형감각으로 생성된 그 아름답고도 환한 새로운 빛의 인식은 다음의 시에서 한결 극화된다.

> 홍련암紅蓮庵 섬돌에 앉아
> 깨끗한 고요 가득 품은 허공의 무늬 바라본다
> 저 파문, 바다에서 온 것일까
> 하늘에서 온 것일까
> 미소의 뿌리는 관음觀音에게서 온 것일까
> 의상대義湘臺 앞 소나무는 바다를 향해
> 벼랑 끝에 버티고 서 있는데
> 아슬아슬하게 편안하구나
> 저런 환함 왜 이리 익숙한지
> 아마도 다른 생에서 겪었을지 몰라
> 그 흔한 천국 아니라
> 잘 아는 누구 얼굴에서 만났을지 몰라
> 은밀하고 고혹적인 고요의 입김에
> 신성한 우수가 서려 있다
>
> - \<저런 환함\> 전문

동해의 넘실대는 파란 물결이 눈앞에 펼쳐지는 양양 낙산사 홍련암은 우리나라의 3대 관음기도도량 중의 하나이다. 중국의 종남산

지엄화상 아래에서 10년간 화엄학을 공부하고 귀국한 의상대사가 관음보살의 진신을 친견하기 위하여 굴속으로 들어간 파랑새(靑鳥)를 보고 그 굴 앞에서 밤낮으로 7일 동안 기도를 드렸다. 그러자 7일 후 바다 위에 붉은 연꽃(紅蓮)이 솟아나더니 그 위에 관음보살이 나타났다. 관음보살을 친견한 의상대사는 이곳에 암자를 세우고 홍련암이라고 이름 짓고, 파랑새가 사라진 굴을 관음굴이라 불렀다. 시인은 이런 설화를 간직한 홍련암 섬돌에 앉아 허공의 무늬 결을 바라본다. 그 파문의 무늬 결이 바다에서 온 것인지 아니면 하늘에서 온 것인지, 혹은 중생의 번뇌를 끌어안는 관음의 미소에서 온 것인지 곰곰이 생각한다. 저 멀리 의상대 앞의 소나무가 벼랑 끝에 바다를 향해서 아슬아슬하게 서 있지만 편안하게 느껴지는 시인은 "저런 환함"이 이토록 익숙한 것은 선연의 만남 덕분이라고 생각한다. 그런데 바다 밑 같은 은밀하고 고혹적인 고요와 큰 나무 그늘에 신성한 우수가 서려 있음을 발견한 시인은 안온함이 있는 세상은 자유롭고 넉넉할 것 같음을 느낀다. 지상에서 그런 시간이나 공간을 만나는 일이 그리 용이하지 않을 것이다. 의상대사가 파랑새에 이끌려 관음보살을 친견했듯, 시인도 마음속 파랑새를 찾아 명상에 잠기는 것이다. 이와 같이 조창환은 비애에 젖어 있거나 생의 상처에 집착할 때에도 환하고 밝은 에너지를 통해 타자와 사물들에 대한 마음을 산뜻하게 보여 준다. 여기에 고요 속에 회상된 밝고 환한 세계를 지향하는 조창환의 시적 미학이 자리한다.

   요컨대, 감성과 지성이 조화를 이룬 시 세계를 펼쳐 보이는 조창환은 이미지의 조형을 통해 자연과 세계를 그 자신만의 독특한 색과 결로 담아내고자 한다. 그래서 그의 시에는 아름다움의 저편, 슬픔 같은 것이 깃들어 있기도 하고, 풍경에 겹쳐진 혼의 떨림이 미묘하게 흔들리는 반투명의 그늘을 이루어 시간을 정화시키기도 한다. 아울러 그의 수채화처럼 맑은 언어적 터치는 선명하고 청신한 묘사를 낳게 하여 그의 시에 아름다운 색채감을 부여하기도 한다. 이처럼 시인은 시의 서정성을 살리고자 더 정결한 언어, 더 치열한 감각, 더 깊은 깨달음의 길을 찾아 오늘도 여전히 먼 길을 나서고 있다.

이상국,

자연과 합일의 치유의 시학

강원 양양 출생의 이상국(1946~)은 1976년 『심상』에 시 〈겨울추상화〉가 당선되어 등단했다. 『동해별곡』, 『내일로 가는 소』, 『우리는 읍으로 간다』, 『집은 아직 따뜻하다』, 『어느 농사꾼의 별에서』, 『뿔을 적시며』 등의 시집을 상재한 그는 심상 신인상, 백석문학상, 민족예술문학상, 유심작품상, 불교문예작품상 등을 수상하였다.

이상국의 시 세계의 특징은 피폐해진 농촌의 현실을 고발하기도 하고 잃어버린 고향의 기억을 되살리기도 하며 또한 자연과의 합일을 통해 본래 모습으로 돌아가려는 불교적 사유를 그 기반으로 한다. 우선 그의 초기 시는 해체 일로에 있는 농촌 현실과 고단한 농민들의 삶을 사실적으로 형상화한다. 다시 말해, 산업화와 도시화로 인해 초라해져 가는 농촌의 황폐함과 궁핍함이 살던 곳을 등지고 떠나는 자들의 아픔과 분노가 절박하고 통절한 목소리로 그려지고 있는 것이다.

> 우리는 농토 깊숙이 슬픔을 묻고 떠난다 / 탕개 틀린 땅 끝 집을 버리고 / 우리 사는 세상 우리(柵)를 부수고 떠난다 / 그렇게 힘센 아버지들이 아버지를 낳고 / 따뜻한 땅이 씨앗을 품었음에도 / 빈손 들고 간다 / 녹슨 펌프대 밑에 이 빠진 밥사발 내던지고 / 소리쳐 울며 간다 / 다시는 배고픈 땅에 돌아오지 않으리라 / 온다 해도 쟁기를 잡았던 손에 / 무기를 들고 올 것이다 / 우리는 간다 / 논두렁 밭두렁 베고 쓰러진 주검들 일어나 / 가라고 어여 가라고 소리치는 벌판 / 분노의 물꼬를 밟으며 우리는 간다
>
> - <이농> 전문

힘센 아버지들이 대를 이어 일구고 경작한 땅은 여전히 씨앗을 품고 열매를 맺지만 더 이상 풍요의 땅이 아닌 "빈손"만을 안겨주는 슬픔의 땅이며 "배고픈 땅"이다. "빈손"밖에 남지 않은 현실에서

할 수 있는 것은 "우리가 사는 세상 우리(柵)를 부수고" 소리쳐 울며 "분노의 물꼬를 밟으며" 떠나는 일뿐이다. 궁핍한 삶의 조건들에 밀려 어쩔 수 없는 떠남을 강요당하는 자들에게 농토는 더 이상 기쁨이 아니다. 따라서 여기에서 '떠남'은 단순히 이곳에서 저곳으로의 이동을 지시하는 것이 아니라 삶의 터전인 공간의 완전한 해체와 소멸을 지시한다.

    반면, 떠남의 아픔을 노래한 이상국은 자신이 살고 있는 자연환경을 잘 활용하여 자연과 삶을 순박하게 표현한다. 〈시 파는 사람〉에서 젊은 시절 객지생활과 시를 팔아도 돈이 되지 않는 생활과 시도 유행을 타지만 "시의 재료는 우주에서 가져오는 것"이기에 죽을 때까지 시를 쓰는 시인으로 남겠다는 그의 말처럼, 그는 고향에서 자신의 신념대로 삶을 살아가고자 한다. 전형적인 농사꾼의 자식으로서 그는 인간의 노동의 시간과 순환적인 우주적 시간을 교환과 혼융으로 통찰한다. 〈옥상의 가을〉은 그 대표적인 작품이다.

    옥상에 올라가 / 메밀 베갯속을 널었다 / 나의 잠들이 좋아라 하고 / 햇빛 속으로 달아난다 / 우리나라 붉은 메밀대궁에는 / 흙의 피가 묻어 있다 / 지구도 흙으로 되어 있다 / 여기서는 가을이 더 잘 보이고 / 나는 늘 높은 데가 좋다 / 어쨌든 세상의 모든 옥상은 / 아이들처럼 거미처럼 몰래 / 혼자서 놀기 좋은 곳이다 / 이런 걸 누가 알기나 하는지 / 어머니 같았으면 벌써 달밤에 / 깨를 터는 가을이다.

    - 〈옥상의 가을〉 전문

2012년 정지용문학상 수상작이다. 옥상에 올라가 메밀 베갯속을 너는 장면에서부터 시작되지만, 끝에 가서는 달밤에 깨를 터는 어머니를 회상하는 것으로 마무리된다. 붉은 메밀대궁에서 "흙의 피"를 떠올리며, 이를 "지구도 흙으로 되어 있다"고 인식한다. 마침내 달밤에 깨를 터는 어머니를 연상해 내는 것은 땅을 일구며 살아온, 전형적인 농사꾼의 상상력의 소산이다. 베갯속의 이미지가 잠의 이미지로, 잠의 이미지가 햇빛의 이미지로, 그것이 다시 메밀대궁의 이미지로, 흙의 이미지로, 피의 이미지로 비약하며 변주되고 있다. 전혀 연관이 없는 듯한 이미지들이 융합하고 조응하여 순수와 무구의 공간인 옥상으로, 어머니의 품으로 회귀하고 있다. 청명한 가을하늘 아래에서 깨를 터는 옥상은 따스한 어머니 품안 같은 그리움을 자아내는 이미지로 극화되고 있다.

이상국의 고향은 속초와 인접한 양양이다. 시인은 이곳에서 태어나 자랐고, 양양과 속초, 고성을 시의 주 무대로 삼아왔다. 이 지역을 바다와 연관시켜 생각하는 독자들에게는 시인이 바다의 아들로 여겨지겠지만, 시인은 전형적인 '땅의 자식'이자 '농사꾼의 아들'이다. 그래서 그의 시에 바다가 나타나는 예가 드물다. 농사꾼의 상상력은 자연의 질서와 순환을 인간세상의 질서, 순환과 동일한 선상에 놓는다. 시인이 시집의 표제작으로 삼은 〈어느 농사꾼의 별에서〉는 자연과 분리되지 않고, 인간의 유대가 훼손되지 않은 농촌공동체의 전형을 잘 보여 주고 있다.

(전략) / 어떤 날은 잠이 안 와 / 입김으로 봉창 유리를 닦고 내다
보면 / 별의 가장자리에 매달려 봄을 기다리던 마을의 어른들이
/ 별똥이 되어 더 따뜻한 곳으로 날아가는 게 보였다 / 하늘에서
는 다른 별도 반짝였지만 / 우리 별처럼 부지런한 별도 없었다

그래도 소한만 지나면 벌써 거름지게 세워 놓고 / 아버지는 별이
빨리 돌지 않는다며 / 가래를 돋워대고는 했는데
  - <어느 농사꾼의 별에서> 부분

　시인은 범접할 수 없는 농사꾼의 색채를 지구별에 의미를 부여함
으로써 드러내 보인다. 즉 지구를 농사꾼이 가꾸는 소박한 별로 만
들어 내고 있는 것이다. 시인은 우주에 단 하나 있는 지구를 별로 묘
사 하면서 부지런한 자신의 아버지를 그리워한다. 이 충만한 세계를
"하늘에서는 다른 별도 반짝였지만 / 우리 별처럼 부지런한 별도 없
었다"고 말하며, 자신은 그 별에서 소년으로 살았다고 노래했다. 지
게를 지고 들에 나가시던 젊은 시절의 아버지를 그리워하는 시인은
자다 깨어 잠든 아이들 얼굴에 볼을 비벼 보다가 공연히 슬퍼지는
날, 아버지를 보고 싶어 한다.
　이상국은 모두가 떠나버리고 남겨진, 무너져 가는 집에서 깨어지
기 이전의 소박하고 아름다운 삶의 흔적들을 따라간다. 즉 전통적이
고 아름다운 삶에 대한 그리움을 통하여 이의 부재를 드러낸다. 이
는 깨어지기 이전의 고향의 삶에 대한 그리움의 표출인 동시에 그러
한 삶이 허락되지 않는 현실에 대한 또 다른 대응 방식에 해당한다.
표제 시 〈집은 아직 따뜻하다〉는 사람들이 떠나 훼손되고 파괴되었

지만 집은 흔적을 통하여 존재함을 묘사하고 있다.

> 흐르는 물이 무얼 알랴 / 어성천이 큰 산 그림자 싣고 / 제 목소리 따라 양양 가는 길 / 부소치 다리 건너 함석집 기둥에 / 흰 문패 하나 눈물처럼 매달렸다
>
> 나무 이파리 같은 그리움을 덮고 / 입동 하늘의 별이 묵어갔을까 / 방구들마다 그림자처럼 희미하게 / 어둠을 입은 사람들 어른거리고 / 이 집 어른 세상 출입하던 갓이 / 비료포대 속에 들어 바람벽 높이 걸렸다
>
> 저 만리 물길 따라 / 해마다 연어들 돌아오는데 / 흐르는 물에 혼은 실어 보내고 몸만 남아 / 사진액자 속 일가붙이들 데리고 / 아직 따뜻한 집
>
> 어느 시절엔들 슬픔이 없으랴만 / 늙은 가을볕 아래
>
> 오래 된 삶도 짚가리처럼 무너졌다 / 그래도 집은 문을 닫지 못하고 / 다리 건너오는 어둠을 바라보고 있다
> - <집은 아직 따뜻하다> 전문

시인은 집의 해체와 파괴를 직시하면서 집이 해체되거나 파괴되기 이전의 흔적들을 떠올림으로써 집을 집으로서 존재하게 한다. 오랫동안 미시령을 오가면서 그곳 사람 사는 마을들과 풍광, 길이 지닌 스스로의 치열함과 고립을 사랑하고 즐겼다고 하는 화자는, 양양 가는 길의 부소치 다리 건너에서 "흰 문패 하나 눈물처럼 매달"

린 빈집을 발견한다. 그 빈집은 그리움으로 혹은 흔적으로 존재하면서 "흐르는 물에 혼은 실어 보내고 몸만 남아" 있다. 연어들은 물길을 따라서 부화한 곳으로 되돌아오지만 빈집에는 돌아오는 이가 없고, 온기가 사라진 집은 아프게 쓰러져 간다. 그러나 시인은 시절의 슬픔을 간신히 딛고선 "늙은 가을볕 아래" 맑은 등불 하나 풀어 스며들게 하여 빈집에서 따뜻함을 느낀다. 방구들마다 그림자처럼 희미하게 어른거리는 흔적들, 이 집 어른의 세상 출입한 흔적을 간직한 "갓", 그리고 일가붙이들의 사진으로 집은 아직 따뜻하다. 돌아오는 것이라고는 다리 건너오는 어둠뿐인 "짚가리처럼" 무너진 오래된 집이지만, 삶의 흔적들을 간직한 집은 아직 문을 닫지 못한다. 시인은 '흔적들'을 통해 공간을 구성하고 이를 통하여 전통적이고 아름다운 삶의 모습을 동경하고 복원하고자 한다.

국수는 모양이 실처럼 길기 때문에 장수와 사람과의 긴 인연을 상징하는 음식이다. 그래서 생일날이나 잔치 집에서는 국수처럼 오래 살라는 의미에서 국수를 먹는다. 이상국은 주변에서 접할 수 있는 음식을 소재로 하여 '살림'의 문제를 폭넓게 담아낸다. 우리 시사詩史에서 음식을 시의 소재로 즐겨 삼은 대표적 시인인 백석의 영향을 물씬 풍긴다. 다음 두 편의 시는 국수를 소재로 삼은 '살림'의 공양과 공동체 의식을 풀어내는 전형적인 시이다.

사는 일은 / 밥처럼 물리지 않는 것이라지만 / 때로는 허름한 식당에서 / 어머니 같은 여자가 끓여주는 / 국수가 먹고 싶다

삶의 모서리에 마음을 다치고 / 길거리에 나서면 / 고향 장거리
길로 / 소 팔고 돌아오듯 / 뒷모습이 허전한 사람들과 / 국수가
먹고 싶다

세상은 큰 잔칫집 같아도 / 어느 곳에선가 / 늘 울고 싶은 사람들
이 있어

마음의 문들은 닫히고 / 어둠이 허기 같은 저녁 / 눈물자국 때문에
/ 속이 훤히 들여다보이는 사람들과 / 따뜻한 국수가 먹고 싶다

- <국수가 먹고 싶다> 전문

1999년 제1회 백석문학상을 받은 작품이다. 유년시절 국수가게 앞마당에 촘촘한 발 같은 국수 가락이 일렬로 늘어서 있었던 정경을 선연히 떠오르게 한다. 국수발 사이로 작은 손가락을 넣으면 어떤 국수 줄은 부드럽게 실처럼 손바닥 위로 감기기도 하고, 어떤 것은 딱딱한 대나무 발처럼 꼿꼿하였다. 국수 가락에서 나는 특유한 밀가루 냄새, 하얀 밀가루가 가늘고 긴 줄이 되어 푸른 하늘 아래 발처럼 늘어선 국수 가락은 서민들의 먹거리의 상징이었다. 뿐만 아니라 바싹 마른 희고 기다란 국수 가락이 작두 같은 칼 아래서 일정한 길이로 싹둑싹둑 잘리던 소리 또한 지워지지 않는 추억의 소리이다. '살림'의 공간에서 부대끼는 서민들의 삶에 무한한 연민과 애정을 담고 있는 시편으로, 마음의 문들이 닫히고 허기지는 저녁 무렵, 순수한 사람들과 어머니 같은 여자가 끓여주는 따뜻한 국수 한 그릇 먹고 싶어지게 한다.

나아가 시인은 불교 용어 '공양'을 통해 먹는 일의 성스러움과 음식의 소중함을 새삼 환기한다. 〈국수 공양〉은 그런 서정을 잘 담아내고 있다. 이천 원짜리 국수 한 그릇에서 천릿길 영嶺을 넘어 동해까지 갈 기운을 얻고, 인간세상의 도반의식을 깨친다.

> 서울터미널 늦은 포장마차에 들어가 / 이천 원을 시주하고 한 그릇의 국수 공양을 받았다 / 가다꾸리가 풀어진 국숫발이 지렁이처럼 굵었다 / 그러나 나는 그 힘으로 심야버스에 몸을 앉히고 / 천릿길 영嶺을 넘어 동해까지 갈 것이다 / 오늘 밤에도 어딘가 가야하는 거리의 도반들이 / 더운 김 속에 얼굴을 묻고 있다
> - 〈국수공양〉 전문

마음이 따듯해지며 섭섭하고 외롭고 썰렁한 마음이 위로를 받는 시편이다. 양양에서 서울을 오가는 화자는 비록 가다꾸리가 풀어진 국숫발이 지렁이처럼 굵은 2천 원짜리 국수 한 그릇이지만, 그 힘으로 서울터미널에서 심야버스를 타고 천리 길 영嶺을 넘어 동해까지 갈 것이라고 말한다. 함께 국수를 먹는 "거리의 도반들" 또한 그러할 것이라고 생각한다. 국수가 아니라 "국수공양"인 것은 값싼 음식이지만 그만큼 소중한 것이 음식이고, 마찬가지로 이 소중한 음식으로 오늘 하루를 건너갈 수 있는 먹는 일은 비할 데 없이 성스러운 것이다. 이 값싼 국수 한 그릇이 천리 길 영을 넘어가는 힘을 주기 때문이다. 이와 같이 부드러운 서정으로 삶의 깊이를 담아내는 이상국의 시를 읽고 감상하면 섭섭하고 외롭고 썰렁한 마음이 위로를 받을 뿐만 아니라 상실해 가는 자연과 인간의 조화, 함께 살아가는 공동체

적 삶에 관하여 진지한 생각을 하게 한다.

  사는 일은 대부분 상처임을 깨닫는 일이다. 시는 그 상처를 극복하는 첫 걸음일 수 있고, 극심한 경쟁에서 살아가는 아이들에게 남을 밀치고 올라서는 세계가 아닌, 남과 함께 수평으로 퍼져가는 세계를 보여 주기도 한다. 이상국의 이러한 시적 태도는 모든 사물의 움직임을 비어 있는 눈망울로 관조하고 있는 데서 잘 표출된다. 자신의 '몸'의 리듬을 따라가면서 풍경들을 끊임없이 관조하고 있는 〈한로〉는 그 전형적인 예이다.

> 가을비 끝에 몸이 피라미처럼 투명해진다
> 한 보름 앓고 나서 / 마당가 물수국 보니 / 꽃잎들이 눈물자욱 같다
> 날마다 자고 일어나면 / 어떻게 사나 걱정했는데 / 아프니까 좋다 / 헐렁한 옷을 입고 / 나뭇잎이 쇠는 세상에서 술을 마신다
>   - 〈한로寒露〉 전문

  한로는 추분과 상강 사이에 낀, 찬 기운이 스며들기 시작하는 절기이다. 시인은 가을비가 걷힌 한로에 자신의 "몸이 피라미처럼 투명해"짐을 느끼고 있다. 이때 '투명함'이란 앓고 난 후의 가뿐한 상태를 말하는 것이기도 하지만, 다른 한편으로 세속의 번뇌를 떨쳐 버린 후에 찾아오는 맑은 정신적 상태를 말한다. 단순히 대상을 바라보는 데서 그치는 것이 아니라 풍경과 내면의 조화로움을 통해 가장 근원적인 자신의 정화 의지를 드러내 보이고 있는 점이 도드라져 보인다. "헐렁한 옷"은 물리적 조건뿐만 아니라 시인 자신의 심리적 조건을 함축하는 표현이다. 어떻게 사나 걱정한 것은 그 "헐렁한 옷"

속으로 다 들어가고 "아프니까 좋다"는 역설적 치유의 순간을 맞게 된다. 또한 시인이 마주치는 세상은 욕망이 들끓는 세상이 아니라 "나뭇잎이 쉬는 세상"이다. 이때 세상은 공간적 개념을 넘어서 시간이 담지된 삶의 형식에 가까운 어떤 것이 된다. 이 순간 시인은 그 세상을 건너 비움의 세계로 향하고 있는 것이다. 자연을 소재로 감동과 위로를 건네는 치유의 시편이다.

이상국의 많은 시들은 사소한 것에서 출발하여 크고 깊은 이야기를 한다. 그 이야기는 대부분 상처이고 또 조잔한 삶에서, 곽곽한 생활 속에서 만들어진 것이지만 서늘한 울림과 깊은 그늘이 있다. 곡우 무렵 산에 갔다가 상처를 입고 수액을 흘러내리는 고로쇠나무에서 우주의 성자를 발견하기도 한다.

> 곡우 무렵 산에 갔다가 / 고로쇠나무에 상처를 내고 / 피를 받아내는 사람들을 보았다 / 그렇게 많은 것을 가지고도 / 무엇이 모자라서 사람들은 / 나무의 몸에까지 손을 집어넣는지 / 능욕 같은 그 무엇이 / 몸을 뚫고 들어와 / 자신을 받아내는 동안 / 알몸에 크고 작은 물통을 차고 / 하늘을 우러르고 있는 그가 / 내게는 우주의 성자처럼 보였다
>
> - <성자> 전문

끝을 모르는 인간의 탐욕을 고발하고 있다. 인간은 필요한 만큼을 얻었음에도 불구하고 끝을 모르는 욕심을 부린다. 드릴로 고로쇠나무에 구멍을 뚫고 호스를 꽂아 겨우내 웅크리고 있던 피, 수액을 뽑아내는 묘사는 탐욕의 절정을 말해 준다. 내가 욕심을 내는 만큼 타

자는 무엇을 뺏긴다. "능욕 같은 그 무엇이 몸을 뚫고 들어와 자신을 받아내는 동안"에도 고로쇠나무는 뺏기면서도 아무 말 없이 가져가려면 다 가져가라고 말한다. 끝없이 욕심을 부리는 인간에게 아픔도 모르고 아무런 대가 없이 아낌없이 수액까지 주는 고로쇠나무를 시인은 "하늘을 우러르고 있는 우주의 성자"로 표현하고 있다. 시인의 이러한 걸림 없이 주고 비움으로써 남을 채워주고 세상과의 조화와 화해를 지향하는 시적 태도는 다음의 시에서 한결 극화된다.

> 저무는 강변길로 / 아버지 같은 사람이 뒷짐 지고 / 혼잣소리하며 돌아온다 / 그이 외롭다고 따라오는 강 / 괜찮다 괜찮다 하며 / 흐르는 물소리 들어보아라 / (중략) / 슬픔도 꽃도 지천인데 / 산 내다버리고 오는 물처럼 / 누가 다시는 세상과 싸우지 않겠다며 / 늙은 소 같은 어둠 앞세우고 돌아오는데 / 다 안다 다 안다 하며 / 물소리가 따라오고 있다
>
> - <남대천> 부분

자연의 풍요로움은 세상의 시름을 잊게 하며 아픈 삶을 위로한다. 화자는 자연에 들어가는 일을 통하여 늘 아프던 집과 몸을 잊는다. 강은 삶의 외로움과 슬픔에 대하여 "괜찮다 괜찮다" 혹은 "다 안다 다 안다"며 위로하는 것으로 인식된다. 다시 말해, 조화와 화해로서의 자연을 통하여 시인은 현실의 절망과 아픔을 수용하고 있는 것이다. 자연의 한 부분으로 주체로서의 나를 버리고 자연 속에 동화될 때 시인은 현실의 고통과 비극성을 견딜 수 있는 힘을 얻는다.

이상국에게 설악의 자연환경은 시적 상상력의 공간이자 시혼의

원천이었다. 때문에 산천초목과 어둠, 짐승과 별들은 그가 퍼다 쓰는 무한한 시의 원료가 되고 있다. 설악의 기암절벽은 이 우주에 대한 경이와 감탄을 경험하게 하는데, 그중 가장 멋진 암괴가 울산바위이다. 해발 873m의 울산바위는 사방이 절벽으로 이루어져 있으며 둘레가 4km이며 6개의 봉우리로 이루어져 있어 그 경관은 이루 말할 수 없다. 시인은 이런 장엄한 울산바위 꼭대기에 잔별이 돋아나고 은하수가 내리는 별들의 집을 동경한다.

> 울산바위 꼭대기에는
> 별들의 집이 있다 어느 날
> 집 떠나
> 해지고 어두우면
>
> 그곳에 가 자고 싶다
> - <민박> 전문

자신을 묶어 두었던 세속에서 탈주하려는 시인의 부단한 욕망은 산정의 높은 곳을 지향하는 데서 잘 드러난다. 울산바위 꼭대기에 있는 "별들의 집"이 바로 그곳이다. 이곳은 원시의 상태가 그대로 숨 쉬는 무소유의 공간이다. 시인은 설악산 수렴동에는 별 만드는 나무들이 있다고 한다. 단풍나무에서는 단풍별이, 떡갈나무에선 떡갈나무 이파리만한 별이 올라가 어떤 별은 삶처럼 빛나고 또 어떤 별은 죽음처럼 반짝이다가 생을 마치고 떨어지면 나무들이 그 별을 다시 받아내는데, 별만큼 나무가 많은 것도 다 그 때문이라 한다. 수많은 별들이 그들의 생명을 다하며 깨끗한 영혼으로 살아가는 모습에서 시인은 보석 같은 정신으로 세상을 찬란히 껴안는 모습을 보듬고자 한다. 결국 시인이 깊은 자연 속으로 여행을 떠나는 것은 각성과 경이에 눈을 뜨기 위함이다.

기러기는 1년에 1만 킬로미터가 넘는 거리를 비행하는 것으로 알려져 있다. 평균수명이 15~20년이라고 볼 때 평생 15만~20만 킬로미터를 날아다녀야 한다. 그들의 타고난 운명이며 생존을 위한 어쩔 수 없는 선택이다. 우리 인간 또한 평생을 누군가에 뒤지지 않기 위해, 실패하지 않기 위해 앞만 보고 치열하게 경쟁하면서 살아간다. 시인은 경쟁에 내몰린 현대인의 삶을 기러기 부자지간의 대화를 통해 비유적으로 묘사하고 있다.

　— 아버지 송지호에 좀 쉬었다 가요
　— 시베리아는 멀다
　— 아버지 우리는 왜 이렇게 날아야 해요
　— 그런 소리 말아라 저 밑에는 날개도 없는 것들이 많단다

　- <기러기 가족> 전문

동화책에 나오는 동심의 세계를 느끼지게 하는 시편이다. 시인이 나중에 덧붙인 글에 따르면, 기러기 부자의 대화는 더 이어진다. 긴 긴 여정 내내 기러기들이 나눌 선문답 같은 이야기이다. '잠자는 땅'이라는 어원의 시베리아 항로가 처음일 어린 아들 기러기가 묻는다. "아버지, 그럼 우리에게 날개란 무엇입니까?" 그러자 아버지 기러기

왈, "그걸 알면 내가 왜 하늘을 날겠느냐. 하늘을 날건, 땅 위를 기건, 물속을 헤엄치건, 우리는 모른다. 왜 날고, 기고, 헤엄치는지를. 아들아, 그러나 일단 날아올랐다면, 날갯짓을 멈추지 말아야 한다. 이유는 단 하나, 날갯짓을 멈추는 순간, 추락하기 때문이다. 아들아, 시베리아는 멀다." 송지호에서의 짧은 휴식은 사치일 뿐이다. 날개 없는 존재들이 최첨단의 비행날개를 달고 추격해 오기 전에 우리는 쉬지 말고 날아가야 한다. 아버지 또한 시베리아가 멀다고만 배웠기에 자식들에게 패배자가 되지 않도록 남에게 뒤지지 않는 방법을 쉼 없이 가르쳐야 한다. 하지만 이건 우리가 타고난 운명이 아니다. 욕심을 덜 부리고, 조금 덜 출세하고, 조금 덜 경쟁하면서, 우리가 놓친 것들과 우리가 잊고 지낸 것들을 찾아봐야 한다. 아버지 기러기를 위해 송지호에 쉬어 가자는 아들의 말에는 지극한 효심이 묻어 있다. 어쩌면 그 마음을 읽은 아버지 기러기는 눈시울이 뜨거워졌을 것이다. 하지만 우리 날개들은 "저 밑"을 얻기 위하여, 자유를 얻기 위하여 허공을 끊임없이 날아야 하는 처지임을 아버지 기러기는 말하고 있다. 글로벌 자식을 교육시키고자 자식과 아내를 해외에 보내고 홀로 떨어져 사는 기러기 아빠의 눈물은 그것을 잘 담아내고 있다.

강원도 양양 미천米川골 산 속에 있는 '선림원지'는 통일신라시대의 옛 절터이다. 804년에 창건되어 홍각선사가 번창시킨 사찰로 당대 최고의 선 수련원이었으나 10세기 전후에 대홍수와 산사태로 매몰되었다고 한다. 미천은 선림원에서 흘러내린 쌀뜨물이 개울을 덮었다고 하여 붙인 이름이다. 시인은 폐허가 된 천년고찰을 통해 세월 속의 세상사를 직시한다.

禪林으로 가는 길은 멀다 / 미천골 물소리 엄하다고 / 초입부터 허리 구부리고 선 나무들 따라 / 마음의 오랜 폐허를 지나가면 / 거기에 정말 선림이 있는지

(중략)

좋다야, 이 아름다운 물감 같은 가을에 / 어지러운 나라와 마음 하나 나뭇가지에 걸어놓고 / 소처럼 선림에 눕다 / 절 이름에 깔려 죽은 말들의 혼인지 꽃들이 지천인데 / 經典이 무거웠던가 중동이 부러진 비석 하나가 / 불편한 몸으로 햇빛을 가려준다

어디로 가는지도 모르고 / 여기까지 오는 데 마흔아홉 해가 걸렸구나 / 선승들도 그랬을 것이다 / 남설악이 다 들어가고도 남는 그리움 때문에 / 이 큰 잣나무 밑동에 기대어 서캐를 잡듯 마음을 죽이거나 / 저 물소리 서러워 용두질을 했을지도 모른다 / 그러나 슬픔엔들 등급이 있으랴

말이 많았구나 돌아가자 / 여기서 백날을 뒹군들 니 마음이 절간이라고 / 선림은 등을 떼밀며 문을 닫는데 / 깨어진 浮屠에서 떨어지는 / 뼛가루 같은 햇살이나 몇 됫박 얻어 쓰고 / 나는 저 세간의 武林으로 돌아가네

- <선림원지에 가서> 전문

시인은 미천골 물소리와 길가에 늘어선 나무, 농가의 모습, 지천으로 피어 있는 꽃 등으로 구성된 자연의 풍경을 보여 줌으로써 "마음의 오랜 폐허"를 치유한다. "어디로 가는지도 모르고" 49년이 걸려서 선림에 도달했다고 말하는 화자의 고백은 곧 시인의 삶이 끊임

없이 고통으로부터의 초월의 길을 모색하는 것이었음을 암시한다. "여기서 백날을 뒹군들 니 마음이 절간이라고"라는 대목은 "선림"은 삶을 초월하여 삶의 바깥에 있는 것이 아니라 삶의 한 가운데 있다는 깨달음이 화자의 등을 떼밀며 문을 닫는다는 것임을 함축하고 있다. 그래서 시인은 "깨어진 浮屠에서 떨어지는 / 뼛가루 같은 햇살이나 몇 됫박 얻어 쓰고" 세간의 무림으로 돌아가는 동시에 또 다른 길을 선승과 같은 심안으로 찾는다. 마음의 폐허를 지나 오지의 자연 속에서 인간 삶의 깊은 층위까지 섬세하게 짚어낸 시인의 직관은 곧 몸이야 어디에 있든 지상 어디나 선림이자 세간의 무림이고 내가 곧 부처라는 깨달음에서 생겨난다.

　요컨대, "시의 재료를 우주에서 가져온다"는 이상국은 자연의 질서와 순환을 인간세상의 질서, 순환과 등가에 놓는다. 자연의 이법을 최대한 긍정하면서 그 안에서 인간이 잃어버린 삶의 근원적 모습을 발견하고 노래하는 것이 스스로 한 세상을 건너가는 방편이라고 믿기 때문이다. 그래서 그에게 자연은 비극적 현실에 대한 초월적 공간이 아니라 현실의 아픔을 치유하고 고통을 수용하게 하며 다시금 현실로 돌아가게 하는 힘을 제공하는 근원으로서 자리한다. 상실해 가는 자연과 인간의 조화, 함께 살아가는 공동체적 삶에 관하여 깊은 성찰과 부드러운 서정으로 삶의 깊이를 담아내는 그의 시는 외롭고 서운하며 썰렁한 마음이 위로받고 치유되는 힘을 얻게 되는 것도 이런 연유라 할 것이다.

제3부

문정희, 흐르는 것이 어디 강물뿐이랴

최동호, 해골바가지 두드리면 세상이 화창하다

황지우, 화엄광주와 게 눈 속의 연꽃

최승호, '반야왕거미': 세계에 붙지만 말고 세계를 타라

나병춘, 산은 달을 베개 삼아 와선 중

문정희,

흐르는 것이 어디 강물뿐이랴

전남 보성 출생의 문정희(1947~)는 진명여고 재학시절에 백일장을 석권하며 주목을 받고, 여고생으로서는 최초로 시집 『꽃숨』을 발간했다. 1969년, 동국대 국문과 4학년 재학 중 서정주와 박목월의 추천으로 『월간문학』에 〈불면〉,〈하늘〉이 당선되어 문단에 등단했다. 동국대 문예창작과와 고려대 문예창작과 교수를 역임했으며, 천상병시문학상, 소월시문학상, 정지용문학상, 현대불교문학상 등을 수상하였다. 시집으로 『문정희시집』,『새떼』,『혼자 무너지는 종소리』,

『아우내의 새』, 『찔레』, 『우리는 왜 흐르는가』, 『그리운 나의 집』, 『하늘보다 먼 곳에 매인 그네』, 『제 몸 속에 살고 있는 새를 꺼내 주세요』 등이 있다.

문정희는 초기 시에서 삶·현실·소망을 직접적이고도 감각적인 시어로 정확히 포착하여 묘사하지만, 후기 시에 와서는 생명력 회복과 생태학적 상상력으로 여성의 현실을 드러낼 뿐만 아니라 새로운 형태의 역사의식을 열어 보임으로써 신선한 감동을 주고 있다. 가장 인간적인 속성을 표현하고 있는 사랑과 고독은 시인의 뜨거운 시혼의 원동력이다. 고독은 사랑하기 때문에 가지는 사랑의 안팎에서 생겨나는 정서이다. "모든 순간을 활활 타오르고 싶었다. 그러기 위해서는 더욱 더 고독해져야 한다고 생각했다"는 시인의 말처럼, 그의 고독한 감정은 단순하게 표현되지만 절실하고 강렬하다.

그대 아는가 모르겠다.

혼자 흘러와
혼자 무너지는
종소리처럼

온몸이 깨어져도
흔적조차 없는 이 대낮을

(중략)

   그대 참으로 아는가 모르겠다.
   -〈고독〉부분

　시적 화자의 고독한 상황이 당당하고도 간결하게 표현되고 있다. "혼자 흘러와 / 혼자 무너지는 / 종소리"와 같은 고독을 "그대" 아는지 모르는지 모르겠다는 반문에는 처절한 고독이 느껴진다. 여기에서의 '고독'은 전통 서정시에서 표현되는 고독과는 거리가 멀다. 그의 고독에는 아직도 낭만과 함께 기대하는 그리움의 열정이 있기 때문이다. 내재된 상처와 비감과 '고독'을 투시할 수 있도록 언어로 돕는 것이 시라고 말하는 시인의 어조가 명료하게 드러나 있다.
　"인간은 언어로 존재하며, 그 중의 가장 위대한 꽃이 문학"이라고 생각하는 문정희는 활발하고 당당한 시적 사유로 여성적 생명의식과 열정, 그리고 자유를 주로 노래한다. 그의 부드럽고 섬세함과 서정성은 현실에까지 이어져, 단순한 사회상에서 자신의 모습을 바라보게 된다. 삶의 근원인 '사랑'이라는 화두 찾기에 골몰하는 그는 깊게 관찰한 사물에 생명을 불어넣는 뜨거운 사랑을 노래한다. 그 절창이 〈다알리아〉이다.

   사랑이 익으면
   붉게
   피는 것일까
   핏빛

다알리아를 보며
알았다
사랑이 깊으면 막무가내로 탄다는 것을

- <다알리아> 전문

시인은 꽃을 꽃으로만 바라보지 않는다. 다알리아의 붉은색을 보고 사랑의 끝없는 열정에 대해 사색한다. 그 열정은 곧 붉음으로 가시화되며 곧바로 사랑에 대한 내적 정서로 표출된다. "막무가내로 탄다"는 시적 표현은 그래서 공허하지 않고 돋을새김 되어 우리의 마음을 건드린다. 이처럼 시인은 자연물과 교감하며 밝고 아름다운 서정을 만들어 내고 있다.

세계는 살아 있는 몸을 통해 지각되고 체험된다. 이렇게 지각이 이루어지는 장, 곧 살아 있는 몸을 메를로퐁티는 "현상의 장"이라 한다. 세계가 드러나는 장으로서 살아 있는 몸이야말로 주체성과 객관성이 근원적으로 접착되어 있다. 그래서 메를로퐁티는 주체들은 몸을 통해 서로 만날 수 있음을 말한다. 인간의 몸과 그 몸이 부딪히며 살아가는 일상적 삶을 쉽고 친근한 언어로 노래하고 있는 문정희의 몸의 시학은 동백꽃같이 불타오르던 사랑도, 우리들의 삶도, 결국은 소멸하리라는 시 <동백>에서 한결 잘 묘사된다.

지상에서는 더 이상 갈 곳이 없어
뜨거운 술에 붉은 독약 타서 마시고
천 길 절벽 위로 뛰어내리는 사랑

가장 눈부신 꽃은
가장 눈부신 소멸의 다른 이름이라

- <동백> 전문

　찬란한 태양의 빛은 모든 우주 진리를 함축한 언어다. 꽃은 그 함축된 언어가 피워 내는 눈물이며 기쁨이다. 동백꽃은 꽃의 태양과도 같은 자태를 하고 있다. 천 길 절벽을 뛰어내리는 사랑을 품었다면 그것은 태양의 빛과 같은 존재일 것이다. 어쩌면 동백은 푸른 그리움의 울음일 수도 있다. 시를 '몸'이라 생각하고 치명적인 독을 지닌 한 송이 꽃에 비유하는 이유는 바로 소멸의 미학에 있다. 삶이란 아마도 가장 눈부신 소멸을 위해 아름다운 욕망을 드러내는 것이다. 그 아름다운 욕망은 마침내 "뜨거운 술에 붉은 독약 타서 마시고 / 천 길 절벽 위로 뛰어 내리는 사랑"으로 마감된다. 그때 피어나는 꽃이야말로 "가장 눈부신 꽃"이다. "가장 눈부신 꽃"이야말로 "가장 눈부신 소멸"이라는 역설의 사랑이 절창되고 있다.
　문정희의 시세계가 구가하는 사랑에는 낭만적인 사랑, 지고지순의 사랑과 함께 혈연적인 사랑, 거기에서 모성회귀를 통한 원형회복의 강렬한 자아의식이 내재되어 있다. 한국 전통 서정시에서 볼 수 있는 정한의 사랑과 그리움을 탈피하여 그의 사랑은 적극적이고 때로는 도전적으로 그려진다. 그 대표적인 시가 <전보>이다.

나는 너에게
전보가 되고 싶다.

어느 일몰의 시간이거나
창백한 달이 떠 있는
신새벽이어도 좋으리라

눈부신 화살처럼 날아가
지극히 짧은 일격으로

네 모든 생애를 바꾸어 버리는
축전이 되고 싶다.

- <전보> 부분

나는 너에게 전보가 되고 싶다는 구절이 말해 주듯이, 기다리는 사랑, 짙은 그리움을 지닌 여성적인 사랑이 아니라 저돌적으로 다가서는 힘과 실천이 따르는 남성적 사랑이 그려지고 있다. "네 모든 생애를 바꾸어 버리는 / 축전이 되고 싶다"라는 간단명료한 직설적인 표현으로 일격에 자신의 사랑을 표현하고 있다. 이미지의 화려한 변용이 약화되어 있지만 메시지의 강렬성을 보인다. 사랑의 내용이 비극적인 것에 있는 것이 아니라 미래를 축하하며 격려하는, 놀랍고 감사한 내용으로 충만한 것이다. 희생이나 기다림이 아닌, 지금 이곳의 사랑과 그 확신에 찬 행동의 사랑은 그의 탁 트인 시학이고, 서정성의 진솔함이며, 당당한 감정의 표현이다.

세월의 흐름에 따라 객기와 혈기의 중심에서 보던 삶과 사랑, 세상과 사람은 한결 관조적인 거리두기와 객관적인 시각으로 여유를 회복하게 된다. 젊음의 혈기 자체를 은유적 방법이나 상징의 기법으로 승화하지 아니하고 직접적으로 표현하는 부분에 당당해 보이던 문정희도 불혹의 나이를 넘어서면서 깊은 인생의 성찰을 통한 넉넉한 거리와 평정심을 회복한다. 그것은 찔레꽃의 이미지를 통해 지난날의 아픈 사랑을 회상하면서 사랑의 아픔을 아름다운 사랑으로 승화시키는 〈찔레〉에서 잘 묘출되고 있다.

꿈결처럼
초록이 흐르는 이 계절에
그리운 가슴 가만히 열어
한 그루
찔레로 서 있고 싶다

사랑하던 그 사람
조금만 더 다가서면
서로 꽃이 되었을 이름
오늘은
송이송이 흰 찔레꽃으로 피워 놓고

먼 여행에서 돌아와
이슬을 털듯 추억을 털며
초록 속에 가득히 서 있고 싶다

그대 사랑하는 동안
내겐 우는 날이 많았다.

아픔이 출렁거려

늘 말을 잃어 갔다

오늘은 그 아픔조차
예쁘고 뾰족한 가시로
꽃 속에 매달고

슬퍼하지 말고
꿈결처럼
초록이 흐르는 이 계절에
무성한 사랑으로 서 있고 싶다.

- <찔레> 전문

    찔레꽃의 가시는 사랑의 아픔을 상징한다. 비록 가시를 품고 있지만 찔레꽃은 봄날 흰색의 아름다운 꽃을 피운다. 먼 여행에서 돌아온 사람이 홀가분하게 과거를 털어낼 수 있듯이, 홀가분해져서 사랑의 고뇌와 아픔까지 포함한 "무성한", 즉 성숙한 사랑이 바로 찔레꽃이다. 조금만 더 다가섰더라면, 즉 사랑하기 때문에 생기는 투정과 욕망, 서로가 상처를 주고받는 혈기의 한 고비를 넘기고, 아픔조차 예쁘고 날카로운 가시가 되어 꽃 속에 매달고 무성한 사랑으로 서 있고 싶은 추억의 사랑을 노래하는 것이다.

    죽음이나 이별은 누구나 피할 수 없는 상황이다. 사랑하는 사람을 잃는 일은 언제나 힘들고 고통스런 일이다. 시인은 상실의 심정이 얼마나 참혹하고 처절한가를 군더더기 없는 간결한 시어를 통하여 강하게 표현하고 있다.

나는 이 겨울을 누워 지냈다.
사랑하는 사람을 잃어버려
염주처럼 윤나게 굴리던
독백도 끝이 나고
바람도 불지 않아
이 겨울 누워서 편히 지냈다.

저 들에선 벌거벗은 나무들이
추워 울어도
서로 서로 기대어 숲이 되어도
나는 무관해서

문 한번 열지 않고
반추동물처럼 죽음만 꺼내 씹었다.
나는 누워서 편히 지냈다.
사랑하는 사람을 잃어버린
이 겨울.

- <겨울일기> 전문

"사랑하는 사람을 잃어버린" 화자가 "누워서 편히 지냈다"고 말하는 것은 역설적인 표현이다. 이런 역설적인 표현은 화자의 고통스러운 심정을 더욱 강하게 드러내 보인다. "누워서 편히 지냈다"는 진술은 겨울이라는 시간적 배경과도 잘 어우러지면서 묘한 긴장감을 자아낸다. 나무는 추운 겨울에도 서로 기대면서 위로하면서 더불어 지내지만, 화자는 혼자이기 때문에 그러한 자연의 모습이 자신과는 무관하다고 여긴다. 그래서 현실 세계와의 통로인 문을 열지 않고 고립된 방안에서 슬픔으로 인해 반추동물처럼 죽은 듯이 움직이지 않고 지낸다는 것이다. 차가운 겨울에 두문불출하고 편히 지냈다는 편안함을 드러내면서 상실의 고통과 아픔을 극명하게 표현하고 있는 시편이다.

  시는 재치나 감각만으로 모든 내용을 담을 수 없다. 시는 삶의 결이 삭고, 우아한 삶의 방법이 보편성을 극복하고자 하는 내면의 치열한 정신을 보여 주어야 하기 때문이다. 그렇다면 〈식기를 닦으며〉는 식기를 닦는 일상적인 행위를 통해 여성으로서 겪는 삶의 고뇌를 잘 형상화하고 있다 할 수 있다.

  식기를 닦는다

  이 식기를 내가 이렇게
  천 번을 닦아
  이것이 혹은
  백자가 된다면
  나는 만 번을 닦으리라

  그러나
  천 번을 닦아도 식기인 식기
  일상이나 씻어내는 식기인 식기를 닦으며
  내 젊은 피 닳히고 있느니

  훗날 어느 두터운 무덤 있어

이 불길 덮을 수 있으랴
　　- <식기를 닦으며> 전문

　가부장 사회에서 여성이 겪는 설움이 아주 절실하게 드러나 있다. 즉 핵심이 되는 일상적인 행위는 식기를 닦는 것, 즉 설거지이다. 설거지는 의미 없이 되풀이되는 무의미한 일상적인 행위의 전형이다. "천 번을 닦아도 식기인 식기"는 설거지라는 일상적 행위가 갖는 무의미함을 단적으로 드러내는 시구이다. 절대 "백자"가 될 리 없는 식기를 닦으며 화자는 젊은 자신이 "닳히고" 있다는 느낌을 갖는다. "닳히"는 대상에는 젊음, 자신의 재능, 열망, 가능성 등이 포함되어 있을 것이다. 내면의 불길을 억누른 채 설거지를 하며 생을 보내는 여성의 모순과 절망이 녹아 있다.

　자유와 생명에 대해 치열한 의식은 시인이 시대를 살아가며 빛나는 자유의 혼을 품었다는 것을 그대로 보여 준다. 문정희에게 역시 중요한 것은 자유와 생명의 본질이었다. 그는 영원한 비상을 상징하는 날개가 필요했고, 유관순을 통해 그 해답을 얻었다. 그 결과물이 시집 『아우내의 새』(1986)이다. 저항적 삶을 살다간 유관순을 통해 자유를 향한 생명의식을 통찰하고 있다.

　　풀꽃 하나가
　　쓰러지는 세상을 붙들 수 있다

　　조그만 솜털 손목으로

어둠에 잠기는 나라를
아주 잠시
아니, 아주 영원히
건져 올릴 수 있다.

풀꽃 하나, 그 목숨 바스라져
어둡고 서러운 가슴에
별로 떴다.

꺼지지 않는 큰 별로
역사에 박혔다.

- <서시> 전문

"풀꽃 하나"인 이화학당 고등과 1학년 유관순은 이렇듯 시 속에서, 현재 이화여고 교정에 시비로 우뚝 서 있다. 무엇보다도 후배들에게 죽지 않고 영원히 살아 "어둡고 서러운 가슴에 별로" 떠 있다. 김수영의 "풀"이 이 땅의 민중이라고 할 때 "풀꽃" 또한 이 땅의 서러운 민중일 수 있다. 16세 무명소녀가 가혹한 형벌에도 두려워하지 않고 저항하여 끝내 목숨을 잃은 상징성을 "풀꽃"에 두고 풀꽃 하나가 세상을 붙들 수 있다는 큰 의미를 부여하고 있다. 이때 유관순은 하나의 풀꽃에 지나지 않은 신분이었다. 그러나 그러한 저항이 민족자긍심과 조국수호의 큰 의미로 다가올 때 쓰러지는 나라를 붙들었다는 시적 상상력은 더욱 빛을 발한다. 풀꽃 하나가 모든 자연이고, 생태인 것이다. 그것은 생명을 가진 모든 존재의 자연이고 생태임을 죽음을 통해 일깨워 주는 중요한 시적 매개물이다.

이처럼 근대성을 뛰어 넘는 담론으로서 생태주의는 생명 일반이 겪는 교감과 상호관련의 자연적 시간의식을 지향한다. 다시 말해, 부정적 근대성이 자행한 자아정체성의 상실이나 생태계 파괴에 대한 저지이자 회복의 의미를 갖는 것이다. 시간의 순환은 바로 그러한 영성과 생명성 회복의 뜻을 담지하고 있다. 모든 자연현상이 끊임없이 되풀이하는 순환적 시간관이 문정희 시에도 잘 극화되고 있다.

풀벌레나 차라리 씀바귀라도 될 일이다.
일 년 가야 기침 한번 없는 무심한 밭두렁에
몸을 얽히어
새끼들만 주렁주렁 매달아 놓고

부끄러운 낮보다는 밤을 틈타서
손을 뻗쳐 저 하늘의 꿈을 감다가
접근해 오는 가을만 칭칭 감았다.
이 몽매한 죄,
순결의 비린내를 가시게 하고
마른 몸으로 귀가하여
도리깨질을 맞는다.
도리깨도 그냥은 때릴 수 없어
허공 한번 돌다 와 후려 때린다.
마당에는 야무진 가을 아이들이 뒹군다.
흙을 다스리는 여자가 뒹군다.
  - <콩> 부분

봄에서 가을로, 낮에서 밤으로 시간은 둥근 원을 그리며 언제나 다시 제자리로 돌아온다. 이러한 순환구조는 생명의 경이로움과 신비를 낳는다. 콩의 삶은 봄이 되면 "무심한 밭두렁"에서 "새끼들만 주렁주렁 매달고" 있다. 여름을 거쳐 가을이 되면 콩은 누렇게 영글어 간다. 뜨거운 태양 아래 "순결한 비린내"가 가시고 나면 사람들은 콩을 베어다가 마당에서 도리깨로 두드린다. 그리하여 마침내 누런 콩알이 마당 여기저기에 뒹군다. 모진 고통을 겪고 자식을 잉태한 다음 어머니는 다시 자연의 품속으로 되돌아간다. "야무진 가을 아이들"도 때가 되면 "흙을 다스리는 여자"가 되고, 이러한 과정은 끊임없이 되풀이된다. 여기에는 대지인 자연과 여성을 생명의 모태라는 동일선상에서 인식하려는 생태적 관점이 기반하고 있다. 시인의 이러한 순환적 시간관은 〈돌〉에서도 잘 드러난다. 오랜 시간의 흐름 속에서 마침내 산이 돌을 낳고 돌이 다시 산으로 화하는 윤회적 상상력으로 변주되고 있다.

돌은
산에서 태어나서
구르고 굴러서

끝없이 작아진 몸으로
제 살과 제 뼈와
헤어지고 헤어져서
다 헤어질 수 없을 때까지 헤어져서

비로소 어머니인
산이 되었다

그리하여
새로이 모나고 둥근 것으로
태어나기 시작했다.

- <돌> 전문

산과 돌이 몸을 바꾸어 영원한 창조적 삶을 지속한다는 놀라운 상상력을 보여 주고 있다. 산에서 태어나서 구르고 굴러서 끝없이 작아진 몸으로 헤어질 수 없을 때까지 제 살과 제 뼈와 헤어져서 비로소 어머니인 산이 되었다는 것은 새로이 생명을 건지는 창조력을 지닌 모성의 힘을 상징한다. 끝없는 모성의 책임과 고통을 안으로 끌어들이는 이런 힘은 결여되어 가는 희생과 봉사에 대한 역설적인 비판이며 새로운 세계에 대한 제시이다. 큰 것과 작은 것, 어머니와 자식, 헤어짐과 만남, 모난 것과 둥근 것의 대립적 혹은 현실적 혈연적 관계의 병치를 형식적 구성 원리로 하면서 우주생성의 원리와 보편적 법칙을 명징하게 보여 주고 있다.

생태주의에서 시는 인간과 자연을 조화롭게 화해시키는 역할을 한다. 그리하여 모든 대립을 넘어서서 모두가 함께 생명을 생명으로서만 소중히 여기는 인연공동체 사상을 만들어 가고자 한다. 즉 모든 생명이 별개로 존재하는 것이 아니라 하나의 생명 현상 속에 어우러져 있다는 유기체적 세계관을 형성한다. 이러한 맥락에서 문정희는 인간을 포함한 모든 종들이 서로 동등한 생존권을 갖고 있다는 생명 중심의 사유를 바탕으로 서로 사랑해야 하는 이유를 이렇게 역설한다.

> 우리가 서로 사랑해야 하는 이유는
> 세상의 강물을 나눠 마시고
> 세상의 채소를 나누어 먹고
> 똑같은 해와 달 아래
> 똑같은 주름을 만들고 산다는 것이라네
> 우리가 서로 사랑해야 하는
> 또 하나의 이유는
> 세상의 강가에서 똑같이
> 시간의 돌멩이를 던지며 운다는 것이라네
> 바람에 나뒹굴다가
> 서로 누군지도 모르는
> 나뭇잎이나 쇠똥구리 같은 것으로
> 똑같이 흩어지는 것이라네
>
> - <사랑해야 하는 이유> 전문

인간이 자연을 소유하려는 욕망이 자연 그 자체를 파괴상태로 몰고 간다는 메시지를 전함으로써, 인간의 의식 속에 고정관념으로 자리잡고 있는 인간과 자연의 불평등 관계를 반성케 하고 있다. 모든 동식물이 고유한 생명을 지니고 있다는 사실만으로도 인간과 동등한 존엄성을 지닌다는 평등의식을 견지하고 있다. 이러한 평등의식은 자연을 노예와 도구로 여기는 현대인들의 사고방식을 변화시킬 수 있는 힘으로 작용한다. 그리하여 인간과 자연과의 관계는 생명공동체의 일원으로서 인정하는 평등의식에서 우러나오는 것이다. 시인이 인간과 자연은 함께 살아가야 하며 죽음도 함께 함으로 서로 사랑해야 하는 이유를 밝히고 있는 것도 여기에 있다. 자연물과 상호 교감하면서 맑고 아름다운 서정을 만들어내는 문정희의 참다운 존재 방식은 이렇게 묘출된다.

> 흐르는 것이 어디 강물뿐이랴
> 피도 흘러서 하늘로 가고
> 가랑잎도 흘러서 하늘로 간다.
> 어디서부터 흐르는지도 모르게
> 번쩍이는 길이 되어
> 떠나감 되어.
>
> 끝까지 잠 안든 시간을
> 조금씩 얼굴에 묻혀가지고
> 빛으로 포효하며
> 오르는 사랑아.
> 그걸 따라 우리도 모두 흘러서
> 울 이유도 없이
> 하늘로 하늘로 가고 있나니.
> – <새떼> 전문

시인의 시선에 가득 새떼가 날아오르고 있다. 강물은 끊임없이 흐른다는 점에서 시간과 순환이라는 세계를 은유한다. "흐르는 것이 어디 강물뿐이랴"라는 첫 행부터가 시인의 거시적인 안목과 불교적 상상력을 느끼게 한다. 강물만이 흐르는 것이 아니라 생명의 상징인 피도 흘러서 하늘로 올라가고, 자연물의 상징인 가랑잎도 흘러서 하늘로 간다. 지상의 많은 것들은 시간의 흐름을 타고 변화하여 결국은 하늘로 가고 한 곳에서 만나게 된다. 나아가 시인은 소중하고 눈부신 시간들은 "번쩍이는 길이 되어" 흘러가고, "빛으로 포효하며" 오른다고 했다. 시인이 새떼의 날아오름을 보며 얻은 깨달음의 내용도 바로 이것이다. 새떼가 비상하는 순간적인 광경에서 존재의 참다운 존재 방식을 읽어내는 시인의 예리한 직관력이 도드라져 보인다.

한편, 문정희는 사물에 대한 통찰이나 인식의 깊이를 추구하는 데 천착한다. 그는 일연 스님이 『삼국유사』를 쓴 경북 군위의 인각사麟角寺를 방문한 어느 날, 그곳에서 돌부처를 만나 완성에로 나아가려 애쓰는 도정을 보게 된다. 즉 돌로 회귀하는 석불을 통해 본래 '비어 있는 것'과 '가득 차 있는 것'은 서로 다르지 않음을 통찰하는 것이다.

  다가서지 마라
  눈과 코는 벌써 돌아가고
  마지막 흔적만 남은 석불 한 분
  지금 막 완성을 꾀하고 있다
  부처를 버리고
  다시 돌이 되고 있다
  어느 인연의 시간이

눈과 코를 새긴 후
여기는 천년 인각사 뜨락
부처의 감옥은 깊고 성스러웠다
다시 한 송이 돌로 돌아가는
자연 앞에
시간은 아무 데도 없다
부질없이 두 손 모으지 마라
완성이라는 말도
다만 저 멀리 비켜서거라

- <돌아가는 길> 전문

   정지용문학상 수상작품이다. 첫 행 "다가서지 마라"는 자연으로 돌아가는 완성의 시간에 티끌이라도 누를 끼쳐서는 안 된다는 금지령을 담고 있다. 부처의 감옥에서 자연에로의 회귀, 그보다 더 숭고한 완성과 깨달음은 없을 것이다. 시인은 "눈과 코가 이미 돌아간 석불"은 완성을 꾀하고 있는데, 시 속에서의 완성은 눈과 코가 바르게 새겨진 "부처"가 아님을 통찰한다. 즉 "부처를 버리고 / 다시 돌이 되고 있"음을 인식하는 것이다. 눈과 코가 돌아가고 돌부처로의 귀환은 완성이 아니라 또 다른 완성을 위한 조건이다. 즉 "석불"이 부처이기를 그만두고 비바람에 눈과 코가 돌아간 "돌"이 되었을 때 참다운 실재의 세계로 돌아갈 수 있는 것이다. 그러니 부질없이 두 손 모으지도 말고, 완성이라는 말도 저 멀리 비켜서라는 것이다. 참으로 놀라운 직관을 보여 주는 대목이다. '비어 있는 것'으로의 회귀를 통해 진정한 '완성'을 이룰 수 있음을 일깨워 주고 있다.

요컨대 안으로 가는 길도 앞으로의 길을 가는 데 필요함을 역설하는 문정희는 자연과 인간, 즉 생태와 몸과 언어의 다양성을 파악하고 극복하며 이해하려는 태도를 보인다. 여기에는 끊임없이 생성과 소멸을 거듭하면서 우주질서와 교감하는 모든 생명체들에 대한 존경과 배려가 담지되어 있다. 이는 모든 상처를 껴안아 치유하는 모성(대지)의 여성성(자연성)의 정체성을 모색하는 것으로 드러난다. 그 시혼의 원동력은 나이테가 늘어도 "그대로 푸르른 희망"을 간직하는 나무처럼 "울창"하고 투명하게 새로운 자신을 찾아가는 그의 활발하고 당당한 시적 태도에 있다.

최동호,

해골바가지 두드리면 세상이 환창하다

수원 출생의 최동호(1948~)는 고려대 국어국문학과를 졸업하고 동 대학원에서 박사학위를 받았다. 1976년 시집 『황사바람』을 출간하고 1979년 중앙일보 신춘문예 평론으로 등단했다. 시집으로 『황사바람』, 『아침책상』, 『딱따구리는 어디에 숨어 있는가』, 『공놀이하는 달마』, 『불꽃 비단벌레』, 『얼음 얼굴』, 시론집으로 『현대시의 정신사』, 『디지털 문화와 생태 시학』 등이 있으며, 현대불교문학상, 대산문학상, 고산문학대상, 박두진문학상, 유심문학상 등을 수상했다.

2013년 고려대 국문과 교수를 정년퇴임하고 현재 사단법인 시사랑 문화인협의회 회장을 맡고 있으면서, 고향 수원에서 시 창작을 지도하고 있다.

최동호 시의 특징은 감정을 절제하고 섬세한 자연묘사를 통해 자신의 내면을 객관화하거나, 자연과의 합일을 통해 깨달음의 경지를 추구하는 선시풍의 경향이다. 즉 말이 물질화되는 시대에 인간 존재에 대한 근원적 천착을 통해 '정신주의 미학'이라는 시세계를 유감없이 보여 준다. 말 이전의 마음이 무엇인지를 보여 주는 첫 시집 『황사바람』(1976)에서 젊음의 열정과 내면적 사색의 충돌로 갈등하고 방황하는 모습을 적나라하게 보여 준다. 그의 이러한 시적 공간은 고독한 자아가 계절의 순환성이라는 자연의 이법에 자신의 몸을 융합하고자 하는 모습으로 확장된다. 이는 자연에 대한 뛰어난 통찰을 섬세하고 아름다운 시어로 표현하고 있는 다음의 시에서 한결 잘 드러난다.

벽지 뒤에서 밤 두시의
풀이 마르는 소리가 들린다.
건조한 가을 공기에
벽과 종이 사이의
좁은 공간을 밀착시키던
풀기 없는 풀이 마르는

소리가 들린다.

허허로워
밀착되지 않는 벽과 벽지의
공간이 부푸는 밤 두시에
보이지 않는 생활처럼
어둠이 벽지 뒤에서 소리를 내면

드높다, 이 가을 벌레소리,
후미진 여름이
빗물진 벽지를 말리고
마당에서
풀잎 하나하나를 밟으면
싸늘한 물방울들이
겨울을 향하여 땅으로 떨어진다.

- <풀이 마르는 소리> 전문

제11회 유심작품상 수상작이다. 계절의 배경은 늦여름과 초가을의 경계 사이에 있다. "풀이 마르는 소리"는 여름의 빗물진 벽지가 "건조한 가을 공기"로 인해 풀기가 마르는 과정을 드러내면서 시간의 흐름을 함축하고 있다. 이 과정은 '물' 요소가 무화하는 과정이다. 시인은 이 물기의 없어짐으로 인해 "허허로워 밀착되지 않는 벽과 벽지의 공간"처럼 외부 현실과 조화를 이루지 못하는 소외감에 젖어있는 듯하다. 그런데 말미에서 시인은 마당의 풀잎을 밟으며 싸늘한 '물방울'이 겨울을 향해 떨어지는 것을 발견한다. 여기에는 물기가 무화되는 과정과 그것이 다시 생성되는 순간을 하나의 순환 고리로 연결시키는 주제를 암시되고 있다. 여름에서 가을로의 시간의 흐름을 "풀이 마르는 소리"로 표현하고, "가을 벌레소리"를 통해 겨울로의 변화를 예감하는 대목에서 무한을 머금고 있는 순간을 포착하는 시인의 능력을 파악할 수 있다. 소리를 통해 소리 없음의 고요함을 표현하는 데에는 시인의 내면 풍경이 내포되어 있다. '소리의 공간화'라는 미학적 원리는 시인의 여백을 지닌 동양적 시적 미학, '순간의 시학'이라고 말할 수 있을 것이다. 나아가 최동호는 황하黃河 강변 모래바람 날 흐리게 불어 생겨나는 '황사바람'을 빛과 어둠인 동시에 깊은 밤의 갈증과 물의 대위적 구조로 인식한다. 이는 자연현상과 자아를 하나로 연결시키는 시인 특유의 방식이다. 그래서 만년필로부터 갈증을 달래는 시구가 흘러나온다.

깊은 갈증의 밤을
만년필에
맑은 물처럼 담으면
사그륵 거리는 모래 소리에

이 한 낮
황사바람이 창문을 때리니,
해말간 살결을
잔잔한 햇빛 속에 잠그면
거대한 강물이 소리없이 흐른다

- <황사바람> 부분

그러면 "깊은 갈증의 밤"은 무엇을 의미하는가? 그것은 어쩌면 자아 성찰을 통해 자신이 추구하는 세계와 외부와 융합에 이르지 못한 상황을 의미할 수 있다. 시인은 그 갈증의 밤을 만년필에 맑은 물처럼 담는다. 가령, '물'의 이미지가 생명, 혹은 욕망의 정화라는 의미를 지니고 있다면, '만년필'이란 그것을 지향하는 것이 글쓰기와 책 읽기로 형성되는 것을 보여 준다 할 것이다. 이는 곧 불순물의 정화를 통한 근원적 생명의 회복과 세계와 자아의 합일을 사색과 명상을 통해 추구하는 시인의 자세를 말해 준다. "깊은 밤"이 "한 낮"으로 바뀌는 것은 단순한 시간의 흐름만이 아니라, 갈증의 밤을 맑은 물처럼 만년필에 담는 명상과 집중을 통해 가능해진다. 이때 "잔잔한 햇빛"은 갈증의 밤을 견디고 이겨낸 어떤 맑고 고요한 정신적 경지를 나타내는 동시에, 그것을 가능케 한 또 하나의 동인이 될 수 있다. 때문에 소리 없이 흐르는 거대한 강물은 "갈증의 밤"을 "맑은 물"로 정화하여 얻게 되는 조화와 합일의 상태를 말해 준다 할 것이다.

젊은 시절의 열정과 내면적 사색의 충돌로 갈등하고 방황하는 최동호는 스스로에게 눈길을 돌린다. 결국 자아 찾기를 모색하는 것이다. 만물이 불성의 현현함인데 그 자신이라고 예외일 수 없다. 멀리서 자아를 찾고자만 하였던 것이다. 숨 막히는 밀도의 고뇌와 폐칩 속에서 시인은 자신이 빠져 들어와 있는 적막한 고독의 두께를 벗어나고자 한다. 〈딱따구리는 어디에 숨어 있는가〉라는 시는 그의 모습을 일깨우는 좋은 시이다. 시인은 구정 연휴 첫날부터 함박눈을 헤치고 학교 연구실에 들어가 앉아 부동의 벌레처럼 웅크린 채 침묵하고 있다. 고요한 정적 속에 창 밖에 눈이 내리고 시인은 고목나무 안에 겨우살이 하는 벌레와 같음을 자각한다. 동쪽으로 간다고 무엇이 있고 또 무엇이 다를 것인가. 정녕 가야 할 길은 바로 지금 처해 있는 곳, 바로 그곳에 있었던 것이다. 시인은 이런 깨달음에서 한 걸음 더 나간다. "딱딱한 부리로 웅크린 가슴을 깨우쳤다"고 노래한 시인은 모든 것에 불성이 들어 있음을, 만물이 불성임을 깨우친다. 시인은 과거의 노래가 약간은 번거로웠음을 인식한다. 이러한 그의 깨달음과 시어로의 표현은 〈벌레〉에서 정점에 이른다.

　　빈 숲의 딱따구리 소리여
　　움직일 곳 바이 없구나
　　오막살이 집
　　구부린
　　벌레 한 마리
　　- 〈벌레〉 전문

짤막하고 명료한 시편이다. 딱따구리는 구도자이고 오막살이 집 구부린 벌레 한 마리는 딱따구리가 물어 먹어야 할 대상이다. 먹고 먹히는 먹이의 연쇄 사슬이다. 하지만 여기서 벌레와 딱따구리는 공존을 한다. 뿐만 아니라 벌레 한 마리와 딱따구리가 동일화된다. 대상이 서로 대립하는 것이 아니라 하나임을 통찰한다. 그러니 이런 깨달음을 길게 노래할 필요도 없다. 깨달음을 찾기 위해 부처님이 어디 있나 아무리 찾아보지만 쉽게 찾을 수 있는 것이 아니다. 딱따구리는 이제 "움직일 바이도 없"으니 멀리 갈 이유도 없다. 비록 "빈 숲"이지만, 멀리 가지 않아도 보잘것없는 "오막살이 집"에 웅크리고 "구부린 벌레 한 마리" 그 중생이 바로 시인인 딱따구리가 찾아 헤매던 것이다. 또한 그 벌레는 중생이요, 바로 시인 자신이다. 딱따구리가 바로 벌레 한 마리 속에 들어앉아 있는 것이다. 딱따구리가 벌레요 벌레가 딱따구리다. 빈 숲의 딱따구리와 오막살이 집 구부린 벌레는 동일한 대상이 된다. 서로 다른 개체임이 틀림없지만 시인은 이미 대상의 구분이나 어떤 대립 그리고 갈등도 넘어서고 있다. 생략과 암시를 통해 구법의 과정 자체를 노래함으로써 시인의 동양적 사유와 교외별전의 문자 형상화를 잘 보여 주고 있다.

"달마는 왜 동쪽으로 왔는가"는 불법의 참 뜻이 무엇인가를 묻는 선종의 유명한 화두이다. 이 뜻을 알면 곧 도를 깨닫게 된다 한다. 동양 정신주의 미학을 깊이 있게 탐구해 온 최동호는 선종의 창시자인 달마를 화두로 삼아 일상 속에서의 깨달음의 경지와 고요에 이르는 길을 찾고 있다. 그의 이러한 시적 탐구의 결실이 시집 『공놀이하는 달마』(2002)이다. 시집의 제목이 되기도 한 9편의 연작시로 이루어진 달마시편은 "달마는 왜 동쪽으로 왔는가"라는 부제를 달고 있는데, 이는 시인 스스로 시간 속에 '던져져 있는 자신'에게 끊임없이 '달마'라는 화두를 던져 두두물물에 내재한 본모습을 찾고자 하는 의지를 담고 있다. 따라서 생명이라는 진부한 진리 앞에 달마는 세상의 온갖 모습으로 다가온다. 그 대표적인 시가 공 굴리는 달마의 모습이다.

저물녘까지 공을 가지고 놀이하던 아이들이
다 집으로 돌아가고, 공터가 자기만의
공터가 되었을 때
버려져 있던 공을 물고
개 한 마리가 어슬렁거리며
걸어 나와 놀고 있다

처음에는 두리번거리는 듯하더니
아무것도 돌아보지 않고 혼자
공터의 주인처럼 공놀이하고 있다
전생에 공을 가지고 놀아본 아이처럼

(중략)

공놀이하던 개는 푸른빛 유령이 된다 길게 내뻗은 이빨에
달빛 한 귀퉁이 찢겨 나가고
귀신 붙은 꼬리가 일으킨 회오리 바람을
타고 공은 하늘로 솟구쳤다 떨어지기도 한다
어둠이 빠져나간 새벽녘
이슬에 젖은 소가죽 공은 함께 놀아줄
달마를 기다리며 버려진 아이처럼 잠든다
  - <공놀이하는 달마 - 달마는 왜 동쪽으로 왔는가> 부분

　살아간다는 것은 어쩌면 공놀이를 하는 것과 같다. 심판이 휘슬을 불거나 저물녘 어머니의 부르는 소리를 들으면 우리는 놀던 공을 그 자리에 두고 원래 왔던 자리로 돌아갈 수밖에 없다. 그런 점에서 삶

은 일종의 유희의 현장이다. 그 순간을 '깨달음'이라 하고, 어떤 이는 '정신적 탈속과 참다운 자기 찾기'라고 말한다. 세상은 원래부터 비어 있는 '공터'이며 이 공터에서 인간은 버려져 있는 '공空'을 가지고 멈출 수 없는 놀이를 계속하는 것이다. '달마'라는 한 축에 의해 형상화되는 이 신비로운 세계는 공을 가지고 놀이하던 아이들과, 아이들이 사라진 공터에서 공을 가지고 노는 개와 마침내 그 개도 '푸른 빛 유령'으로 사라져버린 적막의 시간 속에서 '소가죽 공'이 '달마를 기다리며' '버려진 아이처럼 잠드는' 고요한 세계이다. 삶이 '허공의 어두운 그림자'에 지나지 않는다면 우리는 덧없는 '공허空虛'를 좇아 '땀에 젖은 먼지를 일으키며 놀고 있'는 '전생의 개'일 수도 있는 것이다. 우주적 생명은 이렇게 영원하게 끝없이 회전, 회귀하는 그 영겁의 시간을 되풀이한다. 생명의 존재자들은 우주의 시간 주기에 조응하여 이승에 머물고 떠나고 다시 돌아오는 것이다. 결국 우리라는 존재는 한 몸을 빌려 이승에 머무는, 끊임없이 공명하고 상호 교류하는 우주 리듬의 작은 통로이다. 그런 점에서 공놀이의 공은 공(球)이면서 공空이다.

 최동호의 시에서 풍경은 글쓰기의 또 다른 터전이다. 설악산 백담사 무금선원無今禪院의 마당은 탈속의 경지를 지시하는 곳이다. 마당은 현실이면서 현실이 아닌 곳(무금), 큰 적멸을 지척에 둔 곳이면서 적멸의 이편인 곳(대적)인데, 거기에 더하여 글쓰기의 장소이기도 하다. 시인은 '설악의 시인'으로 불렸던 오랜 시우 이성선을 졸지에 잃고(2001년 작고) 선방 정적처럼 단정했던 그의 숨소리를 들으며 황금사자의 환영을 보았다는 백담사 무금선원의 밤을 되짚고 있다.

大寂의 달빛 저편 어둑한 개울가의 돌무더기는
솜눈옷 갈아입고 묵상하는 아기 눈부처가 되었는데
無今의 마당에는 뒤꿈치에서 꼬리 달린 소소리 바람이

달빛은 놓아두고 귀신붙은 나뭇잎만 쓸어간다
해묵은 육신에 생의 불꽃을 피우려는 선방에선
황금사자가 넘나드는 칸 너머 문풍지 바르르 몸을 떤다.
- <달빛 선원의 황금사자 -달마는 왜 동쪽으로 왔는가> 부분

이성선이 유명을 달리하기 석 달 전, 무금선원 절 방에서 그와 하룻밤 같이 머물렀던 시인은 새벽녘에 깨어 문밖의 달빛이 나뭇잎을 쓸어 가는 소리와 선방의 깊은 정적을 느끼며 느낀 소회를 이렇게 담아 내고 있다. 밤에 잠이 깨어 "문밖의 달빛이 나뭇잎을 쓸어가는 소리"와 이성선 시인의 숨소리를 "갓 지은 선방의 깊은 정적처럼 느끼며 황금사자의 환영"을 보았다. "대적", "무금"과 같은 시어가 만들어내는 적막과 비현실은 아름답고 고요하다. 대적의 달빛 저편, 즉 비로자나 부처의 광명을 받은 곳에서는 "어둑한 개울가"의 "돌무더기"마저 "아기 눈부처"가 된다. 한편 달빛 환한 "무금의 마당"에서는 여우를 닮은 바람이 "귀신 붙은 나뭇잎만 쓸어간다." 그러니 "무금"은 글자 그대로 현실이면서 현실이 아니다. 이곳은 귀신 붙은 것들을 제거하는 성소이며, 여기에 지금은 고인이 된 이성선 시인의 숨소리가 정적과 겹쳐진다. 화엄종의 4대 조사인 청량 국사가 설법할 때 구름 속에서 황금빛 털을 가진 사자가 나타났다고 한다. 그러니 황금사자는 지극한 법열의 상태에서 모습을 보이는 상서로운 동

물이다. 시인은 섬광처럼 "해묵은 육신에 생의 불꽃을 피우려는 선방"에서 문득 문풍지에 어른거리는 "황금사자"를 본다. 이 돌연한 "황금사자"의 환영은 불현듯 방문하는 현상학적 경이의 순간이라 할 수 있다. "칸 너머 문풍지"의 떨림을 절묘하게 이미지화한 이 환영을 통해, 시인은 이성선에 대한 추모의 생각을 "대적"과 "무금"의 풍경 속에 담아냈던 것이다.

 시 읽기의 즐거움은 대개 발견과 깨달음에서 온다. 시인은 매미 소리 가득하고 초록이 짙푸른 여름 숲의 아침산책길에서 거미줄을 발견한다. 거미 없는 그 거미줄에서 나비의 날개를 발견한다. 그리고 나비 날개 한쪽 부서진 것을 보고도 시인은 마치 자기의 어깨가 떨어져 나간 듯 아픔을 느낀다.

  아침 산보길
  매미 소리 하얀빛을 뿌리며
  짙푸른 여름 나무둥치 속으로 파들어가는데
  거미는 없고 거미줄에서
  퍼덕이다 부서진 나비 날개를
  우연히 발견한다

  어젯밤 꿈속에서
  몸부림치던
  어깻쭉지가 아니었을까
  공연히 나의 팔을
  허공에 휘저어보는

아침 산보길의 뭉클한 흙 냄새
- <거미줄 -달마는 왜 동쪽으로 왔는가> 전문

지난밤 나비는 살기 위해 날개를 퍼덕이며 몸부림쳤을 것이다. 생존을 위해 몸부림을 치면 칠수록 거미줄은 더 옥죄어 오고 온몸에 감겨 마침내 부서진 날개만 남은 죽음이다. 문득 시인의 생각은 부서진 그 날개가 지난 밤 꿈속에서 몸부림치던 자신의 어깻죽지가 아니었을까 하는 데 미치게 되고 공연히 팔을 허공에 휘저어 본다. 몸부림치다 거미줄에 옥죄어 부서진 "나비의 날개"와 허공 속에 휘저어 본 온전한 "나의 팔"이 같은 존재일 수 있다는 윤회의 불가적 상상력, 그리고 거기에서 오는 깨달음이 동전의 양면 같은 삶과 죽음을 깊이 성찰하게 해준다. 거미줄 속에 부서진 죽음이 아닌 공연히 허공에 팔을 저어 보는 살아 있는 아침 산보길은 몸의 산책일 뿐 아니라 가슴의 산책이기도 하다.

왜 달마는 동쪽으로 왔는가? 그는 결국 자기를 위해 온 것이다. 오고 감이란 것, 장자가 말하는 자연의 이치에 역행하지 않고 자연의 변화에 몸을 맡기는 것이다. 이것이 바로 달마가 되는 것이며 바로 도로 향하는 것이다. 젊은 날부터 찾아왔던 구도의 길이 하나의 모습과 깨달음으로 마침내 다가선다. 그것은 혼자만의 질문과 깨달음이 아니라 생명에의 기쁨과 따스한 사랑 그리고 정이다. 바로 대승의 길이다. 최동호는 달마의 화두를 일상적 삶의 차원으로 끌어와 따뜻한 죽 한 그릇의 봉사, 불꽃 비단벌레의 영롱한 날개 빛, 기러기 아빠 등 평범한 인간들이 숨 쉬는 삶의 세계로 환속시킨다. 그것은 고즈넉한 절 마당에서 목탁소리로 열리는 아침을 보는 데서 잘 드러난다. 목탁소리가 여는 한 정경을 깨달음의 선적 시선과 사유로써 감지하며, 고요한 심연의 세계를 마치 수묵 담채화처럼 눈앞에 선연히 펼쳐 보인다.

    아침 딱따구리 계곡의 나무를 둥치 큰 나무를 흔드는데
    졸면서 마당 쓰는 동자승 바라보고
    빙그레 미소 짓는 부처님 살풋한 눈빛

    법당의 큰스님 자기 해골 두드리는 소리
    산과 계곡으로 퍼져나가
    세상의 햇살이 아기 걸음마처럼 화창하다
    - <해골바가지 두드리면 세상이 화창하다> 전문

허공을 깨고 하루를 여는 시작의 소리가 신선하고 청아하다. 졸면서 마당을 쓰는 동자승의 등장도 재미있지만, "법당의 큰스님 자기 해골 두드리는 소리"에 이 시의 묘미가 있다. 목탁을 스님의 해골로 상상한 것도 흥미롭고, 그 소리가 산과 계곡으로 퍼져나가자 "세상의 햇살이 아기 걸음마처럼 화창하다"는 표현은 청각적 이미지의 시각적 이미지로의 변환이며, 한 죽음이 또 하나의 생명을 낳는다는 인식의 일대 전환이다. 시인은 스님이 목탁을 두드리는 동안에도 시간이 가고 있음을 말해주려 한 것일까, 아니면 늙음과 죽음이 비극이 아님을 들려주려 한 것일까. 도道를 수신하는 큰스님의 목탁소리가 아침과 함께 삶을 깨우면서 부처의 자비심이 두루 편재한다. 스님이 두들기는 목탁소리야말로 자기 자신의 해골바가지를 두들기는 것이라 비유한다. 그 목탁소리가 세속의 골짜기로 널리 번져나감으로서 화창해지는 평정을 이 시는 묘사한다. 결국 최동호 시의 한 특징을 이루는 것은 번잡한 현실과 세속적 욕망으로 오염된 자아를 정화하여 본래적 자아를 회복하게 하는, 그래서 생명의 순환성이라는 자연의 이법과 하나로 통합되려는 시도로도 볼 수 있다.

일상의 풍경 속에서 타자를 향한 따뜻한 시선을 보내는 방식으로 우리의 삶이 가야 할 길을 안내하기도 한다. 히말라야 산정으로 향하는 길목에서 "사랑의 봉헌"이 무엇인가를 깨달으며, 자신이 가야 할 곳이 어디인지를 분명히 인식했던 그는 파 뿌리처럼 쓰러져 잠든 할머니, 갑각류 다리보다 더 굳세고 강한 갈쿠리 손가락을 가진 생선가게 아주머니, 통통 부은 고등어 몇 마리를 버스 정거장 앞 좌판에 널어놓는 아주머니의 고단한 삶 등, 시인의 발걸음은 부러진 검은 날개 지상에 드리우고 서 있는 것들을 향한다. 시인은 그들의 삶 속에서 가난하지만 아름다운, 삶의 진실을 배우는 것들을 향한다. 그 전형적인 시가 돈암동시장 어귀 길모퉁이에 앉아 파를 파는 돈암동 파 할머니를 보며, 그 위에서 돌보다 강인한 우리 어머니의 얼굴을 찾는 〈돈암동 파 할머니〉이다.

돈암동 시장 어귀
매일 아침 파를 다듬는
할머니가 길모퉁이에 있었다 일 년 내내
고개를 들지도 않고

파를 다듬는 할머니는
오직 파를 다듬기 위해 사는 사람처럼

매일 아침
채소 가게 어귀에 나와 앉아
머리가 하얀
파 껍질을 벗기고 있었다

한번도 고개를 들어 행인을 보지 않고
언제나 구부린 자세로
파를 다듬기만 하던 할머니가
어느 날,
꽃샘바람 지나가는
시장 어귀를 바라보고 있었다

잘 다듬은 파처럼 단정하게 머리칼을
흙 묻은 손으로 쓸어올리는
파 할머니 얼굴에서 흘낏
돌보다 강인한
우리 어머니의 얼굴을 보았다

- <돈암동 파 할머니> 전문

    늙은 할머니가 시장어귀의 채소가게 곁 난전에 앉아 파를 한 옴큼씩 팔고 있다. 눈칫밥도 눈칫밥이겠지만, 벌어들이는 것 역시 보잘 것 없다. 계절은 오고 가지만 할머니는 등을 구부려 박힌 돌처럼 앉아 파를 다듬어 팔고 있다. 바람이 불어 흰 머리카락이 실처럼 흩어질 때마다 "흙 묻은 손"으로 머리카락을 단정하게 뒤로 쓸어 넘기는 할머니의 주름진 손에는 푸른 파의 매운 냄새가 가득 배어들어 있을 것이다. 그는 달마의 화두를 일상적 삶의 차원으로 끌어와 세속인들의 삶 속에서 평범한 인간들이 숨 쉬는 삶의 세계를 생동감 있게 묘파하였다. 불법에 성속이 없듯, 달마의 모습은 생명 있는 모든 것에 깃들어 있고 그것에 귀 기울이는 것이 어쩌면 "달마는 왜 동쪽으로 왔는가"라는 참선의 끝일지도 모른다. 거미줄에 걸려 부서진 나비날개를 보며 공연히 허공에 팔을 휘저어보는 자신이나, 가르침을 얻고자 팔을 자른 혜가나, 졸음을 이기려고 눈썹을 뜯은 시인이나, 가지 짤린 차나무, 전생에 공을 가지고 놀아본 아이처럼 어둠 속에서 공놀이하는 '개', 아버지 손잡고 등산하는 어린아이, 생선 굽는 골목의 사람들, 개미 등 모두 달마일 것이다.

　하나로 포괄하는, 무한한 공간을 하나의 점으로 응축시키는 정신의 집중과 통합은 그의 시의 미학적 원리를 이룬다. 살아있음이 깨달음이다. 시인이 살아 있는 것처럼 그와 동일하게 무수한 중생도 같은 삶을 영위한다. '달마는 왜 동쪽으로 왔는가' 하는 시인의 물음과 답은 시인만의 것이 아니라 시인의 시를 읽는 모든 중생들이 공유하게 된다.

　최동호는 극도로 축약해 행간의 의미를 확장시키는 것이 트위터 시대, 디지털 시대 코드와도 맞는 방향임을 강조한다. 지금의 시대정신은 스마트폰 속에 있다. 그래서 시는 짧고 간결하고 압축되고 명징해야 한다는 것이 그의 '극極서정시'의 시학이다. 장황하게 나열하지 않고 단 몇 줄만으로 강렬한 인상을 심어주는 게 목표다. 모든 형식이나 격식을 벗어나 궁극의 깨달음을 추구하는 선시와 비슷하다. 극도의 긴장감 속에서 극소의 언어로 빚은 "여백과 서정"의 아름다움을 만날 수 있는 것도 이런 이유이다. 최대한 말을 아끼고 시의 전면에 드러나기보다는 뒤로 물러나서 자신보다는 타자의 삶을 응시하는 자세를 취한다. 그러나 타자의 삶은 결국 자신의 내면을 향한 삶이기도 하다는 점에서 그의 시는, 묵언 속에서 세상과 소통하는 법을 이미 알고 있는 것이다. 그는 세상 구경을 하면서 지속적으로 주변 풍경에서 눈을 떼지 않는다. 그가 타자와 '나'를 돌보는 방식은 다음과 같은 시에서 만날 수 있다.

> 호랑나비 등에 작은 낚시 의자 하나 얹어놓고
> 난만하게 피어 있는 꽃밭 사잇길 건들건들 날아다니며
> 낚시 대롱 길에 내려 꽃잎 속 부끄러운 속살 이리저리 뒤지다가
> 꽃가루 묻은 얼굴로
> 세상 나들이, 햇빛 낚시 다 마치면
> 미련 없이 시든 꽃잎 속에 들어가 까만 씨가 되고 싶다
>
> - <세상 구경> 전문

시적 화자는 호랑나비와 동일시한 상태에서 꽃잎의 속살을 뒤지다가 "꽃가루 묻은 얼굴"을 하고, "세상 나들이, 햇빛 낚시" 모두 끝내고 나면 "꽃잎 속에 들어가 까만 씨가 되고 싶다"고 말함으로써 사물에 대한 명상적 관찰이 바로 시인의 욕망 없는 삶에 대한 깨달음의 의식과 이어져 있음을 암시한다. 또한 세속주의를 거부하고 정신주의의 가치를 주장한 바 있는 시인은 자기를 비운 무욕의 경지를

이렇게 아름답게 표현하고 있다. 화자와 호랑나비를 동일시하여 "세상 구경"의 의미를 생각하게 하는, 이미지가 선명한 시다. "난만하게 피어 있는 꽃밭 사잇길"을 날아다니며, "꽃잎 속 부끄러운 속살"을 뒤지다가 "세상 나들이, 햇빛 낚시 다 마치면" "미련 없이 시든 꽃잎 속에 들어가 까만 씨가 되고 싶다"는 마무리를 통해 마음을 다 비우고 욕망을 내려놓은 자의 깨달음, 명검의 사유를 읽게 한다.

"정신주의의 구극을 가고 싶었다"고 서문에 밝힌 시인의 말처럼, 시인은 시를 통해 역사성에 대한 탐구, 철학적 모색뿐 아니라 일상의 진실을 구체적으로 파고드는 리얼리즘적 세계까지 다채롭게 보여 준다.

> 히말라야 설산에 사는 전설의 독수리들은
> 먹이를 찢는 부리가 약해지면
> 설산의 절벽에 머리를 부딪쳐
> 조각난 부리를 떨쳐버리고 다시 솟구쳐 오르는
> 강한 힘을 얻는다고 한다.
> 백지의 눈보라를 뚫고 나가지 못하는 언어가
> 펜 끝에 머물러, 눈 감고 있을 때
> 설산에 머리를 부딪쳐 피에 물든 독수리의 두개골이 떠오른다.
> 　- <히말라야의 독수리들> 전문

2013년 유심작품상을 수상한 작품이다. 세상에서 가장 고결하고 거룩하다는 히말라야 설산에 사는 독수리들의 생태를 시인의 운명과 고뇌에 연결시키고 있다. 명징하고 견고한 시이다. 독수리도 시인도 혹독한 고통의 순간을 과단 있는 결의로써 돌파한다. 높고 신성하게 내면을 비약하고 솟구쳐 날아올라 백척간두의 끝에서부터 대자유의 창공이 열리는 이치를 깨달아 알게 되는 것이다. 그러므로 독수리와 시인은 용맹스럽게 정진하는 수행자의 기품을 닮았다. 마음을 단단히 다잡아 늦추지 아니하는 불굴의 의지가 엿보인다. 이 시를 일러 "피어린 정신의 고투" 속에서 탄생한 아름다운 극서정시라고 평가하는 이유도 여기에 있다. 우리의 시 쓰기가 어떠해야 하는지를 새삼 일깨워 주는 시이다.

요컨대 물신숭배자들의 드높은 외침이 가득 찬 우리 시대에 최동호는 불교적 직관과 통찰을 바탕으로 섬세한 균형 감각이 잘 조화를 이루고 있는 시작과 비평을 한다. 서정시 본연의 미학과 이론을 창출하기 위해 시 전문지 『서정시학』을 1990년 창간했고, 선시문학과 서정시의 영역을 확대·심화시킨 그는 20세기 후반 서구의 시학을 넘어서서 한국의 주체적 시학을 확립하는 토대를 만들었으며, 그의 시는 물신주의를 넘어서는 선적 직관과 통찰로 순수 서정시 지평을 심화시키는 데 기여한 점에 그 의미가 있다.

황지우,

화엄광주와 게 눈 속의 연꽃

섬세한 감각과 아름다운 서정으로 시대의 아픔을 담아내는 황지우(1952~)는 서울대 미학과를 졸업하고, 1980년 시 〈연혁〉이 중앙일보 신춘문예에 입선되고 〈대답 없는 날들을 위하여〉 등이 『문학과지성』에 발표되면서 등단하였다. 한국예술종합학교 총장을 지낸 그는 김수영문학상, 소월시문학상, 현대문학상, 백석문학상, 대산문학상 등을 수상했으며, 시집으로 『새들도 세상을 뜨는 구나』, 『겨울-나무로부터 봄-나무에로』, 『게 눈 속의 연꽃』, 『저물면서 빛나는 바다』, 『어느 날 나는 흐린 주점에 앉아 있을 거다』 등이 있다.

황지우의 시적 세계의 특징은 기존의 전통적인 시 관념을 깨고 실험과 전위를 통해 파행적인 정치사와 자본주의 일상의 부조리를 파헤치며 동시에 삶의 근원적인 진정성을 추구하는 데 있다. 그의 이러한 시적 발상과 형식의 파괴, 일탈 등은 독자들에게 강렬한 깨우침과 충격적인 메시지를 던져 준다. 무엇보다도 시대의 아픔들을 끊임없이 관찰하고 기록하는 그는 그 아픔들을 적절히 배치하여 다양한 아픔의 화음을 만들어 낸다. 그 전형적인 시가 지극히 평온할 것 같은 담양 고서古西의 한적한 들을 묘사한 〈가을 마을〉이다.

저녁해 받고 있는 방죽둑 눈부신 억새밭,
윗집 흰둥이 두 마리 장난치며 들어간다
중풍 든 류씨의 대숲에 저녁 참새 시끄럽고
마당의 잔광殘光, 세상 마지막인 듯 환하다
울 밖으로 홍시들이 내려와 있어도
그걸 따갈 어린 손목뎅이들이 없는 마을,
가을걷이 끝난 고서古西들에서 바라보니
사람이라면 핏기 없는 얼굴 같구나
경운기 빈 수레로 털털털, 돌아오는데
무슨 시름으로 하여 나는 동구 밖을 서성이는지
방죽 물 우으로 뒷짐 진 내 그림자
나, 아직도 세상에 바라는 게 있나

- 〈가을 마을〉 전문

겉보기에는 한 폭의 동양화를 떠올리는 정경묘사이다. 해질 무렵 억새밭으로 강아지 두 마리가 장난치면서 들어가고, 대숲에는 저녁 참새가 제법 시끄럽게 지저귀며, 마당에는 넘어가는 해의 잔광이 남아 있다. 감나무 가지가 울타리 밖으로 뻗어 홍시들을 울 밖에서도 딸 수 있고, 경운기가 털털거리며 마을로 돌아오는 전형적인 한적한 농촌 모습이 그려지고 있다. 실제로 그 어떤 정경도 아파할 수 없지만, 시인은 이러한 정경을 보고 마음 아파한다. 그것은 마당의 잔광이 세상 마지막인 듯 환하고, 홍시들이 있어도 그걸 따갈 어린애들이 없기 때문이다. 어린애가 없는 마을은 마치 핏기 없는 사람의 얼굴처럼 보인다. 이런 세상에서 더 이상 무엇을 바랄 것인가라고 화자는 한탄한다. 참으로 쓸쓸하고 아픈 풍경이다. 하지만 화자는 돌연히 "무슨 시름으로 하여 나는 동구 밖을 서성이는지"라고 반문한다. 바로 그 "시름"이 힘을 발하게 하는 동인이다. "시름" 있다는 것은 꿈과 현실이 불일치한다는 고뇌가 내재되어 있음을 말한다. 이러한 불일치가 아픔을 만들고, 풍자를 만들며, 고뇌를 가져다준다는 것이 시인의 생각이다.

황지우의 이러한 불일치는 〈너를 기다리는 동안〉에서 한결 극화되고 있다. 이 시는 표면적으로는 사랑하는 대상에 대한 간절한 기다림을 감각적으로 묘사하고 있지만, 내면적으로 진정한 자유와 민주주의에 대한 갈망을 표현하고 있다. 여기에서의 기다림은 사랑하는 두 사람만의 사사로운 것이 아니라 역사에 대한 믿음을 포괄하는 총체적이고 보편적인 정서를 의미한다.

네가 오기로 한 그 자리에
내가 미리 가 너를 기다리는 동안
다가오는 모든 발자국은
내 가슴에 쿵쿵 거린다.
바스락거리는 나뭇잎 하나도 다 내게 온다
기다려 본 적이 있는 사람은 안다
세상에서 기다리는 일처럼 가슴 애리는 일 있을까
네가 오기로 한 그 자리, 내가 미리 와 있는 이곳에서
문을 열고 들어오는 모든 사람이
너였다가
너였다가, 너일 것이었다가
다시 문이 닫힌다
사랑하는 이여
오지 않는 너를 기다리며
마침내 나는 너에게 간다
아주 먼 데서 나는 너에게 가고
아주 오랜 세월을 다하여 너는 지금 오고 있다
너를 기다리는 동안 나도 가고 있다
남들이 열고 들어오는 문을 통해
내 가슴에 쿵쿵거리는 모든 발자국 따라
너를 기다리는 동안 나는 너에게 가고 있다.
- <너를 기다리는 동안> 전문

시인은 "오고 있는 너"와 "가고 있는 나", "밖에서 울리는 발자국 소리"와 "심장에서 울리는 발자국 소리"가 만들어 내는 쌍방향적인

움직임을 통해 나와 타자, 안과 밖을 가르는 경계를 역동적으로 넘나들면서 새로운 시공간을 조형해 내고 있다. "네가 오기로" 했다는 첫 행을 통해 시적 화자는 사랑하는 사람과의 만남을 확신하고 있는데, 그것은 역사에 대한 믿음이라고도 할 수 있다. 사랑하는 대상을 기다리는 동안 모든 사물의 움직임과 소리가 '너'일지 모른다는 기대감에 부풀어 있는 화자의 불안과 떨림은 의성어 "쿵쿵, 바스락"과 같은 언어를 통해 절실하게 그려진다. 기다리는 동안 들리는 모든 발자국 소리와 나뭇잎 소리마저 '너'가 오는 소리로 들릴 만큼 온 신경이 '너'에게 집중되어 있는 것이다. 아울러 "세상에서 기다리는 일처럼 가슴 애리는 일이 있을까"라고 토로하는 시행은 기다리는 순간의 복합적인 감정을 잘 말해 준다. 또한, 초조한 기다림 속에서 그대가 오지 않을 때 화자는 "아주 먼 데서 지금도 천천히 오고 있는 너를" 향해 떠나는데, 이는 능동적이며 주체적인 역사의식을 함축하고 있다. '내'가 가지 않으면 너를 만나는 일은 더 오래 기다려야만 될 것이기 때문이다. 암울했던 시절, 시인의 진정한 자유와 민주주의에 대한 간절한 소망이 잘 드러난 시라 할 수 있다.

  황지우의 자유와 민주주의의 갈망은 〈겨울-나무로부터 봄-나무에로〉에서 한결 극적으로 묘사되고 있다. 시인 개인의 현실적 고통과 시대의 아픔이 공존했던 80년대 초에 발표한 이 시에서, 시인은 추운 겨울을 견뎌내고 봄을 맞아 싹을 틔우고 꽃을 피우는 나무의 모습을 통해 고통스러운 현실을 이겨내고 새로운 날을 맞이하리라는 희망을 제시한다.

나무는 자기 몸으로
나무이다
자기 온몸으로 나무는 나무가 된다
자기 온몸으로 헐벗고 영하 삼십도
영하 이십도 지상에
온몸을 뿌리박고 대가리 쳐들고
무방비의 나목(裸木)으로 서서
두 손 올리고 벌 받는 자세로 서서
아, 벌 받는 몸으로, 벌 받는 목숨으로 기립하여, 그러나
이게 아닌데, 이게 아닌데
온 혼으로 애타면서 속으로 목 속으로 불타면서
버티면서 거부하면서 영하에서
영상으로 영상 오도, 영상 십삼도 지상으로
밀고 간다, 막 밀고 올라간다
온몸이 으스러지도록
으스러지도록 부르터지면서
터지면서 자기의 뜨거운 혀로 싹을 내밀고
천천히, 서서히, 문득, 푸른 잎이 되고
푸르른 사월 하늘 들이받으면서
나무는 자기의 온몸으로 나무가 된다.
아아, 마침내, 끝끝내
꽃피는 나무는 자기 몸으로
꽃피는 나무이다.

- <겨울-나무로부터 봄-나무에로> 전문

겨울과 영하의 땅은 아주 고통스럽고 열악하여 모든 생명들을 죽게 만드는 고난의 현실을 상징한다. 다시 말해, 그것은 나무라는 생명체의 삶을 억압하는 현실을 상징하며, 또한 그 억압을 이기고 꽃을 피우는 나무는 역사 속의 민중 혹은 민중의 생명력을 상징한다. 영하 이십도·삼십도의 지상에 온몸으로 뿌리를 박고 대가리를 쳐들고 겨울을 견뎌내는 나무는 속으로 무엇인가를 간절히 원하고 있다. 그래서 나무는 "이게 아닌데, 이게 아닌데" 하고 버티고 거부하고 인내하며 마침내 겨울을 극복해 낸다. 아울러 "밀고 간다, 막 밀고 올라간다"는 시구는 상황의 변화를 전달하는 상승의 이미지와 역동적인 이미지로 읽힌다. 그리고 "자기의 뜨거운 혀로 싹을 내밀고"라는 구절 역시 강렬한 생명력의 분출을 드러내 보인다. 이처럼 시인은 혹독한 고통과 인내를 요구하는 겨울의 땅을 벗어나 온몸으로 부르고 터지며 싹을 내밀어 결국 꽃피는 봄의 나무가 되는 존재의 강인한 생명력을 그리면서 새로운 세상이 오길 갈망하고 있다.

전통적인 서정시의 형식을 파괴하면서, 콜라주와 패러디, 다큐멘터리 등 다양한 실험적 양식을 수용하여, 관습화된 의식에 충격을 주는 '낯설게 하기'의 양식을 보여 주는 황지우는 시집『새들도 세상을 뜨는구나』에서 날카로운 따뜻함, 서글픈 웃음, 통쾌한 풍자를 동시에 담아내고 있다. 그것은 다양한 방법을 통한 현실 재구성의 모색으로 이루어지는데, 당시 군사정권의 억압적인 현실상황에 대한 극도의 좌절감을 풍자적 수법을 통해 보여 주고 있다. 그 대표적인 시가 표제시 〈새들도 세상을 뜨는구나〉이다.

> 영화가 시작하기 전에 우리는
> 일제히 일어나 애국가를 경청한다
> 삼천리 화려 강산의
> 을숙도에서 일정한 군(群)을 이루며
> 갈대숲을 이룩하는 흰 새떼들이
> 자기들끼리 끼룩거리면서
> 자기들끼리 낄낄대면서
> 일렬 이렬 삼렬 횡대로 자기들의 세상을
> 이 세상에서 떼어 메고
> 이 세상 밖 어디론가 날아간다
> - <새들도 세상을 뜨는구나> 부분

 암울한 사회 현실 속에서 자유로운 삶을 바라는 지식인의 비판적 태도와 현실적 절망감이 영화관 속의 한 상황을 묘사함으로써 암시되고 있다. 영화가 상영되기 전에 애국가와 함께 화면 속에 흐르는 "삼천리 화려 강산"을 떠나 줄지어 "이 세상 밖 어디론가 날아" 가는 흰 새떼들의 모습을 보며 화자 역시 대열을 이루어 어디론가 날아가고 싶어 하는 충동을 보인다. 이것은 더 이상 삶의 터전이라고는 할 수 없는 세상, 즉 고통스런 폭압적 정치 현실로부터 새처럼 멀리 떠나고 싶은 심정일 것이다. 하지만 결코 새가 아니기에 그러한 세상을 떠날 수 없는 시인은 바로 이러한 모순을 통해서 부정과 억압이 난무하는 세상을 강하게 비판한다. 이어 애국가의 끝 구절 "대한 사람 대한으로 길이 보전하세"가 나오면 사람들은 서둘러 다시 각각 자기 자리에 앉는다. 화자는 이를 "주저앉는다"라고 표현한다. 여기에는 이 세상을 영원히 벗어날 수 없다는 암울한 현실에 대한 화자의 극도의 절망감이 응축되어 있다. 하지만 아이러니하게도 이러한 절망감이 황지우의 지속적인 시 창작을 가능케 하는 촉매제가 되고 있다.

1990년에 발표한 시집 『게 눈 속의 연꽃』에서 황지우가 새롭게 모색하고자 하는 방법은 불교의 화엄적 인식이다. 이 시집에서 시인은 5월 광주 영령들을 위한 진혼곡이기도 한 〈화엄광주〉를 통해서 광주의 역사적 상흔을 초월적 공간으로 승화시켜, 현실과 초월이 합일되는 광경을 보여 줌으로써 5월 광주의 상처를 치유하고자 하는 모습을 보인다.

> 화엄도 말짱 구라고
> 부처도 베어 버리자고
> 옳도다. 화엄도 구라였고
> 부처도 이미 베어져 있었네
> 잔뜩 바람먹은 떡갈나무 숲 위로 펄럭이던
> 천막 갑자기 암전暗電되던 날
> 사람 대가리 뽀개진 수박덩이처럼 뒹굴고
> 사람이 없어졌으므로
> 부처도 없어졌네
> 사람이 없어졌으므로 부처도
> 터져 나온 내장은 저렇게 순대로
> 몸뚱어리는 어디론가 가버리고 다만
> 대가리만 남아 푸욱 삶아져

저렇게 눈감고 소쿠리에 와선臥禪하고 있는 거이네

- <화엄광주> 부분

　모순적이고 비극적인 광주의 역사를 대자대비의 화엄적 시각으로 수용하고자 하는 시인의 열망이 잘 드러나고 있다. 시인은 광주 5월의 의미를 당시 항쟁기간의 모습을 복원시키면서 묻고 또 그러한 참혹한 항쟁 이후 오늘의 현실을 대비시켜 광주의 의미를 진단한다. 즉 '화엄광주'라는 서사를 통해 최소한 광주의 비극적 역사를 불교의 화엄사상 속으로 용해해 내고 스스로는 광주라는 무거운 부채로부터 벗어나길 바라는 것이다. 죽은 사람의 사진이 나오기 직전, 솜으로 콧구멍을 틀어막은 흉측한 모습을 대비시켜 도대체 인간이 살아 있다는 것, 혹은 죽는다는 것의 절대 절명의 자리를 엄중하게 묻고 있는 것이다. 그 자리에서 할 수 있는 말은 이 세상의 모든 진리가 하찮은 것이며 허망한 헛소리라는 것이다. 이러한 참혹한 형상은 시의 말미에서 보듯 충일한 화엄의 바다로 변전되면서 이 시는 마무리된다.

　　저 도청 분수대에서
　　유리 줄기 나무 높이 올라 오르리라
　　그 투명 가지가지마다
　　지금까지 참았던 눈물 힘껏 빨아올려
　　유리나무 상공에 물방울 뿌린 듯
　　수많은 마니摩尼 보배 꽃, 빛 되리라

그때에 온 사찰과 교회와 성당과 무당에서
다 함께 종 울리고
집집마다 들고 나온 연등에서도 빛의
긴 범종 소리 따라 울리리라.
(…)
땅에서는 환호성, 하늘에서는
비밀리 불꽃 핀 천둥 음악
마침내 망월로 가는 길목 산수에는
기쁜 눈으로 세상 보는 보리수 꽃들
푸르른 억만 송이, 작은 귓속말 속삭이고
오시는 때 맞춰 황금 깃털 수탉이 숲 위로
구름 幢旗 일으키며 힘차게 우는 계림(鷄沐)
그때에 도둑, 깡패, 마약범, 가정파괴범
국가보안법 관련자, 장기수 공산주의자들이
폭소를 터뜨리며 교도소 문을 나오고
그날 밤, 연꽃 달 환히 띠우고
여어러 세상 흘러온 굽이굽이 천강이
산기슭에 닿아 있는 월산, 처음으로
물 속 연꽃 다 보았던 개 한 마리
늑대 울음 울며 산으로 돌아가고

— <화엄광주> 부분

  시인은 광주를 이 세상의 진리와 진실이 연꽃처럼 환하게 현현되는 모습으로 그려내고 있다. 선혈이 낭자한 광주항쟁에 대한 시적 분위기와는 확연히 달라진 밝으면서도 무거운 분위기이다. 이 세계에서 전남대학교 정문의 "문짝 없는 문"은 "해탈"의 문이 되고, 화염병을 던지는 시위대는 "선남선녀들"이 되고, 공용터미널에서 오가는 버스의 "돌아가는 아름다운 바퀴살"은 윤회의 수레바퀴로 새로이 태어난다. 여기에는 황지우의 또 다른 바다, 즉 모든 것을 삼키는 화엄의 바다가 펼쳐진다. 모든 것을 삼켰으나 또 하나도 삼키지 않은 화엄의 바다, 그대로 놓아둔 것 같지만 이미 모든 것을 품안에 품고 있는 화엄의 바다를 시인은 보듬고 그려내고 있는 것이다.

한편, 황지우는 일상에 대한 차분한 관조와 성찰을 통해 그 이면에서 벌어지는 치열한 내적 투쟁이 폭발하는 지점을 보여 줌과 동시에, 시와 세계 그리고 자아가 안고 있는 역설의 진리를 섬세하고도 예리한 감각의 시어를 통해 구체화한다. 따라서 그에게 안과 밖의 사유는 중요한 주제가 되고 있다. 표제시 〈바깥에 대한 반가사유〉에서 시인은 "무궁의 바깥"에 대한 사유를 통해 '안'의 세계를 보다 분명히 드러내고, 시간적·공간적 확장 내지는 열림을 추구하고자 한다. 그것은 길거리와 접해 있는 횟집의 수족관 바닥에 엎드려 있는 넙치를 보고, 그 가시적 현상을 넘어서 욕망과 인연 때문에 현세라는 수족관에 갇힌 '자신'의 운명을 투명하게 응시하는 데서 잘 드러난다.

해 속의 검은 장수하늘소여
눈먼 것은 성스러운 병이다

활어관 밑바닥에 엎드려 있는 넙치,

짐자전거 지나가는 바깥을 본다, 보일까

어찌하겠는가, 깨달았을 때는
모든 것이 이미 늦었을 때
알지만 나갈 수 없는, 무궁無窮의 바깥:
저무는 하루, 문 안에서 검은 소가 운다
- <바깥에 대한 반가사유> 전문

수족관이 있고, 그 앞으로 짐자전거 한 대가 지나간다. 이러한 사실은 특별할 것도 없는 평범한 일상 세계의 한 단면이다. 그러나 시인은 그 평범한 풍경을 비범한 순간으로 바꾼다. 여기에는 자유자재로 사물의 관계를 비약하는 시인의 기발한 상상력이 작용한다. "눈 먼 것은 성스러운 병"이라는 의미는 현상계 너머의 실재에 닿고자 하는, 즉 현상들에게는 오히려 눈이 멀어버린 자의 구도의 병이라 할 수 있다. 그 병의 근원은 "활어관 안의 넙치"처럼 분명히 바깥을 보고 있으면서도, 나갈 수 없다는 데 있다. 아울러 "저무는 하루, 문 안에서 검은 소가 운다"라는 대목에서 문 안에서 우는 검은 소에 대한 자각은 자기 병듦에 대한 인식에 다름 아니다. 바꾸어 말하면, 바깥으로 나가지 못 하는 검은 소는 현세의 얽매임 때문에 고달프고, 그 고달픔 때문에 우는 것이다. 그것은 "알지만 나갈 수 없는, 무궁의 바깥"에 대한 처절한 인식에서 얻어지는 것이다. "알지만 나갈 수 없음"은 언어도단과 같은 모종의 백척간두에 섰다는 것을 의미하며, 이는 시인의 선적 사유를 여실히 보여 준다. 이승과 피안은 현재 속에 모호한 형태로 뒤섞여 있다. 하지만 불교적 사유에 익숙한 사람이라면 바깥이 피안에 대한 은유라는 걸 읽어내는 일은 그다지 어렵지 않다.

나아가 조심스러운 시적 변모를 모색하는 황지우는 현실과 초월, 분노와 싸움, 갈등의 세계 속에서 연꽃과 같은 아름답고 순수한 세계를 지향한다. 〈게 눈 속의 연꽃〉은 시인의 불교적 상상력과 선적인 사유가 잘 녹아 있는 작품이다. 즉 경을 읽고 그 속에서 우주질서와 우리가 처한 사바세계의 혼돈을 간파하는 통찰력이 잘 드러나 있다. 어느 날 시인은 파주 보광사 대웅전 처마 밑 벽화에 바닷게가 그려져 있는 것을 보았는데, 그것은 그에게 눈 속에 들어갈 수 없는 연꽃을 볼 수 있게 하는 중요한 계기를 마련해 주었다.

> 게 눈 속에 연꽃은 없었다
> 보광普光의 거품인 양
> 눈꼽 낀 눈으로
> 게가 뻐끔뻐끔 담배 연기를 피워 올렸다
> 눈 속에 들어갈 수 없는 연꽃을
> 게는, 그러나, 볼 수 있었다
> - 〈게 눈 꽃의 연꽃〉 2

게가 연꽃을 본다는 것은 연꽃이 게 눈 속에 있음을 의미한다. 보는 순간 연꽃은 게 눈에 맺혀지고, 그것은 게의 마음을 뒤흔들고 마침내 게의 몸마저 변하게 한다. 따라서 연꽃은 게 바깥에 있는 대상이 아니라 게의 마음속에 있던 것이 눈을 매개로 드러난 것이다. 말하자면, 게의 불성이 연꽃을 매개로 하여 드러난 것이다. 게 눈 속에는 진흙 속에서 깨달음을 향해 꽃을 피우는 연꽃과 같은 마음이 원래 없었다. 하지만 게는 만월이 산하대지를 가리지 않고 시방세계 곳곳에 자비의 빛을 뿌리는 것처럼 보광의 거품을 피어 올린다. 보광의 거품을 피어 올리니 그 순간 게는 연꽃을 담지는 못해도 그것을 볼 수는 있다. 즉 게는 깨달음을 지향하는 삶을 비로소 안 것이다. 이어지는 3연은 뻘밭을 향하여 게처럼 어기적어기적 걸어가는 시인의 여정을 담아내고 있다. 게는 궁극의 깨달음에 이르고자 고행의 선정을 하는 수행자처럼, 포크레인 같은 발로 뻘밭을 기는 고행을 통해 무념과 무상의 경지에 이른다.

> 투구를 쓴 게가
> 바다로 가네.
> 포크레인 같은 발로
> 걸어온 뻘밭
> 들고 나고 들고 나고
> 죽고 낳고 죽고 낳고
> 바다 한 가운데에는
> 바다가 없네
> 사다리는 타는 게,
> 게좌(座)에 앉네
> - <게 눈 꽃의 연꽃> 3

"투구를 쓴 게"의 묘사가 흥미롭고 이채롭다. 연꽃을 볼 수 있는, 연꽃의 이런 이치를 깨달은 "게"는 전투를 하는 마음으로 불에 달군

돌을 입에 물고 용맹정진의 선정에 돌입한다. 선은 '이언절려(離言絶慮)'라 하여 모든 말과 생각을 끊어버리고 그 너머의 진리를 추구한다. 모든 삿된 것과 허망한 것을 깨부수는 것이 선의 목적이듯이, 게는 바다에 이르고자 긴 뻘밭을 일심으로 기어가는 고행을 감행한다. 뻘밭은 모든 생명이 죽고 나는 곳이며, 태초로부터 영겁의 미래까지 바닷물이 끊임없이 들고 또 나는 곳이다. 서로가 서로의 먹이가 되어 서로를 살리는 공존의 현장이 뻘이다. 따라서 뻘밭이야말로 연기의 이치를 그대로 드러내는 현장이라 할 수 있다. 그런데 진여실체인 바다를 향하여 나아간 게가 집착을 깨고 바라보니 바다는 바다가 아니다. 하늘이 바다인 것이다. 게는 방편으로 사다리를 타고 오른다. 그러나 중요한 것은, '사벌등안捨筏登岸'이라 했듯이 강을 건넌 다음에는 뗏목을 과감하게 버려야만 언덕에 오를 수 있다는 사실이다. 사다리에서 내려오는 순간 게는 게좌座에 앉게 되고, 그 게좌는 우주의 운행에 따라 움직이니 진리가 된다. 바로 여기에 선기가 번득이는 시인의 통찰력이 담지되어 있다.

　황지우의 시집에 여러 차례 제목으로 나오는 〈산경山經〉은 민중들에게 나아가 그들과 함께 고통과 슬픔을 나누는 것이 진정 세상으로 나가는 것임을 강조하고 있다. 아프고 더러운 세상으로 나아가는 가르침을 전하는 것, 그것이 바로 〈산경〉이 함축하고 있는 메시지이다. 이와 같이 중생과 함께 동고동락하려는 메시지는 〈산경山經을 덮으면서〉에서 가장 잘 묘사되고 있다.

적설 20cm가 덮은 운주사雲舟寺,
뱃머리 하늘로 돌려놓고 얼어붙은 목선 한 척
내, 오늘 너를 깨부수러
오 함마 쇠뭉치 들고 왔다
해제, 해제다
이제 그만 약속을 풀자
내, 정이 많아 세상을 이기지 못하였으나
세상이 이 지경이니
봄이 이 썩은 배를
하늘로 다시 예인해 가기 전
내가 지은, 그렇지만 작용하는 허구를
작파하여야것다

- <산경을 덮으면서> 1

    선시의 표현 기법의 하나인 모순어법을 기상(conceit)과 효과적으로 연결시켜 대승적 깨달음의 과정을 잘 보여 주고 있는 시편이다. 20cm의 눈이 내린 운주사. 구름과 바다를 결합해 놓은 절 이름은 초월의 세계와 고통의 현실이라는 이항 대립의 상징이다. 얼어붙은 목선 한 척을 깨부수려고 함마 쇠뭉치 들고 왔다는 것은 특정한 마음이나 대상에 안주하려는 태도를 경계한다. 여기에서 "함마 쇠뭉치"는 "뱃머리 하늘로 돌려놓은" 초월적 자세를 부정하거나 깨부수는 것도 아니고 혹은 속세를 초월하려는 불교도나 절의 존재 가치가 "작용하는 허구를 / 작파하"는 것이 아니라, "세상이 이 지경이니"라는 대목에서 알 수 있듯이 암울한 속세에 대한 강한 책임의식을 강조하기 위한 시적 장치라 할 수 있다. 만일 "함마 쇠뭉치"의 역할이 "해제"이며 "약속을 풀자"는 선언의 도구라면, 그때 "약속을 풀자"의 뜻은 스스로 세상을 이기지 못하더라도 치욕과 고통이 가득한 세상으로 나아가겠다는 다짐이라 할 수 있다. 말하자면, 그의 상처 입은 몸과 마음("썩은 배")이 다시 현실 도피를 꿈꾸기 전에("이 썩은 배를 / 하늘로 다시 예인해 가기 전") 스스로 현실 도피의 명분인 "내가 지은, 그렇지만 작용하는 허구"를 작파하겠다는 것이다. 그렇다면 이러한 "해제"의 전략은 깨달음의 완성을 지향하기보다 깨달음의 실천을 목표로 삼고 있는 것으로 진단된다. 그런데 우리는 아픈 세상으로 나아가기 전에 치러야 하는 과정이 있음을 주목하게 된다.

> 가슴을 치면
> 하늘의 운판雲板이 박자를 맞추는
> 그대 슬픔이 그리 큰가
> 적설 20cm,
> 얼음 이불 되어
> 와불 부부의 더 추운 동침을 덮어 놓았네
> 쇼크로 까무라친 듯
> 15도 경사로 누워 있는 부처님들
> 석안石眼에 괸, 한 됫박 녹은 눈물을
> 사람 손으로 쓸어내었네
> - <산경을 덮으면서> 2

어쩌면 운주사 석불들은 우리 시대의 초상인지도 모른다. 숱한 세월을 인욕하며 살아온 수도승처럼, 오매불망 님 떠난 그 자리를 묵묵히 기다리고 있는 무명씨의 망부석처럼, 석불들은 그곳에 그렇게 존재해 있다. 특히 소박하고 다정한 인간의 모습으로 능선에 누워 운주사를 내려다보는 와불은 천년 세월을 그랬던 것처럼 말이 없다. 우리 중생들은 언젠가는 와불이 일어날 날을 기다린다. 이러한 부처의 모습이야말로 대승불교와 민중불교를 하나로 엮어 놓을 수 있는 시적 장치이다. 석불이나마 푸근하게 덮어주는 것이 적설이불이고, 고인 눈물이나마 닦아주는 것이 인간의 따스한 손길이다. 때문에 낮은 사람의 모습으로 태어난 부처의 슬픔과 고통을 "사람 손으로 쓸어내"는 반대상황은 미륵보살이 출현하여 모든 중생들을 구제하리라는 것을 암시하고 있다. 아픈 세상으로 내려와 아픈 세상과 하나 되는 합일의 자세는 이 시의 마지막 연에서 잘 그려지고 있다.

운주사 다녀오는 저녁
사람 발자국이 녹여놓은, 질척거리는
대인동 사창가로 간다
흔적을 지우려는 발이
더 큰 흔적을 남겨놓을지라도
오늘밤 진흙 이불을 덮고
진흙덩이와 자고 싶다

넌 어디서 왔냐?
- <산경을 덮으면서> 3

운주사와 사창가를 하루 동안에 다녀오는 황지우의 세계는 그처럼 넓고 푸근하다. 차갑게 얼어붙은 운주사로부터 질척거리는 "대인동 사창가"로 내려오는 것은 "중생이 아프면 나도 아프다"는 유마거사가 번뇌와 병고가 깊은 세속의 중생들이 뒹구는 뻘밭으로 들어가는, 즉 '입수입니'(入水入泥, 저잣거리로 나감)의 실천을 의미한다. 질척이는 "대인동 사창가"는 '뻘밭'으로, 더럽고 고통스럽더라도 직시하고 보듬어야만 하는 진창의 현실을 암시하고 있다. 어쩌면 그 현실은 이미 추운 날에 더 추운 눈 이불을 덮어줄 수밖에 없는 팍팍하고 고달픈 삶의 모습일 수 있다. 그래서 '산경'을 덮고 세상으로 나아가는 자세는, 즉 "대인동 사창가"의 진흙탕 속으로 나아가는 것은 보살도 실천의 자세를 필요로 한다. "진흙 이불을 덮고 / 진흙덩이와 자고 싶다"라는 시행에는 다분히 중생제도의 거룩한 보살행이 담겨 있다. 고통 속에서 깨달음을 얻고 번뇌의 현실 속에서 구원을 얻고자 하는 유마거사의 정신이 산속으로 은거했던 황지우를 '뻘밭'이라는 고통의 현장으로 나오게 하는 메시지가 담겨 있는 시편이다.

요컨대, 상처받은 한국의 모습을 다양한 언어로 그려내는 황지우는 광주로 상징되는 역사적 현장에서 파괴를 통한 저항의 언어에서 분열된 독백으로, 대립과 불화, 분노와 증오만으로는 고립과 갈등을 극복할 수 없음을 인식하고 궁극적으로는 조화와 화해의 길을 모색한다. 따라서 우주와의 교감, 자연과의 소통, 아무도 건드리지 못하는 사회의 병리를 보듬는 따스한 손길, 그리고 자신을 과감히 해체하는 아픔이 응축되어 있는 그의 시적 세계는 세상의 안과 밖, 삶과 죽음, 존재와 부재의 어스름한 경계 위에서 현실을 직시하고 보듬고 가야 하는 화엄의 세계를 강조한다. "게 눈 속의 연꽃"이 피어나는 것을 볼 수 있는 것도 바로 아픈 중생과 함께 하고자 한 시인의 유마거사적 화엄의 상상력이 낳은 뜨거운 시혼으로 읽혀진다.

최승호,

'반야왕거미' : 세계에 붙지만 말고 세계를 타라

춘천 출생의 최승호(1954~)는 춘천교육대학을 졸업하고, 1977년 〈비발디〉로 『현대시학』의 추천을 받아 시단에 데뷔했다. 현재 숭실대 문예창작학과 교수로 재직 중인 그의 시집으로 『대설주의보』, 『고슴도치의 마을』, 『진흙소를 타고』, 『세속도시의 즐거움』, 『달맞이꽃에 대한 명상』, 『반딧불 보호구역』, 『그로테스크』, 『모래인간』, 『아무것도 아니면서 모든 것인 나』, 『아메바』 등 다수가 있으며, 김수영문학상, 이산문학상, 대산문학상, 미당문학상 등을 수상했다.

최승호는 초기 시에서 도시문명의 폐해를 비판할 뿐만 아니라 자연의 조화롭고 유기적인 관련 속에 삶에 대한 통찰을 담아내고 있다. 강원도 사북의 오지에서 교사생활을 시작했던 그에게 까만 광산과 광부, 까만 절망이 가득한 곳으로 보였던 그곳의 모든 것이 그의 중요한 시적 소재가 되었다. 그런데 문제의 교사로 낙인찍혀 영혼의 골짜기라는 그 첩첩산중에서 절망을 견디지 못하고 상경했던 그는 그곳에서 썼던 시 〈대설주의보〉로 1982년 '오늘의 작가상'을 수상했다. 대설주의보가 내려진 마을의 풍경을 묘사하고 있는 이 시는 뛰어난 사실적 관찰로, 그 관찰의 대상은 극도로 막혀 있는 삶의 암울한 현실상황이다.

해일처럼 굽이치는 백색의 산들,
제설차 한 대 올 리 없는
깊은 백색의 골짜기를 메우며
굵은 눈발은 휘몰아치고,
쬐그만한 숯덩이만한 게 짧은 날개를 파닥이며…
굴뚝새가 눈보라 속으로 날아간다.

길 잃은 등산객들 있을 듯
외딴 두레마을 길 끊어놓을 듯
은하수가 펑펑 쏟아져 날아오듯 밀려드는 눈,
다투어 몰려드는 힘찬 눈보라의 군단,

눈보라가 내리는 백색의 계엄령.

- <대설주의보> 전문

첩첩산중의 어느 두메산골에 한겨울 폭설이 내리고, 그로 인해 꼼짝할 수 없는 어떤 암담한 상황이 "백색의 계엄령"으로 묘출되고 있다. 군부독재로 온통 사회가 꽁꽁 얼어붙어 있던 1980년대 초, 이 시는 당시 독자들의 기억 속에 '백색의 계엄령'으로 강하게 각인되었다. 시에 나타난 광활하고 막막한 장면의 감동, 그리고 충만한 긴장감은 당시의 정치적 상황을 생생하게 떠올려 준다. "눈보라"와 "계엄령"은 당시의 정치현실과 관련하여, 폭력과 공포를 떠올리게 하는 정치적 외연을 지닌 기표로 읽혀진다. 해일처럼 몰려오는 눈보라 속을 날아가는 굴뚝새의 작은 모습은, 폭압적 군부독재(눈보라) 속으로 항거하는 민중(굴뚝새)의 왜소한 모습을 상기시켜 준다.

무엇보다도 닫힌 공간과 달리 최승호는 긍정적 의미를 탐구하는 열린 공간을 통해 도시의 생명성을 회복하고자 한다. 따라서 그가 발견한 '공터'는 막혀 있는 세계의 '숨구멍'과 같은 느낌을 준다. 욕망이 지배하는 현대적 삶의 황폐함에 대한 반성으로 공터가 이루고 있는 자연스럽고 유기적인 삶의 공간을 제시하면서, 자연의 변화와 생성의 순간들을 생생하게 포착해 낸다.

아마 무너뜨릴 수 없는 고요가
공터를 지배하는 왕일 것이다
빈 듯하면서도 공터는

늘 무엇인가로 가득 차 있다
공터에 자는 바람, 붐비는 바람,
때때로 바람은
솜털로 싸인 풀씨들을 던져
공터에 꽃을 피운다
그들의 늙고 시듦에
공터는 말이 없다
있는 흙을 베풀어 주고
그들이 지나가는 것을 무심히 바라볼 뿐.
밝은 날
공터를 지나가는 도마뱀
스쳐가는 새가 발자국을 남긴다 해도
그렇게 오래가지 않을 것이다
하늘의 빗방울에 자리를 바꾸는 모래들,
공터는 흔적을 지우고 있다
아마 흔적을 남기지 않는 고요가
공터를 지배하는 왕일 것이다.

- <공터> 전문

공터는 시의 배경이자 자연에 대한 은유로서 작용하고 있다. 즉 공터는 현실과는 대척점에 있는 자족적이고 유기적인 삶의 공간이며, 그 공간의 만물은 '소유'가 아닌 '존재'로서 작용하고 있다. 때문에 빈 듯하면서도 공터는 늘 무엇인가로 가득 차 있다. 그동안 인간이 자연을 지배하는 정복자로 무차별적으로 자연을 훼손하며 자신들의 흔적을 남겼다면, 자연의 공터는 "흔적을 남기지 않는 고요"를 통해 자연의 조화를 이룩해 낸다. 시인은 도시의 공간과 육체에 균열을 가져오는 것이 소음과 병든 육체라면, 소음과 병 자체에 균열을 일으켜 다시 원초적 낙원으로 돌아가게 하는 것은 "고요함"이라는 아이러니함을 보여 주고 있다. 닫힌 공간과 달리 공터의 열린 공간은 내 것과 네 것이 존재하지 않는 무소유의 공간이다. 세심한 관찰의 눈이 공터 속에 "고요"가 있음을 발견해 내고서야 공터에는 "고요"가 있게 되었다. 노자가 우주의 근원인 도는 고요히 머물러 있지만 도가 발생시킨 만물은 끊임없이 운동한다고 보는 것은, 도가 비록 만물을 생육하지만 만물을 주재하는 것은 아니기 때문이다. 이 점에서 자족적인 생명의 공간으로서의 자연을 그려 옮겨 온 시는 노장적 자연관을 가장 함축적으로 구현하고 있다 할 수 있다.

또한, 최승호는 〈고슴도치 마을〉에서 현대 도시문명에 대한 비판을 가하고 있다. 김수영문학상을 수상한 이 표제 시집에서 시인은 도시문명 속에서 파괴되어 가는 평화와 인간의 존엄성 상실, 사람들 간의 불신과 소통의 단절로 인한 소외 등을 고발하고 있다. 즉 도시문명 속에서 무기력하게 살아가는 고슴도치 마을 사람들의 수동적이고 피동적인 삶을 그려내고 있다.

  나비처럼 소풍가고 싶다
  나비처럼 소풍가고 싶다
  그렇게 시를 쓰는 아이와 평화로운 사람은 소풍을 가고
  큰 공을 굴리는 운동회날
  코방아를 찧고 다시 뛰어가는 아이에게

평화로운 사람은 박수갈채를 보낼 것이다.

산사태는 왜 한밤중에
골짜기 집들을 뭉개버리는가
곰은 왜 마을을 습격하고
산불은 왜 마을 가까운 산들까지 번져 오는가
한밤중에 횃불을 드는 마을의 소리
한밤중에 웅성거리는 마을의 소리

우리들은 고슴도치의 마을에서
온몸에 가시바늘을 키운다
평화로운 사람은 문을 걸고
잠 속에서도 곰에게 쫓길 것이다

우리들은 고슴도치의 집에서
돌담을 높이 쌓는다
평화로운 사람은 한숨을 쉬고
문풍지 우는 긴 겨울밤엔 장자를 읽으리라

- <고슴도치 마을> 전문

참담한 현실적인 삶의 실상을 응시하면서 스스로가 그것으로부터 자유롭지 못하다는 것을 경험하고 있는 시인의 역설적인 인식이 잘 드러나 있다. 1연에서는 "나비"라는 자유와 순수, 평화라는 이미지를 제시하여 산간벽지 사람들의 순박한 삶과 정직하고 성실한 삶이 묘파되고 있다. 이 마을은 문명의 손길이 미치지 않은 평화를 사랑하는 사람들이 모여 아름답게 살아가는 공간이다. 2연은 "산사태,

곰, 산불" 등의 재난이나 공포를 통해 마을의 평화가 깨어졌음을 표출하고 있다. "산사태, 곰, 산불" 등의 이미지는 인간의 도시문명을 상징한다고 할 수 있는데, 이러한 사유는 4연의 자연사상을 중시하는 "장자"라는 시어를 통해 재확인된다. 3연에서는 도시문명 속에서 평화로운 사람들의 마을이 고슴도치의 마을로 변해가고 있음이 드러난다. 사람들은 공동체 의식을 상실하고 자신의 몸에 가시를 두른 채 타인과의 소통을 거부하고 공포 속에서 살아가고 있다. 서로의 몸이 가시이기에 그들은 서로를 불신하며 상대에게 상처를 준다. 때문에 마지막 연에서 마을 사람들은 자기의 내면의 돌담을 쌓고 그 속에 파묻혀 상처의 현실과 공포의 현실을 도피하고자 한다. 그러면서 "장자를 읽으리라"에서 확인할 수 있듯이 자연의 아름다운 세상을 꿈꾸는 것이다. 혹여 우리 또한 현대문명 사회에서 고슴도치가 되어 살아가고 있는 것은 아닌지 생각하게 된다.

뿐만 아니라 최승호는 인간의 탐욕과 어리석음에서 빚어진 물질문명은 각종 공해문제를 야기하고 결국 인류의 생존을 위협하는 단계에까지 이르고 있음을 진단한다. 그 종말론적인 절망은 〈공장지대〉에서 한결 극화되고 있다. 고도로 산업화된 문명세계를 상징하는 공장지대에서 일어난 일을 묘사하고 있지만, 그 배면에는 한 산모가 "무뇌아"를 낳은 실제 사건을 통해 물질문명의 폐해에 대한 고발이 묘파되고 있다.

　　무뇌아를 낳고 보니 산모는
　　몸 안에 공장지대가 들어선 느낌이다.

젖을 짜면 흘러내리는 허연 폐수와
아이 배꼽에 매달린 비닐끈들.
저 굴뚝들과 나는 간통한 게 분명해!
자궁 속에 고무인형 키워온 듯
무뇌아를 낳고 산모는
머릿속에 뇌가 있는지 의심스러워
정수리 털들을 하루 종일 뽑아댄다.
- <공장지대> 전문

    생태환경이 오염된 공장지대에 사는 산모가 "무뇌아"를 낳은 사건은 참으로 끔찍한 관찰이고, 그로테스크한 시적 묘출이 아닐 수 없다. 몸과 공장지대는 분명한 이항대립을 보인다. 그 안에 "젖 / 허연 폐수", "탯줄 / 비닐끈", "아이 / 고무인형", "남성 / 굴뚝"이라는 불행의 이항대립의 요소들이 들어 있고, 이러한 부조화의 대립 요소들의 결합으로 몸은 굴뚝과 간통한 형국이 되고, 그 결과 산모는 무뇌아를 낳게 되며, 젖은 허연 폐수처럼 흐른다. 여기에는 머지않아 몸 안에 공장지대가 들어서고 몸은 공장지대의 식민지로 전락하여 몸의 미래, 인류의 미래를 보장받을 수 없다는 시인의 예리한 생태환경 인식이 그대로 드러난다. 이 모두는 인간 몸 안의 욕망에서 나온 것임을 시인은 간파한다. 뿐만 아니라 "무뇌아"를 낳고 머리털을 뽑아내고 있는 치매 상태의 산모에서 우리는 인간이 저질러 놓은 오염으로 받는 현실의 과보가 섬뜩하리만큼 날카로운 직관과 관찰로 묘파되고 있음을 알게 된다. 이처럼 관찰자적 화자의 시선은 제어장치가 없는 고도성장의 결말은 비극적임을 보여 준다.

시인의 여행은 도시의 일상으로부터의 탈주를 의미한다. 도시는 최승호의 시에서 대개 삶의 생기와 생명의 에너지를 억압하는 장소로 나타난다. 이 도시 탈주를 통해 대면하는 것이 자연인데, 이 자연은 자연뿐만 아니라 내면의 자연, 즉 억압되지 않은 순수하고 자유로운 마음을 포함한다. 자연과의 대면이 낳은, 무한 자연과 자유로운 정신의 무한을 노래한 가장 아름다운 시 중의 하나가 〈텔레비전〉이다.

하늘이라는 무한 화면에는
구름의 드라마,
늘 실시간으로 생방송으로 진행되네
연출자가 누구인지 모르겠으나
그는 수줍은지
모습 드러내지 않네

지난 여름의 주인공은
태풍 루사가 아니었을까
루사는 비석과 무덤들을 무너뜨렸고
오랜만에 뼈들은 진흙더미에서 해방되어
강물로 뛰어들었네

기를 쓰며 울어대던 말매미들이
모두 입적한 가을
붉은 단풍이 고산 지대로부터 내려오고
나무들은 벌거벗을 준비를 하네

그들은 어느 산등성이를 걷고 있을까
툭 트인 암자 툇마루에서 쉬고 있을까
나는 천성이 게으르고 누구와도 잘 어울리지 못하는 사람인지
산 좋아하는 이들을 마지못해 따라나서도
계곡에서 그냥 혼자 어슬렁거리고 싶네

누가 참 염치도 없이 내다버렸네
껍데기만 남은 텔레비전이
무슨 면목없는 빼딱한 영정처럼
바위투성이 개울 한 구석에 처박혀 있네
텅 빈 텔레비전에서는
쉬임없이
서늘한 가을물이 흘러가네

  - 〈텔레비전〉 전문

확 트인 자연 속에서 부단히 변화하는 생명들과, 그 품안에 어슬렁거리는 인간과, 문명의 잔해인 고물 텔레비전을 병치시킴으로써 자연의 무한함을 일깨워 주는 시편이다. 특히 다양한 사물을 품에 안고 끊임없는 생성을 거듭하는 우주적 자연을 펼쳐 보이는 '자연'이라는 "거대한 영상기계"와 수명을 다해 바위투성이 개울가에 처박혀 있는 껍데기뿐인 텔레비전의 병치는 절묘하다. 시적 화자는 친구들과 등산 중이며, 하늘이 펼쳐 보이는 구름의 드라마를 보며 지난해 루사가 보여 준 드라마의 의미를 떠올린다. 태풍으로 무덤 속의 뼈들이 진흙더미를 뚫고 강물에 뛰어들었던 일, 눈앞의 계절의 순환과 말매미의 입적, 잎을 떨구는 나뭇잎들, 개울가 가을물 속에

잠긴 껍데기만 남은 고물 텔레비전(인공적이고 유한한 영상기계) 등은 모두 변화와 생성을 거듭하는 대자연이 연출하는 드라마의 풍경들이다. 하지만 시적 화자는 자신의 눈을 빌려 다만 자연 속에서 펼쳐지는 풍경을 보여 줄 뿐, 마음속에 어떤 안쓰러움이나 자의식의 흔적 같은 것을 드러내 보이지 않는다.

하지만 최승호는 후기 시에 들어오면서 전기 시에서 볼 수 없었던 화자의 적극적인 개입을 드러내 보인다. 즉 물질문명이 낳은 도시의 한 풍경을 바라보며, 비정하고 비인간화된 세계에 대하여 깊은 비애감을 느끼고, 이것이 참다운 생산력을 갖지 못한 황폐한 문명이라는 것을 보여 준다. 이러한 시각에서 그는 아마존 수족관 속 열대어들처럼 물화되어 버린 인간과 세계를, 더 이상 방치해 둘 수 없다는 적극적인 관심을 표명한다.

아마존 수족관 열대어들이
유리벽에 끼어 헤엄치는 여름밤
세검정 길,
장어구이집 창문에서 연기가 나고
아스팔트에서 고무 탄내가 난다.
열난 기계들이 길을 끓이면서
질주하는 여름밤
상품들은 덩굴져 자라나며 색색이 종이꽃을 피우고 있고
철근은 밀림, 간판은 열대지만

아마존 강은 여기서 아득히 멀어
열대어들은 수족관 속에서 목마르다.
변기 같은 귓바퀴에 소음 부엉거리는
여름밤
열대어들에게 시를 선물하니
노란 달이 아마존 강물 속에 향기롭게 출렁이고
아마존 강변에 후리지아 꽃들이 만발했다.
  - <아마존 수족관> 전문

시인이 추구하는 세계는 아마존의 세계이다. 인간들이 자신의 욕망대로 만들어 낸 세계는 진정한 아마존이 아니다. 그것은 아마존 수족관일 뿐이다. 인간들은 자신의 욕망대로 만들어낸 콘크리트 건물들(철근)을 아마존의 밀림으로 착각하고 수없이 늘어선 현란한 상업적인 간판들에서 뿜어져 나오는 뜨거운 열을 아마존의 열대 기후라고 생각하지만, 실제로는 이런 것들이 그들을 만족시켜 주질 못한다. 야생의 생명성을 지닌 진짜 아마존 강은 "아득히 멀"리 있기 때문이다. 아마존 수족관에 갇히기 전의 열대어와 물화되기 전의 인간은 모두 시와 영혼을 가진 고귀한 존재였다. 때문에 그들에게, 그 속에서 살아가는 인간들에게 진정으로 필요한 것은 시의 생명력이다. 기계적이고 무감각적인 것이 아닌 따뜻한 인간의 혼인 것이다. 따라서 시를 선물 받은 세계와 인간은 "아마존 강물 속에" 비친 "노란 달"처럼 향기롭게 출렁거릴 것이고, 아마존의 세계에는 모든 생명체가 자연과 함께 호흡하며, 그 속에서 향기롭게 생명력을 발휘하는 후리지아 꽃들이 만발할 것임을 시인은 설파하고 있는 것이다.

현대문명의 비판을 거쳐 최승호는 최근 선적 직관과 불교적 세계관을 바탕으로 더 큰 대승적 세계를 노래하고 있다. 그의 시에서 불교적 함의를 지닌 이미지와 상징들은 선의 활달함을 내장하고 있다. 그 대표적인 매개물이 변기와 자루이다. 자루는 변기와 마찬가지로 쓰레기와 똥 등을 담는 그릇이다. 시인은 끊임없이 욕망을 섭취하지만 밑이 터져 그 쓰레기들이 흩어져 버리는 "자루"와 같은 삶을 담아낸다. 시인의 "자루" 시리즈의 시편은 '변기'의 이미지에 비해, 그 해소가 극명하게 드러난다. 〈세 번째 자루〉에서는 아무 것도 없는 백지를 보여 줌으로써 욕망의 해소로 스스로 우주가 되어 버린 모습이 잘 묘사되고 있다.

> 자루의 밑이 터지면서 쓰레기들이 흩어진다. 시원하다.
> 홀가분한 자루, 퀴퀴하게 쌓여서 썩던 것들이
> 묵은 것들이 저렇게 잡다하게 많았다니 믿기 어렵다.
> 위에도 큰 구멍, 밑에도 큰 구멍, 허공이 내 안에
> 있었구나. 껍데기를 던지면 바로 내가 큰 허공이지
>
> - 〈세 번째 자루〉 전문

시인은 사람이 곧 자루임을 말하고 있다. 거기에 무엇을 담느냐의 여부는 각자의 선택이다. 하지만 대부분의 사람들은 자루에 자신이 욕망하는 것을 담는다. 그것은 곧 쓰레기이다. 여기에서 시인은 자루를 터 버림으로써 우주에 닿는 방법을 모색한다. 잡다한 "묵은 것들"은 얼룩진 것들로 겹겹이 쌓인 일상의 때, 욕망이 만들어 낸 온갖 통념들과 물질적인 것들 일체를 가리킨다. 자루를 터 버리는 것은

무욕의 경지를 말하고, 무욕은 곧 무위에 이른다. 실제로, 그 "자루"는 한없이 물질을 담으려는 지칠 줄 모르는 욕구에도 불구하고 허공처럼 비어 있다. 그 "자루"의 "껍데기"를 벗어버리는 순간, 그것은 허공과 한 몸이다. 이처럼 육신을 자루 안에 담긴 오물과 부패한 쓰레기로 묘사하는 것은 다분히 불교적 발상이다. "구멍 난 육신"이라는 껍데기를 홀가분하게 내던지는 것은 대자유와 해방에 대한 갈망이다. 그 갈망은 눈에 보이는 것들에 대한 전면적인 부정을 거쳐 "허공"에 이르면서 진정한 "공"에 대한 인식이라 할 수 있다.

또한, 시인은 깊이 있는 성찰로 우리 주변의 수많은 생물들을 섬세하게 포착하여 노래한다. 우리 주변에 숨 쉬고 있는 나비, 달팽이, 새, 강아지, 지렁이, 벌 등 생태와 환경을 꿰뚫어 보며, 생태계 현장을 애정어린 시선으로 따뜻하게 그려낸다. 그는 〈나비〉에서 모든 동식물들과 동일한 생명성을 지닌 인간이 어떻게 스스로의 생명성을 부정하고 있는지를, 생명의 속성 그 자체로서의 나비의 행위와 속성을 통해 말하고 있다.

> 등에 짐짝을 짊어지고 날거나
> 헬리콥터처럼 짐을 매달고 날아가는 나비를
> 나는 본 적이 없다
> 나비는 가벼운 몸 하나가 있을 뿐이다.
> 몸 하나가 전 재산이다
> 그리고 무소유이다
> 무소유의 가벼움으로 그는 날아다닌다

꽃들은 그의 주막이요

나뭇잎은 비를 피할 그의 잠자리다

그의 생은 훨훨 나는 춤이요

춤이 끝남은 그의 죽음이다

그는 늙어 죽으면서 바라는 것이 없다

바라는 것이 없기 때문에 그는 자유롭다

- <나비> 전문

나비는 몸 하나가 전 재산이다. 그리고 무소속이다. 그래서 그는 자유롭다. 시인은 무소유의 가벼움으로 날아다니는 나비를 통해 너무나 무거운 욕망으로 가득 차 있는 인간 삶의 방식에 대한 강한 충고의 메시지를 던지고 있다. 나비는 "등에 짐짝"을 지지 않고 "매달고" 다니지도 않으며, "가벼운 몸 하나"로 자유롭게 날아다니고 머무른다. 그는 평생 춤추며 죽을 때조차도 자유롭게 죽는다. 죽으면서도 바라는 것이 없기 때문에 자유롭다. 그야말로 '무소유, 무소속'의 삶이다. 반면, 인간은 항상 더 많은 것을 소유하고 그것을 과시한다. 나비가 아무 것에도 소속하지 않는 반면, 인간은 언제나 자신의 이익을 위한 그룹을 형성하여 끊임없이 대립한다. 보다 더 많은 것을 소유하려는 탐욕스런 인간은 나비처럼 가볍게 이동할 수도 없고, 늙어서 죽을 때조차도 자신이 소유한 물건에 대한 집착을 버리지 못한다. 여기에서 무소유의 가벼움이 강조되고 있는 것도 그런 까닭이다. 나비처럼 무소유의 가벼움으로 날아가는 생명의 본성에 대한 회복이 역설되고 있다.

최승호의 시세계는 뚜렷이 불교 또는 선시를 표방하지 않으면서도 그와 깊이 연결되어 있는 것이 특징이다. 이러한 사유의 시적 세계는 오늘날 세속도시의 한가운데를 살아가면서도 끊임없이 욕망의 극복, 또는 선적 초월과 극복을 꿈꾸고 지향하는 데서 잘 드러난다. 그런 시인에게 자연의 변화, 생성의 이치를 가장 잘 설명해 줄 수 있는 소재가 '눈사람'이다. 시인은 〈눈사람의 길〉에서 끊임없이 변화하면서 고정된 실체가 없는 눈사람이야말로 자신이 추구하는 '공'의 의미를 함축하고 있는 소재임을 명징하게 보여 준다.

　　눈사람이 녹는다는 것은
　　눈사람이 불탄다는 것,
　　불탄다는 것은
　　눈사람이 재로 돌아가고 있다는 것,

　　재가 물이다
　　하얀 재
　　더 희어질 수 없는 재가 물이다
　　시냇물
　　하얀 재 흐른다
　　눈사람들이 둥둥둥 물북을 치며
　　강으로 바다로 은하수로 흘러간다

　　흘러간다는 것은
　　돌아간다는 것,

　　돌아간다는 것은 그 어디에도

오래 머물 수 없다는 것.
- <눈사람의 길> 전문

눈사람은 경계를 뛰어넘어 존재하는 상징물이다. 육신의 해탈이 죽음의 재로써 이루어졌다면, 그 재의 형상마저 벗어나 우주를 자유롭게 순환할 수 있는 존재에 대한 꿈은 눈사람이 되어 녹는 것이다. 눈사람은 변형과 흐름 그 자체인 삶이다. 그러나 그 삶이란, 인생을 넘어 우주라는 무정형의 허공을 향해 흘러간다. 눈사람이 녹아 물이 되는 것은 물체가 불타 재가 되는 것과 같은 이치이고, 이 물과 재는 어디론가 흘러들지만, 오래 머물 수는 없다. 왜냐하면 계속 변화되는 흐름 속에 놓여 있는 것이 세상의 이치이고, 그 이치가 곧 연기이며 공이기 때문이다. 어떤 것도 소유하지 않은 채 자신의 몸 자체만으로 존재하면서 소멸하고 다시 그 몸 자체로 돌아오는 눈사람을 통해서 시인은 걸림 없이 순환하는 생명의 모습을 보여 주고 있다.

"무명은 또 얼마나 질긴지 / 돌 비누 같은 經으로 문질러도 / 무명에 거품 일지 않는다"(<때밀이 수건>)고 말하는 최승호는 인간과 다른 생명체들을 대립시켜 인간의 무한한 욕망을 날카롭게 비판한다. 그 예는 지혜로운 왕거미를 통해 욕망의 그물에 걸려 빠져 나오지 못하고 허우적거리는, 결국 자신이 만든 제도 속에 스스로 속박되어 버린 것에 비판을 가하며 조롱하는 시 <반야왕거미>에 잘 드러난다. 이 시에는 욕망에 얽매인 인간과는 달리 욕망을 조절할 줄 아는 거미 왕이 등장한다. 시인은 "하늘의 그물"을 짜는 조물주에 비유되는 반야왕거미가 자유자재한 삶을 누릴 수 있는 것은 세계에 "붙기"보다는 세계를 "타기" 때문이라는 사실을 역설하고 있다.

> 너는 조물주를 흉내 낸다
> 너는 게워낸다 세계를
> 펼치고 그 위를 걸어간다
> 망가진 세계를 너는 기울 줄도 알지
> 다 낡아버린 세계는
> 우적우적 먹어버리지
> 제가 친 그물에는 절대로 걸리지 않는
> 자유자재한 왕
> 걸려 있는 것은 찐득한 인간들이다
> 엉겨붙어 신음하며 허우적거리는
> 불쌍한 인간들을 보며
> 반야왕거미는 말한다
> 세계에 붙지만 말고 세계를 타라
> 이것이 비밀이다.
>   - <반야왕거미> 전문

거미의 탁월한 창조력을 찬탄하는 것이 아니라 거미를 망가진 세계를 "기워 낸" "조물주"로 격상함으로써 거미만도 못하게 살아가는 불쌍한 인간들에게 던지는 조롱의 메시지로 읽혀진다. 고대 켈트인들은 거미줄을 모든 존재의 생명을 하나로 묶는 정교한 그물의 상징으로 믿었다 한다. 최승호 역시 거미를 "제가 친 그물에는 절대로 걸리지 않는 / 자유자재한 왕", 혹은 모든 법의 실상을 통찰하는 지혜의 왕을 일컫는 "반야왕거미"로 높여 부르고 있다. 그러나 그는 복잡하게 뒤엉킨 관계사슬에 "엉겨 붙어 허우적거리는" 인간들, 그리고 그 위에서 조금은 거만한 자세로 세상을 내려다보는 반야왕거미의 모습으로 "높은" 거미와 "낮은" 사람이라는 풍자적 뒤집기를 통해 숙명적인 비애감을 드러내 보인다. 그런데 자비로운 반야왕거미가 "찐득한 인간들"을 가엾이 여겨 '비밀' 하나를 누설하는데, 그 핵심은 "세계에 붙지만 말고 세계를 타라"는 것이다. 이는 결국 삶의 그물에 악착같이 매달리지 말고 세상을 물 흐르듯 순리대로 살아 갈 것을 충고하는 것이다. 세계를 탈 수 있는 필요한 덕목은 거리를 둘 수 있는 여유이며, 그러한 여유는 무위무욕의 경지에서 오는 것임을 시인은 암묵적으로 말하고 있다. 이러한 것들은 최승호의 시 저변에 흐르는 불교적·선적 사유와 화엄적 세계관에서 비롯된다 할 수 있다.

요컨대, 최승호는 세속적 문명의 살풍경과 그것을 야기하는 인간의 무한한 욕망과 욕망의 환각 상태를 집요하게 비판적으로 조망한다. 따라서 그의 시편들에서, 도시문명의 폐해와 훼손된 생태학적 전체성의 파편들은 역설적이게도 환상의 현실에 더 깊숙이 비집고 들어가는 그로테스크한 시적 담론을 묘출한다. 그 과정에서 시인은 현대사회의 반생태적인 상황을 지적하고 인간의 근본적인 자각과 반성을 촉구하고 있다. 여기에 자유로운 삶은 탐욕과 무명으로 이루어지는 것이 아니라 진정한 무소유와 무아, 무상을 통해서 이루어질 수 있다는 삶의 통찰이 설파되고 있다.

나병춘,

산은 달을 베개 삼아 와선 중

전남 장성 출생의 나병춘(1956~)은 공주사범대학교 외국어교육과를 졸업하고 1994년 『시와시학』으로 등단하였다. 시집으로 『어린왕자의 기억들』, 『하루』, 『새가 되는 연습』이 있으며, 중등교사를 역임하고 현재 자연휴양림에서 산림치유사로 활동 중이다.

나병춘의 시적 세계의 특징은 정갈한 시어와 티 없이 맑고 선명한 이미지를 바탕으로 사물을 바라보는 세밀한 관찰력, 삶에 대한 겸허한 성찰, 불교적 사유로 자연친화적 교감을 담아내는 데 있다. 그의 생명사랑은 산수나 동식물에 국한하지 않고 생명을 지닌 모든 사물로까지 확대된다. 자벌레는 움직일 때 몸의 뒷부분을 앞쪽으로 끌어당긴 다음, 몸을 고리 모양으로 둥글게 구부리고는 몸 길이만큼 안쪽으로 쭉 펴는 동작을 반복해서 앞으로 나아간다. 이런 모습이 자로 한 뼘, 두 뼘 재는 듯하여 자벌레라 부른다. 시인은 이 하찮은 생명의 몸속에서 하늘이 숨 쉬고 있음을 간파해 낸다.

    자벌레 하나 느릿느릿 기어간다

    둥그런 하늘 모습으로 지붕을 만들고
    또 평평한 허리로 지평선 만들어가는
    저 단순한 굴신운동

    구부려야 곧게 펴지는
    곧게 펴야 또 구부러지는
    길들지 않은 용수철

    그 작은 벌레의 몸속에
    구부릴 수 없는 하늘이 숨쉬고 있었다니
    - <자벌레> 전문

자그마한 몸뚱어리로 지붕을 만들고 지평선을 만드는 자벌레다. 즉 구부리면 지붕이 되고 쫙 펴면 길게 뻗쳐 지평선이 된다. 시인은 그 작은 몸속에 내재된 우주를 발견한다. 그러면서 쌓았다 무너뜨리는 자신의 시의 지붕을 '자벌레'로 은유하고 있다. 끝없이 펼쳐지는 꾸물꾸물한 움직임이 참으로 지순하고 맑다. 알아주는 이 없지만 자신의 일에 몰두하여 푸른 잎새 속에서 꼼지락거리며 자그마한 자벌레는 자신의 길을 묵묵히 가고 있는 것이다. 그 자태에서 시인은 시인으로서의 부단한 시적 노력을 읽어낸다.

시인은 자연에 맞서지 않고 자연의 질서를 자기 내부로 받아들이는 새로운 인간을 제시한다. 나병춘의 이러한 시적 열망은 생명존중과 경외심을 바탕으로 한 불교생태학의 상상력으로 잘 드러난다. 〈그게 그거다〉는 그의 이러한 생태학적 상상력을 잘 묘사하고 있다.

어제 산길 가다 보았다
멧돼지 그리고 고라니 똥
그 모양새 그 크기가 어슷비슷

난 어제 돼지 삼겹살 먹고 설사를 하고
고구마 감자부침개 먹고 변비를 누었다
그게 그것인 야생의 하루
난 언제 어느 세월에
그 발뒤꿈치라도 따라갈거나

야생의 비밀은 바로 똥

똥덩어리였구나
꼭 그만큼의 양과 모양과 크기로
제 깜냥 잘도 아는

하늘도 땅도 알고 똥도 아는
그 단순한 이치
고라니 퍼런 눈동자 속에 떠 있던
그 동그란 낮달의 배고픈 눈부처
눈부처 하늘이었구나

- <그게 그거다> 전문

 맑고 투명하며 섬세한 서정을 보여 준다. 산길 가다 멧돼지와 고라니 똥을 보았는데, 그 모양새 그 크기가 어슷비슷했다. 삼겹살 먹고 설사를 하고, 고구마 감자부침개 먹고 변비를 눈 화자의 배설 역시 야생의 하루와 다름이 없다. 그런데 시인은 놀라운 야생의 비밀을 터득한다. 그것은 제 깜냥만큼의 "양과 모양과 크기로" 배설한 바로 그 똥덩어리였다. 그 단순한 이치는 식탐을 하지 않는 데 있다. 굶주려 동그란 눈을 한 고라니의 푸른 눈동자, 그것은 시인에게 "눈부처 하늘"로 보였던 것이다. 흔히 세상은 보고 느끼는 것만큼 열린다고 한다. 사물의 본질을 꿰뚫어보려는 시선이 적막 가운데 피어오르는 생명의 비의를 포착할 때, 새로운 이미지는 한 세계를 창조하는 것과 같은 힘을 가지고 있다.
 이와 같이 사물의 본성 회복을 위한 시인의 노력은 생명현상과의 내적인 교감, 자연의 경이로움 등을 노래하며 보다 큰 생명의 세계로의 시적 자장 확장으로 나타난다. 그래서 인간의 때가 묻지 않은 순수한 자연은 언제나 시의 중심에 있게 된다. 그 전형적인 시가 〈달새가 가지에 앉을 때〉이다.

> 사랑, 또는 우주적 평화
> 하!
> 나뭇가지가 휘는 까닭을 이제야 알았다
> 달 별 그리고 태양에게
> 제 길 잘 가도록
> 고갤 비틀고 어깨를 조심스레
> 비쭉하는 그 고마운 동작
> 달새가 가지에 앉을 때
> 흔들리던 가지도 잠시 멈추는 걸 바라보았다
>
> - 〈달새가 가지에 앉을 때〉 부분

존재함과 관계 맺음이 생명 공동체를 넘어 우주적 공간으로 확산되고 있다. 시인은 보통 사람이 감지 못하는 것을 보고 듣고 느끼며 만물은 상호연기적임을 인식한다. 때문에 시인은 나뭇가지가 휜 것을 보고 "달 별 그리고 태양에게 / 제 길 잘 가도록" 비켜 주는 것이라고 생각한다. 아울러 흔들리던 나뭇가지가 멈추는 것도 '달새', 곧 달이 나뭇가지 위에 편히 앉으라는 것이라고 생각한다. 지상의 존재들은 천상의 존재에게, 천상의 존재들은 "달새가 가지에 앉는" 것처럼 지상의 존재에게, 마음이 흐르고, 만나고, 변화해 간다. 말하자면 사랑은 우주적으로 실현되어, 우주적 평화가 구현되고 있다. 이처럼 시인의 시야에서는 지상의 생명들이 천상의 빛과 서로 조응한다.

이 세상 만물은 '상처'라는 DNA로써 생사윤회를 거듭하고 있다. 나병춘에게는 살아 있음을 아픔으로 여기고 그 아픔 속에서 밝은 별빛처럼 영롱한 지극함을 얻어내는 시들은 많이 있다. 그의 시 안에서 풀, 꽃, 눈들은 현실 속에서 상처받고 고통받는, 그렇지만 아름답게 피어나는 존재들로 형상화되고 있다. 때문에 상처가 어머니며 이 세상 만물의 창조주라는 시인의 역설은 상처 있는 삶이 옹이처럼 우리를 더욱 단단하고 향기롭게 함을 깨닫게 한다.

상처가 나를 만든다
눈에 난 상처
가슴에 맺힌 상처
손가락에 낫 자국으로 난 상처

그 상처의 기억들이
나를 오늘까지 이끌어온 수레다
사랑의 수레
미움의 수레
외로움의 수레
그리움의 수레를 끌고 오느라
상처는 피투성이다

상처가 길을 만들고
상처가 강을 만들고
상처가 집을 만들고
상처가 처마를 둘렀다

상처가 섬을 만들었고
바다를 만들었고
푸른 지구 섬을 만들었다
태양으로부터 받은
달로부터 어둠으로부터 받은 상처들이
별이 되어 빛나고 있다

상처는 노래가 되고
춤이 되고
시가 되어
둥지를 틀고 있다
푸르른 하늘로 날아가는 상처들

상처가 어머니다
상처의 어머니 어머니의 어머니가
무지개 물방울 되어
땅에서 하늘로 다리를 놓았다
상처는 이 세상 만물의 조물주이다

- <상처> 전문

붉은 대추 한 알에도 비바람과 서리, 햇볕과 초승달이 들어 있듯이, 모든 역경과 상처를 극복한, 그야말로 고진감래의 애환을 들여다보고 상처를 보듬어 주려는 행위는 시인의 중요한 역할이다. 사랑도 상처이고 증오도 상처이며 백지에 쓰이는 시 또한 상처의 기록이다. 그리움과 외로움과 쓸쓸함의 바람결들, 봄·여름·가을·겨울로 이어지는 저 무상한 계절도 상처이다. 인간이나 자연이나 하늘이

나 땅이나 모두가 상처로 하나이다. 그러나 모든 상처들이 별이 되어 빛나고, 상처는 노래가 되고 춤이 되고 시가 되어 푸르르 하늘로 날아가는 것임을 노래한다. 그래서 상처는 어머니며, 무지개 물방울 되어 지상과 천상의 가교가 된다는 것이다. 어쩌면 상처 가진 것들은 모두 다 눈물을 갖고 있고, 피를 갖고 있고, 그 피돌기를 위하여 오늘, 지금 여기를 살고 있는지도 모른다.

 태어나면서부터 우리는 인생이라는 고해苦海에서 성장하고 성숙해 간다. 파도가 높으면 쓰러짐 또한 크고 길다. 크고 긴 쓰러짐에서 다시 일어남은 더 크고 길어진다. 〈복종〉은 굴복의 의미가 아니라 "잘 넘어지는 것이 살아가는 힘이라는 걸" 깨닫게 하는 역설적 의미의 복종을 말해 준다.

  파도는 무너지고 쓰러지면서
  일어서는 걸 배웠다
  곧장 일어서는 일 또한
  한정 없이 넘어지는 일이라는 걸
  처절한 복종으로부터 배웠다
  넘어지고 일어서면서
  결코 무너지지 않는 든든한 수평선을 얻었다
  벼랑 하나 목침하고 누워
  수만 년 허공의 무게를 견디는 법을 배웠다
  별 하나 하나 지우며 새기며
  자신의 바다를 환하게 지키는 법을 알았다
  어두우면 어두울수록 새벽이 다 왔다는 것을

바람이 혹독하면 혹독할수록
새봄이 가까이 오고 있다는 것을
파도는 스러지고 다시 일어나면서 알았다
잘 넘어지는 것이 살아가는 힘이라는 걸
밀물과 썰물로 빈 가슴 위로하면서
한결같이 변함없는 영원한 노래 한 곡조를 얻었다
- <복종> 전문

쓰러지면 곧장 다시 일어선다는 것, 잘 넘어지는 것이 살아가는 힘이라는 것을 아는 것, 이는 성장하고 성숙하는 것, 곧 자아완성의 힘인 것이다. 삶 속에서 울고 웃는 것이 둘이 아니요, 행과 불행이 둘이 아니지 않은가? 잘 넘어지는 것, 잘 일어서는 것, 밀물과 썰물로 빈 가슴 위로하면서, 한결같이 변함없는 영원한 노래 한 곡조를 얻었다고 말하며, 시인은 복종이라는 단어로 진리와 순리에 순응할 줄 아는 성숙을 보여 주고 있는 것이다. 거기에는 말할 수 없는 아픔과 상처를 딛고 일어선 인내와 불굴의 투지, 그리고 인연의 소중함을 인식한 지혜의 눈이 있었을 것이다.

한편, 봄-여름-가을-겨울로 이어지는 자연의 질서가 우리를 감동시키듯이, 나병춘의 시는 기승전결이 잘 어울려 좋은 떨림과 울림을 준다. 시인은 어느 날 나비가 유채꽃이 다 져 버린 시냇가 징검돌 위에서 고요히 두 날개 접고 가만히 앉아 있는 모습을 보고, 이 사막 같은 시대에 시인의 역할이 무엇인지를 곰곰이 생각한다.

나비는 날개를 가졌어요
하늘을 접었다 폈다 마음대로 하는
두 개 부채를 가졌어요
한 번 부치면 천둥번개가 치고
남태평양이 춤추며 태풍을 일으키는

나비는 귀를 가졌어요
하늘 소리와 땅의 소리 골고루 듣고
꽃들의 한숨소리 향내도 듣는
가끔가다 손뼉이라도 치면
꽃들이 환호하며 무도회를 벌이는

나비는 두 잎새를 가졌어요
이른 봄 만물이 고요할 때
새싹 애벌레 꿈속에서 불러내는
희한한 두 개의 톱날을 가졌어요

고치에서의 긴 동면을 끝내고
은근슬쩍 흥부네 박을 타듯
완강한 문을 썰어내는
아무도 모르는 이빨을 가졌어요

- <나비에 대하여> 전문

 시인은 나비 같은 작은 목소리와 옅은 향기가 주변을 환하게 밝히고 희망을 주는 존재가 되어야 함을 곡진하게 말하고 있다. 새봄에 활기를 불어넣는 나비, 나비는 부활을 상징한다. 비록 나비가 작은 날개를 가졌지만 태풍을 불러올 수 있다는 '나비의 효과'에 시인은 전적으로 공감한다. 랭보는 시인을 견자見者라 갈파한 적이 있지만, 시인은 겸손한 청자聽者라 생각한다. 사물이 내는 소리를 귀 기울여 듣는 자로 보는 것이다. 나비는 가벼운 날개로 춤을 추고, 나비는 가난하면서도 생명을 탄생시키는 존재이다. 또한 꿈꾸는 존재이며, 희망의 메신저이다. 바라보는 이로 하여금 현실의 질곡에서 벗어나게 한다. 그렇기 때문에 시인은 하늘을 접었다 폈다 하는 기백을 가지고 마음의 꽃밭과 오솔길을 만들어 삶에 지친 영혼들에게 향기를 주는 존재라야 하고, 희망발전소 소장이 되어야 한다고 생각한다.

문학은 끊임없는 창신創新과 낯설게 하기를 요구한다. 발견은 마음이 시의 눈을 틔워 새로운 의미관계를 읽는 순간이다. 또한 발견은 기존의 대상관계를 해체시키면서 새로운 대상관계를 명명하는 순간이다. 따라서 발견은 새로운 의미 읽기이다. 늘 그렇게 당연하게 여기던 것을 전혀 낯설게 만드는 것, 기호학적으로 말하여 낡은 코드의 틀을 깨고 새로운 메시지를 읽어내는 것이다. 이러한 경향은 '그냥'과 '근양' 사이에서 의미 표현의 지점으로 이입해 들어감으로써 시적 발견자의 임무를 충실하게 수행하고 있는 데서 명징하게 드러난다.

    도봉산 회룡사 건너
    깊은 산길에 들어서니
    나무다리 입구에
    '근양 간다'란 낙서가 휘갈겨 있다

'그냥 간다'를 '근양 간다'라 잘못 쓴 걸까
세심교나 해탈교를 건널 때 보던
화두처럼 번쩍 눈에 뜨인다
세상만사 무엇에도 끄달리지 않겠다는
'근양 간다'는 말
근양이 어디일까?
뿌리 根, 볕 陽!
'빛의 뿌리'의 나라에 간다는 걸까
까마귀 꽉꽉 울어쌓는
포대능선을 천천히 걷다 보니
'근양 간다'는 말이
서늘하다
벼랑 끝에 앉아 허공을 내다보는
황조롱이 한 마리 햇볕 속에 찬란하다
근양이 이곳이구나
아무 까닭 없이 까탈 없이
그냥, 근양 간다
  - <근양 간다> 전문

  많은 사람들이 오고 가며 '근양 간다'는 이 하찮은 낙서를 보았거나 혹은 잘못 표기된 낙서이기에 지워 버리고자 했을 것이다. 하지만 시인은 이것을 공감하고 배려한다. 분명 '근양'은 '그냥'의 잘못된 표기일지도 모른다. 하지만 시인은 시말의 심연 속을 응시하면서 인간의 삶에 관한 양태를 정의하기에 이른다. 양태부사 '그냥'을 공간을 지칭하는 고유명사 '근양'으로 전도시킬 때, 시말은 새로운 의미를 분출하게 된다. 근양은 별세계로, 인간이 가보지 못했거나 갈 수 없는 곳이다. 다만 시인이 창조한 의식의 공간으로, 시인만이 볼 수 있는 공간이다. 하지만 시인은 여기에 머물지 않고 나아가 '근양 간다'를 하나의 화두 삼아 화엄적 깨달음의 지점을 응시하고 있다. 깨달음은 언제나 반상합도의 과정을 통해 얻어진다. 때문에 시인은 "근양이 이곳이구나"라고 정의를 내리게 된다. 시인의 '그냥 → 근양 → 그냥'으로의 의식의 이행과정은 화엄적 사유체계와 잘 조응하고 있다.

호박은 흔히 못난 여자나 마음씨 좋은 농부의 이미지로 그려진다. 하지만 낡은 코드의 틀을 깨고 남들이 읽지 못하는 의미들을 밝혀내는 시인은 낯익은 호박에서 전혀 새로운 세계를 만난다. 즉 평범한 호박에서 동자승을 보는 것이다.

> 동자승 하나
> 배꼽 환히 드러내 놓고
> 알몸으로 와선 중이다
>
> 따가운 햇볕도 배고픔도
> 다 눌러 베고서
> - <호박> 전문

호박과 동자승이 절묘하게 결합되고 있다. 이것은 은유의 힘이다. 호박은 소신공양하여 모두에게 자기를 바치는 존재이다. 그런데 여름 햇볕에 알몸을 드러낸, 아직 푸른 기가 남아 있는 호박은 와선 중인 동자승이다. 남의 주목도, 남의 평가도 개의치 않기에 배꼽마저 드러내 놓고 와선 중이다. 그런데 찬찬히 들여다보면 여름 땡볕이 몹시 따가울 터인데 이를 오히려 자신을 익게 하는 수행으로 여긴다. 물론 배고픔도 있겠지만 이 또한 잊고 선정에 들고 있다. 그리하여 충분히 익은 몸을 아낌없이 남에게 바친다. 여기에 고행을 통하여 자신을 완성하여 남을 완성시키려 하는 호박의 보살심이 있다.

나병춘의 서정은 우리가 잃어버리고 있던 새와 달, 꽃, 별, 나무, 바다 등과 같은 자연적 소재를 시 속에 끌어들인다. 이러한 대상물들은 지상과 우주가 둘이 아니고 '당신'과 '나'가 한 몸이 되는 세계, 즉 큰 생명의 세계로 나아감을 의미한다. 시인의 이러한 불교적 상상력은 다음의 시에서 한결 도드라지게 나타난다.

달이 은하수 건너다
강물에 빠졌네

산은 슬며시 팔을 뻗어
달을 건져 주었네

달은 산의 품에 안기고
산은 달을 베개 삼아 와선중이네
 - <달 강물에 빠지다> 전문

자연과 하나됨으로써 우주 속에서 자신의 정체성을 찾고, 자연과의 대화를 통하여 우주적 질서의 울림을 묘출하고 있다. 산과 달이 하나가 된다는 것은 초현실의 깨달음에 대한 경이로움이다. 달이 은

하수 건너다 강물에 빠졌다거나, 강물에 빠진 달을 산이 살며시 팔을 뻗어 건져 품에 안고, 산은 그 달을 베개 삼아 와선 중이라는 표현은 다분히 선적 상상력의 산물이다. 자연 안에서 탄생하고 소멸하는 것들, 그것에는 엄연한 질서와 눈에 보이지 않는 세계가 존재한다. 시인은 그 질서, 세계 속에서 인간의 내면을 읽어내고자 한다. 불교적 세계관은 이항대립을 넘어선다. 주고받음의 상쇄에 의해서 경이롭게 열리고 닫히는 원융회통의 세계를 말한다. 이것은 곧 불교생태에서 말하는 상호의존이요 상호침투의 원리이다.

요컨대, 세상에 대한 불협화음을 서성거림으로 표면화하는 나병춘은 자연이나 혹은 유년의 추억에게로 찾아가 자신의 상처와 외로움을 부빈다. 이러한 그의 시적 미학은 기계적이고 권태로운 일상이나 온갖 자극적인 유혹 속에서 우리가 잃어가고 있는 시적 감수성과 시적인 아우라를 새롭게 환기한다. 한편, 풋풋한 서정 속에서 고통스럽고 타락한 삶의 긴 시간들을 정제해 내는 그의 시적 공간은 마치 맑은 물이 흐르는 텅 빈 시냇가의 조용함처럼, 쓸쓸하고 적막하게 세상 모든 것들을 가볍게 흘려보내는 힘을 지닌다.

제4부

공광규, 아름다운 소리를 내는 것들은 다 속이 비어 있다
이정록, 허리가 아프니까 세상이 다 의자로 보여
장석남, 진정한 사랑은 번짐과 스며듦이다
이홍섭, 아픈 영감의 저녁상에 피는 마음 속 적멸보궁
김선우, '지금 여기'의 가장 아름다운 연대의 몸짓, 잠자리

공광규,

아름다운 소리를 내는 것들은 다 속이 비어 있다

서울 돈암동에서 태어나 충남 청양에서 성장한 공광규(1960~)는 동국대 국문과 및 단국대 대학원 문예창작학과를 졸업했으며, 1986년 월간 『동서문학』 신인문학상으로 등단하였다. 시집으로 『대학일기』, 『마른 잎 다시 살아나』, 『지독한 불륜』, 『소주병』, 『말똥 한 덩이』, 아동전기 『성철스님은 내 친구』, 『윤동주』, 시론집 『시 쓰기와 읽기의 방법』 등이 있다. 신라문학대상, 윤동주문학상, 동국문학상, 김만중문학상, 현대불교문학상을 수상한 그는 현재 계간 『내일을 여는 작가』 편집위원 겸 『불교문예』 편집주간으로 있다.

공광규의 시적 세계의 특징은 진부한 일상에서 깨달음을 구하고 자연 사물에 대한 섬세한 관찰과 현실에 대한 날카로운 비판과 풍자가 어우러진 삶의 그늘 속에 희망의 메시지를 전하며 따뜻한 감동과 깊은 공감을 주는 데 있다. 우리 삶의 여정에는 무수한 걸림돌들이 잇달아 가로놓인다. 하지만 인생에 걸림돌이 없다면 인생은 단조롭고 무의미할 것이다. 때문에 걸림돌들은 바로 우리 삶을 역동적으로 이끌고 성장시켜 나가는 기제가 되기도 한다. 공광규는 걸림돌의 의미를 이렇게 짚어내며 우리를 위무하고 있다.

잘 아는 스님께 행자 하나를 들이라 했더니
지옥 하나를 더 두는 거라며 마다하신다
석가도 자신의 자식이 수행에 장애가 된다며
아들 이름을 아예 '장애'라고 짓지 않았던가
우리 어머니는 또 어떻게 말씀하셨나
인생이 안 풀려 술 취한 아버지와 싸울 때마다
"자식이 원수여! 원수여!" 소리치지 않으셨던가
밖에 애인을 두고 바람을 피우는 것도
중소기업 하나 경영하는 것만큼이나 어렵다고 한다
누구를 들이고 둔다는 것이 그럴 것 같다
오늘 저녁에 덜 돼먹은 후배 놈 하나가
처자식이 걸림돌이라고 푸념하며 돌아갔다
나는 "못난 놈! 못난 놈!" 훈계하며 술을 사주었다

걸림돌은 세상에 걸쳐 사는 좋은 핑계거리일 것이다
걸림돌이 없었다면 인생의 안주도 추억도 빈약하고
나도 이미 저 아래로 떠내려가고 말았을 것이다

- <걸림돌> 전문

인간의 목표는 풍부하게 소유하는 것이 아니고 풍성하게 존재한다는 면을 강조하고 있는 시편이다. 화자는 불교의 연기설과 스님의 수행의 어려움을 시작으로 아버지 석가모니 이야기를 하다가 어머니의 "자식이 원수여!"를 언급한다. 어쩌면 수행자에게 행자 하나 더 거두는 것이 지옥 하나를 더 두는 것처럼 힘든 일일 수 있고, 밖에 애인을 두고 바람을 피우는 것도 중소기업 하나를 경영하는 것만큼이나 어려울 수 있을 것이다. 하지만 중생들에게 가족이란 필연의 존재 관계이어서 '처자식'은 걸림돌이 아니라 나의 삶을 풍성하게 하는 이유 가운데 하나가 되기도 하고, 또한 디딤돌이 되어 저 아래로 떠내려가는 것을 막아 주기도 하는 것이다. 또한 시인은 "덜 돼먹은 후배 놈"이 처자식만 없으면 날개라도 달 것처럼 호언하며 푸념하지만 그 '걸림돌' 때문에 그나마 지금껏 큰 화 없이 무탈했을지도 모른다고 생각하기도 한다. 중생의 삶에 있어 부양할 처자식이 있다는 것은 걸림돌이 아니라 책임 있는 삶을 살게 하고 일탈의 원심력을 제어할 수 있다는 시인의 삶의 철학이 담겨 있는 시편이다.

공광규는 더불어 사는 삶 속에서 진정한 삶의 의미와 가치를 찾고자 한다. 그래서 그는 주변으로 내몰린 사회적 약자들과 소외된 이웃들에 대한 따뜻한 관심과 배려를 보이며 세상을 바라보는 안목을 넓혀간다.

    북쪽에서는 염소가
    브라자를 하고 있다고 한다
    나는 웃으려다가 이내 입을 다물었다

    사람이 먹어야 하니까
    젖을 염소 새끼가 모두 먹을까봐
    헝겊으로 싸맨다는 것이다

    나는 한참이나 심각해졌다가
    그만 서글퍼졌다
    내가 남긴 밥과 반찬이 부끄러웠다

    - <염소 브라자> 전문

    식량난으로 힘든 삶을 살고 있는 북한 동포들의 실상을 그려내고 있다. 염소가 브라자를 착용했다니, 참으로 웃을 일이다. 그러나 실상은 새끼 염소가 먹는 염소젖을 뺏어먹기 위하여 염소에게 브라자를 채웠다 한다. 배고픔으로 어려운 삶을 살고 있는 북한 동포들의 실상을 듣고 시인은 마음 아파하고 서글퍼진다. 아무런 생각 없이 조금 넉넉하다고 넘쳐나도록 먹고 쓰는, 지금 우리의 모습을 부끄럽게 여긴다. '염소 브라자', 웃을 일만이 아니다. 우리의 가장 가까운 곁에 있는 우리의 또 다른 현실임을 시인은 깊이 생각하고 있다.

    공광규는 여행을 통해 자아 찾기를 시도한다. 그가 운길산, 지리산, 덕유산, 칠갑산 등을 비롯하여 유명 산을 자주 오르고 수종사, 개

심사, 원적사, 무명암 등 사찰을 즐겨 찾는 것은 자신을 비워 몸과 마음이 투명하게 맑아지기를 바라는 수행자를 닮고자 하는 마음 때문이다.

> 산정에 오르면 오를수록
> 초록은 키를 낮추고 있다
>
> 벼락 맞아 부러진
> 능선의 키 큰 고사목들
>
> 신문 방송에서 하루도 빠짐없이
> 고관대작들 벼락 맞는 이유를 알겠다
>
> 높이 올라가더라도
> 절대 까불지 말고
>
> 척박한 고지에서
> 키를 낮추고 견뎌야겠다
> - <덕유산> 전문

환경은 그 환경에 적응된 생명들에게만 삶의 터를 허용한다. 기압이 낮고 산소가 부족한 고산지대에는 교목喬木이 잘 자랄 수 없다. 그래서 높은 산봉우리의 나무들은 하나 같이 키를 낮추어 산다. 바람과 기압에 적응하기 위하여 키를 낮추는 것이다. 높은 산에 오를수록 나무가 작아지는 것은 그러한 자연의 법칙 때문이다. 우리의 삶도 이와 다르지 않다. 고관대작들의 자세는 바로 국민의 뜻과 국가의 미래에 대한 진정한 소명의식을 가져야 한다. 그럼에도 불구하고 고관대작들은 벼락 맞는 경우가 허다하다. 높이 올라가 까불고 키를 낮추지 않고 책임을 다하지 못한 탓이다. 이러한 행위로 수많은 귀한 생명을 잃게 한 '세월호'의 비극은 그 전형적인 예이다. 다시금 이런 참사가 일어나지 않도록 하기 위해 아무리 높이 올라가더라도 절대 까불지 않고, 비록 척박한 환경이지만 낮은 자세로 하심하며 맡은 바 소임을 다하며 살아가겠다는 시인의 다짐은 미래 삶의 방향이 어떠해야 하는가를 여실히 보여 주고 있다.

젊은 시절 공광규는 외부 현실에 대한 저항과 분노를 강렬한 언어에 담아 표출했다면, 후기에 와서는 자신의 존재와 이 세상살이에 대한 속내 깊은 성찰을 보여 준다 할 수 있다. 즉 자기 성찰적 고백으로 자기반성과 비움의 철학을 터득하여 내면적 성찰의 집중력을 보여 준다. 다음의 시는 자식들을 위해 모든 것을 다 비워 주다가 자식이 자라 어른이 될 무렵이면 어느새 길거리나 쓰레기장을 굴러다니는 빈 소주병처럼 늙고 병들어 버리는 아버지의 삶을 감동적으로 묘사하고 있다.

　술병은 잔에다
　자기를 계속 따라주면서
　속을 비워간다

　빈 병은 아무렇게나 버려져
　길거리나

쓰레기장에서 굴러다닌다

바람이 세게 불던 밤 나는
문 밖에서
아버지가 흐느끼는 소리를 들었다

나가 보니
마루 끝에 쪼그려 앉은
빈 소주병이었다
- <소주병> 전문

큰 울림을 주는 시편이다. '소주'는 서민의 술로, 우리 아버지들의 힘겨운 삶을 달래 주던 일종의 묘약이었다. 시인의 말처럼 '빈 소주병'은 영락없는 아버지 인생이다. 아무리 세상이 변해도 아버지들은 자신의 모든 걸 자식들에게 따라 주고 있을 것이다. 시인은 소주병을 속을 비워 나가는 존재로, 그리고 빈 병이 되어 "아무렇게나 버려져 / 길거리나 / 쓰레기장에서 굴러다니"는 존재로 본다. 그런 소주병은 3연에 가서 아버지가 된다. 즉 바람이 세게 불던 밤 시인은 마루 끝에 쪼그려 앉은 빈 소주병에서 아버지의 흐느낌을 듣는다. 시인도 어느새 잔(자식)에다 자기를 따라 주면서 속을 비워 가는 아버지가 된 것이다.

공광규는 사소한 일상에서 삶의 안팎과 존재의 본질을 찾아낸다. 그에게 고향과 가족은 자신의 존재론적 기원이자 창작의 밑바탕으로서 가슴속에 아득한 그리움의 대상으로 남는다. 가령, 벌초하러 고향에 내려갔다가 먼지와 벌레가 주인이 되어 버린 빈집을 나와 모텔에 들어 젊은 나이에 병들어 돌아가신 아버지와 늙어서 불경을 외우다 돌아가신 어머니를 그리워하거나, 혹은 너무나 가난했던 어린 시절에 대한 회상의 편린들이 그것들이다. 〈별국〉이 대표적이다.

>가난한 어머니는
>항상 멀덕국을 끓이셨다
>
>학교에서 돌아온 나를
>손님처럼 마루에 앉히시고
>
>흰 사기그릇이 앉아 있는 밥상을
>조심조심 받들고 부엌에서 나오셨다.
>
>국물 속에 떠 있던 별들
>
>어떤 때는 숟가락에 달이 건져 올라와
>배가 불렀다.
>
>숟가락과 별이 부딪히는
>맑은 국그릇 소리가 가슴을 울렸는지
>
>어머니의 눈에서
>별빛 사리가 쏟아졌다.
>　- 〈별국〉 전문

눈물에 굴절되어 들어오는 겨울 별빛을 바라보다가, 맑은 슬픔이라는 말을 생각해냈다는 시인의 모성에 대한 곡진한 그리움이 잘 표출되고 있다. 어머니는 건더기도 제대로 넣지 못한 맑은 국을 끓일 수밖에 없는 가난한 여성이다. 하지만 아들인 화자는 그러한 멀덕국을 먹으며 어머니의 사랑을 생각한다. 맑은 국물에는 별이 떠오르고, 그것을 맛있게 먹는 아들을 바라보는 어머니의 눈에는 눈물이 쏟아진다. 이러한 어머니의 거룩한 사랑은 '별빛'의 이미지, '사리'의 이미지로 승화된다. 자연과의 친화가 빚어내는 언어의 아름다운 숨결이 다채롭게 묘사되고 있다.

사람의 손은 그의 일생을 말해 주는 또 하나의 얼굴이다. 하얗고 긴 손가락에는 고생 모르고 살아온 백면서생의 물정 모름이, 까맣게 기름때가 낀 손톱이나 굳은살 박인 손바닥에는 육체노동의 고단함이 느껴진다. 여기 아내의 손이 있다. 시부모 봉양에 자녀 육아에 아내의 손이 망가지는 줄도 모르고 살다가 우연히 이를 알게 된 시적 화자가 느꼈을 안쓰러움과 미안함이 〈손가락 염주〉에 잘 녹아 있다.

> 밥상을 차리고 빨래를 주무르고
> 막힌 변기를 뚫고
>
> 아이들과 어머니의 똥오줌을 받아내던
> 관절염 걸린 손가락 마디
>
> 이제는 굵을 대로 굵어져
> 신혼의 금반지도 다이아몬드 반지도 맞지가 않네
>
> 아니, 이건 손가락 마디가 아니고 염주알이네
> 염주 뭉치 손이네

내가 모르는 사이에
아내는 손가락에 염주알을 키우고 있었네

- <손가락 염주> 전문

    손가락 마디가 굵어진 아내의 손을 보고 염주알을 키우고 있다는 시적 서정이 한결 극화된다. 결혼한 지 수십 년이 지나도록 모르고 살다가 어느 날 문득 눈길을 준 아내의 손은 관절염 때문에 손가락 마디마다 퉁퉁 부어 있다. 주먹이라도 쥘라 치면 굵어진 손마디가 줄줄이 이어져 염주알이 따로 없다. 결혼식 예물이던 금가락지도, 환갑 기념이라며 자식들이 맞춰 준 보석반지도 도저히 낄 수 없는 거친 손이다.
    공광규 시의 가장 두드러진 장점 가운데 하나는 자연 풍경을 관찰하고 묘사하는 데 매우 독창적인 상상력과 비유에 의존하여 사물에 새로운 생명력을 불어넣는 힘을 가지고 있다는 점이다. 봄 산을 붉게 물들이고 있는 진달래를 봄소식을 전하기 위해 하늘에서 뛰어내리다 다친 천사의 피로 비유한 <봄병>은 말할 것도 없고, 막 움이 돋아나는 새싹에서 병아리가 밟고 지나가도 뭉개질 것 같고 입김에도 상처를 입을 것 같은 연약함과 부드러움을 읽어내는 시인의 놀라운 상상력과 표현력이 그것을 잘 말해 준다.

겨울을 견딘 씨앗이
한 줌 햇볕을 빌려서 눈을 떴다
아주 작고 시시한 시작

병아리가 밟고 지나도 뭉개질 것 같은
　　입김에도 화상을 입을 것 같은
　　도대체 훗날을 기다려
　　꽃이나 열매를 볼 것 같지 않은

　　이름이 뭔지도 모르겠고
　　어떤 꽃이 필지 짐작도 가지 않는
　　아주 약하고 부드러운 시작

　　- <새싹> 전문

　봄의 햇살은 생명 소생의 큰 힘이다. 파릇파릇한 저 싹도, 울긋불긋한 저 꽃들도 겨우내 꽝꽝 언 땅속에서 솟아올라 온 것들이다. "입김에도 화상을 입을 것 같은" 여린 새순들이 딱딱한 나무껍질을 거침없이 뚫고 뾰족이 내민다. 시인은 어린 새싹에서 장차 뭐가 되리라고 짐작이 가지 않는 놀라운 잠재력을 발견한다. 자신에게 주어진 삶을 결코 포기할 수가 없다. 그래서 시인은 다시 시작한다. 비록 "아주 작고 시시한 시작"에 불과하지만 "아주 약하고 부드러운 시작"을 예비하는 것이다. 그의 시선이 이처럼 자연의 은밀한 교감에 집중되는 것은 세속적 욕망을 비우고 정신적 자유와 화합을 추구하는 태도에서 연유한다. 자연의 미세한 움직임과 변화를 천지의 호흡과 대화로 이해하는 그의 사유는 동양적 무위사상 혹은 선사상에 토대를 두고 있다.

양수강이 봄물을 퍼 올려
온 산이 파랗게 출렁일 때

강에서 올라온 물고기가
처마 끝에 매달려 참선을 시작했다

햇볕에 날아간 살과 뼈
눈과 비에 얇아진 몸

바람이 와서 마른 몸을 때릴 때
몸이 부서지는 맑은 소리

- <수종사 풍경> 전문

    남한강과 북한강이 합류하는 양수리, 즉 두물머리 부근 운길산 자락에 위치한 수종사는 풍광이 빼어난 아름다운 사찰이다. 그런데 시인은 수종사의 수려한 풍광보다는 법당 처마에 매달린 물고기 모양의 풍경風磬에 시선을 집중한다. 항상 눈을 뜨고 있는 물고기는 늘 깨어 있는 수행자에 비유된다. 강물에 사는 물고기는 통통하게 살이 올라야 제법이지만 사찰의 물고기(風磬)는 종이처럼 얇아야 맑고 아름다운 소리를 낼 수 있다. "햇볕에 날아간 살과 뼈 / 눈과 비에 얇아진 몸"이라는 풍경의 묘사는 마른 몸으로 선정에 든 성성적적한 수좌의 모습을 떠올리게 한다. 강에서 불어오는 바람이 얇아진 몸을 때릴 때 "몸이 부서지는 맑은 소리"는 눈 푸른 납자의 청량한 기품을 느끼게 한다. 인간의 내면과 자연을 관조하는 공광규의 시적 세계가 수묵화처럼 그윽한 여백의 미와 선풍을 느끼게 한다.

그런데 우리는 스스로 수많은 구분의 선을 그어 놓고 분별과 갈등 속에 힘들게 살아간다. 때문에 끝없는 욕망에서 비롯된 이러한 '간택揀擇의 세계'에는 헤아리기 어려운 많은 담장이 가로놓여 있다. 사실 간택의 세계를 초월하면 '공空'의 세계가 될 것이며 정토에 이르는 길이 열릴 것이다. 하여 시인은 〈담장을 허물다〉에서 집의 안과 밖을 가르고 있는 경계물인 담장을 허묾으로써 보다 즐겁고 행복해지는 성찰의 사유를 보인다.

고향에 돌아와 오래된 담장을 허물었다
기울어진 담을 무너뜨리고 삐걱거리는 대문을 떼어냈다
담장 없는 집이 되었다
눈이 시원해졌다

우선 텃밭 육백평이 정원으로 들어오고
텃밭 아래 사는 백살 된 느티나무가 아래 둥치째 들어왔다
느티나무가 그늘 수십평과 까치집 세채를 가지고 들어왔다
나뭇가지에 매달린 벌레와 새 소리가 들어오고
잎사귀들이 사귀는 소리가 어머니 무릎 위에서 듣던 마른 귀지 소리를 내며들 왔다

(중략)

공시가격 구백만 원짜리 기울어 가는 시골 흙집 담장을 허물고 나서
나는 큰 고을 영주가 되었다

 - 〈담장을 허물다〉 부분

'2013년 작가가 선정한 오늘의 시'에 뽑혔던 작품이다. 다분히 불교적 사유를 기조로 한 순수하고 맑은 서정이 깃든 내면적 성찰의 세계를 잘 극화하고 있다. 소유의 경계를 규정짓는 담장을 허물고 나니 큰 고을의 영주가 됐다는 시인이다. 담장 하나 허물었을 뿐인데, 세상이 바뀌었다. 우리의 마음도 그러할 것이다. 우리는 너무 많은 담장을 높이 쌓고 살아간다. 결국 내가 쳐 놓은 담장을 허물면 천하를 얻을 수 있을 텐데 말이다. 무엇보다도 여기에는 욕망이 깊이 자리하고 있다. 욕망이라는 담장을 타인과의 사이에 쌓음으로써 갈등과 불행을 스스로 만든다. 따라서 시인은 욕망에서 비롯된 간택의 세계를 초월하여 행복에 이르는 길은 곧 '담장 허물기'임을 강조하고 있다.

'비움'은 공광규가 구축한 서정 세계의 핵심적 사유이다. 그것은 속세의 욕망과 집착을 버리고 자연 그대로의 생명력으로 가득 찬 자연과의 교감에서 비롯된다. 그래서 그는 갈대도 대나무도 해금도 아름다운 소리를 내는 것들은 다 속이 비어 있다는 것을 깨닫고 속 빈 놈이 되어야겠다고 결심한다.

아름다운 소리를 내는 것들은 다 속이 비어 있다

줄기에서 슬픈 숨소리가 흘러나와
피리를 만들어 불게 되었다는 갈대도 그렇고
시골집 뒤란에 총총히 서 있는 대나무도 그렇고
가수 김태곤이 힐링 프로그램에 들고 나와 켜는 해금과 대금도

그렇고
프란치스코 회관에서 회의 마치고 나오다가 정동 길거리에서 산
오카리나도 그렇고
나도 속 빈 놈이 되어야겠다
속 빈 것들과 놀아야겠다
- <속 빈 것들> 전문

　속을 비워야 삶이 더 풍요로워진다는 '비움'의 시학을 잘 담아내고 있다. 속이 비었다는 것은 속이 꽉 차지 않았다는 것이다. 속이 차지 않았으니 무엇인가 부족하고 허전할 것이다. 부족하고 허전하여 자연 슬픔이 그 자리를 차지하고, 아픔이 그 자리를 메울 것이다. 오동이 천 년을 서서 속을 비우니 줄이 없어도 바람이 와서 거문고를 뜯는다고 한다. 현금이 울지 않는데도 귀가 맑아지고, 은은하여 더욱 깊어지는 그 청아한 소리는 맑은 공명을 담아낸다. 노래가 아픔을 치유하듯이 시 또한 이 시대의 속이 빈 사람들의 슬프고도 아픈 마음을 치유할 수 있는 연유이기도 하다. 그래서 시인은 아름다운 노래를 위하여 스스로 슬퍼하고 아파할 줄 아는 속 빈 놈이 되고, 슬픔을 가지고 고통스러워하는 속 빈 것들과 함께 하겠다고 다짐하는 것이다.

　요컨대 불교적 사유를 시에 녹여내는 작업은 세상을 살리는 일과 통한다는 생각을 가진 공광규는 끊임없는 자기 비움과 타자에 대한 무한한 자비심과 불교적 상상력의 결합으로 시세계를 펼쳐 보인다. 그래서 그의 시는 외롭고 지친 사람들에게 보내는 따스한 눈빛이자, 포근히 감싸주는 위로와 격려의 손길과도 같다. 무엇보다도 반 기교

적이고 맑고 투명한 그의 시세계는 우리들로 하여금 세상을 맑은 눈으로 바라볼 수 있게 한다. 그런 점에서 공광규의 시는 현대인들의 혼탁한 정신을 정화시켜 주고, 세상에 대한 갱신의 눈을 새롭게 뜨게 해준다는 또 다른 의미를 지닌다.

이정록,

허리가 아프니까 세상이 다 의자로 보여

충남 홍성 출생의 이정록(1964~)은 공주대학교 한문교육과를 졸업하고, 1993년 동아일보 신춘문예에 시 〈혈거시대〉가 당선되면서 작품 활동을 시작했다. 시집으로 『벌레의 집은 아늑하다』, 『풋사과의 주름살』, 『버드나무껍질에 세 들고 싶다』, 『제비꽃 여인숙』, 『의자』, 『정말』, 『어머니학교』 등이 있으며, 김수영문학상, 김달진문학상, 소월시문학상 우수상 등을 수상했다.

이정록 시의 특징은 자연의 질서와 인간과의 조화를 모색하고, 세밀한 자연 관찰을 통해 내면에 이르는 시선을 견지하며, 특히 모성에 대한 믿음과 사랑을 원천으로 삼고 있는 것이다. 자연 현상에 내밀하게 침투하면서도 인간 중심적인 시각에서 벗어나지는 않는 그의 시선은 삶의 근거와 감성의 근원으로 작용한다. 그 전형적인 시가 나무에서 모성의 본질을 발견하는 〈나무도 가슴이 시리다〉이다.

남쪽으로
가지를 몰아놓은 저 졸참나무
북쪽 그늘진 둥치에만
이끼가 무성하다

아가야
아가야
미끄러지지 말아라

포대기 끈을 동여매듯
댕댕이덩굴이
푸른 이끼를 휘감고 있다

저 포대기 끈을 풀어보면
안다, 나무의 남쪽이

더 깊게 패여 있다

햇살만 그득했지
이끼도 없던 허허벌판의 앞가슴
지가 더 힘들었던 것이다

덩굴이 지나간 자리가
갈비뼈를 도려낸 듯 오목하다
 - <나무도 가슴이 시리다> 전문

　빛을 따라 생장하는 나무의 향일성으로 남쪽 가지만을 살찌우고, 북쪽 그늘진 둥치에 이끼가 무성한 졸참나무에 대한 사실적인 관찰이다. 인간적인 시선으로 푸른 이끼를 휘감고 있는 댕댕이덩굴에서 시인은 뜻밖에도 포대기 끈을 연상해 낸다. 나무의 등 쪽에 붙어 있는 푸른 이끼는 어미 등에 매달린 아가와 동일시된다. 그렇다면 이끼가 자라지 않는 남쪽 등걸은 새끼를 품을 수 없는 허허벌판의 앞가슴이 되는 셈이다. 이처럼 인간적 관점이 사실적 묘사와 절묘하게 조응하는 것 또한 이정록 시의 한 특징이다. 마지막 구절은 덩굴이 지나간 깊은 흔적을 갈비뼈를 도려낸 듯 오목한 상처자국에 비유함으로써 자식을 잃은 허허로운 심사를 담아내고 있다. 물론 그의 시는 늘 자연에 대한 관조와 호응에서 출발하지만 단순한 자연의 묘사에 그치지 않고 자연과 인간이 소통하는 현장을 보여 줌으로써 현실과 긴밀한 현실감을 획득하고 있다.

　자연과 일상의 구체적인 체험과 관찰을 통해 삶의 의미를 포착하는 이정록은 대상과 자아의 일체감을 통해 삶의 의미를 이끌어 내는 동일성의 시학을 추구한다. 그는 '볍씨/삶'과 '밥/별'을 등가 관계에 놓음으로써 '볍씨'에서 '별자리'를 통째로 품는 먼 거리에로 끌어들이면서 개체적인 존재의 깊이와 우주와의 관계성을 짚어낸다.

 볍씨 한 톨 매만지다가
 앞니 내밀어 껍질을 벗긴다

 쌀 한 톨에도, 오돌토돌
 솟구쳐 오른 산줄기가 있고
 까끄라기 쪽으로 흘러간 강물이 있다

 쌀이라는 흰 별이
 산맥과 계곡을 갖기 전
 뜨물, 그 혼돈의 나날
 무성했던 천둥 번개며 개구리 소리들

 문득 내 머리 속에
 논배미라는 은하수와
 이삭별자리가 출렁인다

 알 톡 찬 볍씨 하나가
 밥이 되어 숟가락에 담길 때
 별을 삼키는 것이다

 밤하늘 별자리를
 통째로 품는 것이다
  - <흰 별> 전문

'생명의 그물'을 인식하게 하는 시편이다. 못자리에 심을 볍씨 한 톨을 만지고 껍질을 벗기면서 별을 떠올리는 상상력이 기발하다. 시인의 눈은 작은 쌀 한 톨에서 산줄기와 강물을 본다. 그리고 뜨물 같은 혼돈의 날들을 거쳐서 '쌀'이라는 '흰 별'에 이르기까지 견디어 낸 천둥번개와 개굴 소리들을 연상하다가 "논배미에 출렁이는 벼 / 은하수 별자리"로 병치시키면서 시를 낯설게 하고 있다. 볍씨에서 가져온 밥을 먹는 것도 곧 "별을 삼키는 것"이며 더 나아가서는 "밤하늘의 별자리를 통째로 품는" 대목에서 볍씨 속에 온 우주가 들어 있음을 알게 한다. 쌀 한 톨 속에도 이처럼 우주가 들어와 있다는 시인의 눈이 신선하다.

독일의 문호 헤르만 헤세는 『데미안』에서 "새는 알에서 나오려고 몸부림을 친다. 알은 세계이다. 태어나려고 하는 자는 하나의 세계를 깨뜨려야만 한다."고 설파하면서 20세기의 정신상황을 염두에 둔 문명비판을 하였다. 모든 위대한 탄생의 이면에 "알을 깨는 아픔"이 있음을 설파한 이 대목은 이정록의 〈줄탁〉에서도 발견된다. 시인은 자연에서도 두루 발견되는 위대한 모성에 대한 지극한 성찰을 그려내고 있다.

어미의 부리가
닿는 곳마다
별이 뜬다
한 번에 깨지는
알 껍질이 있겠는가

밤하늘엔
나를 꺼내려는 어미의
빗나간 부리질이 있다
반짝, 먼 나라의 별빛이
젖은 내 눈을 친다
- <줄탁> 전문

　자기 몸을 돌보지 않는 어미닭의 정성과 헌신적인 노력, 부화에 적합한 환경을 만들어 주는 인위적 보살핌 없이는 결코 달걀 스스로 병아리가 될 수 없다. 닭이 알을 깔 때에 알 속의 병아리가 껍질을 깨뜨리고 나오기 위하여 껍질 안에서 쪼는 것을 '줄啐'이라 하고, 어미 닭이 밖에서 쪼아 깨뜨리는 것을 '탁啄'이라고 한다. 줄탁동시 啐啄同時 역시 깨우침과 관련된 공안이다. 병아리가 알 속에서 나오려면 먼저 스스로 알을 깨기 위해 부리로 알을 쪼아야 한다. 그러면 알을 품던 어미닭이 소리를 알아듣고 동시에 밖에서 알을 쪼아 안팎에서 서로 쪼아댄다. 즉 줄탁동시 해야 생명이 되고 도에 이른다는 말이다. 새끼와 어미가 동시에 알을 쪼지만, 그렇다고 어미가 새끼를 나오게 하는 것은 아니다. 어미는 다만 알을 깨고 나오는 데 작은 도움만 줄 뿐, 결국 알을 깨고 나오는 것은 새끼 자신이다. 지구라는 알에 갇혀 있는 병아리, 어미의 부리가 닿는 곳마다 별이 뜬다는 대목은 자연과 인간의 생장 과정을 동일하게 적용되는 모성의 적극적인 작용을 감지케 한다. 우주에서 쪼아주는 어미의 부리질을 별빛으로 받아들이는 시인의 감수성은 참으로 놀랍다.
　자연과 일상에 대한 면밀한 관찰을 삶에 대한 깊이 있는 통찰로 이끄는 것은 이정록의 시가 갖는 저력의 근거이다. 인간 중심의 시선으로 자연과 인간이 연대를 이루는 공생과 교감의 장을 묘사하는 시인은 달은 윙크 한 번 하는 데 한 달이나 걸린다고 말함으로써 자연에서 사랑의 방식을 배울 것을 제안한다.

> 돌부처는
> 눈 한번 감았다 뜨면 모래무덤이 된다
> 눈 깜짝할 사이도 없다
>
> 그대여
> 모든 게 순간이었다고 말하지 마라
> 달은 윙크 한번 하는 데 한 달이나 걸린다
>
> - <더딘 사랑> 전문

인간적인 관점과 자연 현상을 결합한 시인의 놀라운 상상력이 이채롭다. 이처럼 풍부한 자연의 비유는 시인의 유심론적 사유와 긴밀하게 호응하면서 흥미로운 상상의 장을 이룬다. 크고 더딘 자연의 리듬에도 익숙한 시인의 상상력은 한 달이 걸리는 달의 윙크 시간을 감지한다. 달이 윙크하는 데 한 달이나 걸리는 것처럼 쉽게 만나고 쉽게 헤어지는 빠름의 시대일수록 더딘 사랑, 느림의 미학의 필요성을 역설하고 있다. 상대에게 한없이 더딘 것이 내게 한없이 빠른 것이기도 하여 애간장이 탈 때, 그리움이 조갈증을 보탤 때, 달의 윙크에서 배우는 '더딘 사랑'은 사랑 중에서 가장 아름다운 사랑인 것이다.

한겨울 연못 연밥을 본다
그을린 가마솥 본다 저게 가슴이구나
눈보라가 밥물을 잡자 살얼음이 가늠한다
낱알마다 다시 작은 솥단지가 하나씩이다

연잎과 연꽃이 우러러 받든 하늘
그 하늘의 휘파람을 겨우내 끓이면 봄이 온다
진흙공책에다 고개를 꺾는 복학의 계절이다
이곳저곳에 밑줄 긋지 말자
꺾인 연밥의 고개를 세우고 상처를 쓰다듬는다
이렇듯 밑줄은 단 한 번만 긋는 것이다

끝내 이루고자 하는 것은 마침표부터 찍는다
기도는 그 마침표에서 싹을 꺼내는 것
꽃과 밥은 언제나 무릎에 주시었나니
두 무릎에 연꽃이 필 때까지

- <기도> 전문

휘어지고 쪼그라드는 연꽃 씨방석과 연대에서 또 다른 자연의 진리를 보게 된다. 한 겨울 연못 속에 말라 있는 연대 끝에 매달린 연밥은 "그을린 가마솥"이요 "연의 가슴"이다. 눈보라를 견딘 연밥에 살얼음이 얼지만 그 낱알은 하늘의 휘파람을 겨우내 끓이며 봄이 오라고 기도를 드린다. 연잎과 연꽃이 그러했던 것처럼 하늘을 우러러 받들고 뜨겁게 영혼을 달구느라 가마솥은 검게 그을린 것이다. 진흙 속에 뿌리를 묻은 채 하늘의 뜻을 기다리는 연밥의 꺾인 고개를 세우고 보면 상처가 깊다. 여름과 가을을 지나 잎과 꽃이 지자 겨울 연못의 얼음장 속에서 눈보라를 견디는 연밥, 그 기도는 절정에 이르렀다. 어쩌면 단 한 번만 밑줄을 그어야 할 마지막 하늘의 계시를 듣고 있는지도 모른다.

한편, 이정록은 풍경의 안과 밖을 '바라보는 자의 조용한 고통'으로 응시한다. 그 응시를 통해 시는 건조한 풍경묘사와 감성적 토로에 기대지 않고, 서정적 긴장의 상태로 우리를 이끈다. 그래서 그의 시들은 상처를 이야기한다. 그의 상처는 거창하거나 특별한 것으로서의 상처가 아니다. 그저 평범한 일상에서 느끼는 상처이다. 첫 시집 『벌레의 집은 아늑하다』의 〈서시〉는 그가 말하는 상처가 어떤 것인지를 말해 준다.

> 마을이 가까울수록
> 나무는 흠집이 많다.
>
> 내 몸이 너무 성하다.
> - 〈서시〉 전문

시인의 가장 빛나는 매력은 '한 소식'에 가까운 짧은 시들이다. 시인의 시력과 시야가 압축되어 있는 짧은 시에는 사물과 사태, 삶과 세계의 핵심을 파고드는 직관력은 물론이고 직관한 내용을 최소한의 어휘로 조형해 내는 재능이 들어 있다. 인용 시에는 '시의 뼈'를 중요하게 여기는 시인의 시적 태도가 잘 투영되어 있다. 시인은 상처 없는 자신에 대한 부끄러움을 반성한다. 상처란 인간 사회 속에 파고들 때 생기는 성실성의 흔적이다. 그는 상처 없이 성숙하기를 원하지 않는다. 상처란 자신이 살아온 삶이 어떤 것이었는지를 보여주는 바로미터이기에 그것을 온몸에 품고 살아가기를 원하는 것이다. 그의 상처에 대한 이해는 두 번째 시집 『풋사과의 주름살』의 표제 시에서 극점을 이룬다.

어물전 귀퉁이
못생긴 과일로 탑을 쌓는 노파

뱀 껍질이 풀잎을 쓰다듬듯,
얼마나 보듬었는지 풋사과의 얼굴이 빛난다
더 닳아서는 안 될 은이빨과
국수 토막 같은 잇몸과, 순전히
검버섯 때문에 사온 落果
신트림의 입덧을 추억하는 아내가
떫은 판잔을 늘어놓는다
식탁에서 냉장고 위로, 다시
세탁기 뒤 선반으로 치이면서
쪼글쪼글해진 풋사과에 과도를 댄다
버리기에 마음 편하도록 흠집을 만들다가
생각없이 과육을 찍어 올린다
떫고 비렸던 맛 죄다 어디로 갔나
몸 안을 비워 단물 쟁여놨구나
가물가물 시들어가며 씨앗까지 빚었구나
생선 궤짝에 몸 기대고 있던 노파

> 깊은 주름살 그 안쪽,
> 가마솥에도 갱엿 쫄고 있을까
> 낙과로 구르다 시른 젖가슴
> 그 안쪽에도 사과씨 여물고 있을까
>
> 주름살이란 것
> 내부로 가는 길이구나
> 연 살처럼, 내면을 버팅겨 주는 힘줄이구나
>
> - <풋사과의 주름살> 전문

 자연물을 응시하면서 현상의 이면에 놓여 있는 삶의 이치를 간파하는 압권의 시이다. 시인은 풋사과의 주름살에 대한 체험과 그 사과를 팔던 노파의 주름살을 중첩하며 절묘하게 의미를 간파해 낸다. 어물전에서 한 귀퉁이를 차지하고 "못생긴 과일로 탑을 쌓는 노파"에서 생의 낙과를 읽어 낼 수 있다. 어쩌면 그 낙과는 노파 자신일 수도, 못난 우리 자신일 수도 있다. "더 닳아서는 안 될 은이빨"이나 더 닳아서는 안 될 사과, 검버섯 핀 노파나 검버섯 핀 사과나 별 차이 없다. 그래서 연민으로 사온 낙과이다. 노파와 쪼글쪼글해진 풋사과의 주름살의 연결이 놀라울 정도로 평이한 언술 속에서 이루어져 있다. 즉 떫고 비려 먹지 않았던 풋사과의 쟁여놓은 "단물"이 노파의 "가마솥" "갱엿"이 되고 주름살이 "내부로 가는 길"이 되는 인식의 힘이 참으로 놀랍다. 결국 내면의 단물이며 연 살처럼 내면을 지탱해 주는 힘줄이 주름살이고 상처인 것이다.

 고달픈 삶에 대한 공감과 연민은 고통에 민감할수록 더욱 깊어지는 법이다. 이정록은 세상 만물은 저마다 쓰라린 상처를 딛고 성장하고, 올곧은 열정으로 인해 구부러지는 고통의 체험을 삶의 스승으로 여긴다. 그래서 그의 시에서 볼 수 있는 따뜻한 감성은 고통이나 고독 같은 삶의 그늘을 공유하는 자들끼리 나누는 연민과 유대에 기인한다. 고통과 비애를 인간뿐 아니라 만물에 편재하는 것으로 인식하는 그의 시에서 인간과 자연 사이의 교감은 지극히 자연스럽게 이루어진다.

해바라기의 올곧은 열정이
해바라기의 목을 휘게 한다
그렇다, 고추도 햇살 쪽으로
몸을 디밀어 올린 것이다
그 끝없는 깡다구가 고추를 붉게 익힌 것이다
구부러지는 힘으로 고추는 죽어서도 맵다
  - <구부러진다는 것> 부분

옷은 제 상처로 사람을 철들게 한다
한 땀 한 땀 옷을 꿰매던 사람
누더기 많은 어둔 세상에
등 하나 내다 건다
  - <옷> 부분

위 두 편의 시는 저마다 쓰라린 상처를 딛고 성장하는 세상 만물의 현상임을 설파하고 있다. 고추나 해바라기의 목이 휘어지는 것은 무언가를 향한 강렬한 열망 때문이다. 그들이 햇살을 향한 올곧은 열정으로 인해 구부러지는 고통을 감수하지만, 또 구부러짐으로 인해 단단하게 결실을 맺을 수 있다. 아픈 만큼 성숙해진다는 삶의 법칙은 옷의 바느질에도 적용된다. 한 땀씩 이어지는 고통스런 박음질을 통해 옷이 완성될 수 있다는 시련의 원칙은 한평생 바느질을 해 온 봉제사를 장애인후원회장으로 성숙시킨다. 고통을 이해하는 자만이 고통 받는 자들과 함께할 수 있는 것이다. 고통의 체험을 삶의 스승으로 여기는 시인의 시에서 보이는 공감과 연민의 정서가 마음을 건드리는 것은 상처와 실패를 딛고 일어설 때의 남다른 의지와 깨달음을 내포하고 있기 때문이다.

나아가 이정록은 시적 대상을 단순히 객관화하거나 관념 속에서 끄집어내지 않고 그 대상에 감춰진 비밀스런 이야기를 삽입함으로써 의미망을 더 넓고 깊게 펼쳐간다. 그의 시가 단순히 자연을 예찬하는 관념적인 생명시들과 구분되는 것은 시에 이야기의 힘을 담아내기 때문이다. 자식을 낳느라 살에 하얗게 실금이 간 어머니의 아랫배를 보며 마른 들녘을 적셔 나가는 은빛 강이고, 또한 깊고 아늑한 중심으로 도도히 흘러드는 눈부신 강이라고 그는 표현한다.

    양수를 여섯 번이나 담았던
    당신의 아랫배는
    생명의 곳간, 옆으로 누우면
    내가 제일 고생 많았다며
    방바닥에 너부러진다

긴장을 놓아버린 아름다운 아랫배
누가 숨소리 싱싱한 저 방앗간을
똥배라 비웃을 수 있는가
허벅지와 아랫배의 터진 살은
마른 들녘을 적셔 나가는 은빛 강
깊고 아늑한 중심으로 도도히 흘러드는
눈부신 강줄기에 딸려들고파
나 문득 취수장의 물처럼 소용돌이친다
뒤룩뒤룩한 내 뱃살을
인품인 양 어루만지는 생명의 무진장이여
방바닥도 당신의 아랫배에 볼 비비며
쩔쩔 끓는다

- <강> 전문

여섯 자식을 생산한 끝에 "똥배"의 꼴을 갖추게 된 어머니의 배를 두고 "숨소리 싱싱한 저 방앗간"이며 "마른 들녘을 적셔 나가는 은빛 강"이라 표현하는 데에서 보듯, 이정록 시의 문법은 뒤집어보기를 주요한 특징으로 삼는다. 예쁜 것들이 판을 치는 세상이다. 예뻐지기 위해 수단과 방법을 가리지 않고 성형을 통한 인공미를 추구하는 것이 시대의 흐름이다. 눈, 코, 턱은 물론 팔, 허벅지, 심지어 배에까지 메스를 들이댄다. 그렇게 '다듬어진 예쁨'이 넘쳐나는 거리이고 상품화되는 몸들이다. 우리 어머니들의 주름진 손과 풀죽은 가슴과 늘어진 아랫배가 설 곳은 어디며, 우리를 낳고 키워낸 고난의 세월을 고스란히 간직한 것들에 왜 눈길 한번 주지 않는가. 설혹 늙고 병들어 조용히 숨죽이고 있다 해도, 이 땅의 어머니들의 삶의 흔적은 위대하고 아름답기만 하다.

한편, 이정록의 시는 주로 자연을 그리지만 단순한 풍경화와는 다르다. 그의 시는 인간화된 자연 혹은 자연화된 인간을 연상시킨다. 자연에 대한 묘사 속에서도 늘 인간적 시선을 담아내며, 자연과 인간에게서 동일하게 연민과 공감을 끌어낸다. 사소한 행위도 그의 시선에 들어오면 새로운 의미와 가치를 얻는다. 〈뒷짐〉이라는 시가 그러하다.

짐 꾸리던 손이
작은 짐이 되어 등 뒤로 얹혔다
가장 소중한 것이 자신임을
이제야 알았다는 듯, 끗발 조이던
오른손을 왼손으로 감싸 안았다
세상을 거머쥐려 나돌던 손가락이
제 등을 넘어 스스로를 껴안았다
젊어서는 시린 게 가슴뿐인 줄 알았지
등 뒤에 두 손을 얹자 기댈 곳 없던 등허리가
아기처럼 다소곳해진다, 토닥토닥
어깨 위로 억새꽃이 흩날리고 있다
구멍 숭숭 뚫린 뼈마디로도
아기를 잘 업을 수 있는 것은
허공 한 채 업고 다니는 저 뒷짐의
둥근 아름다움 때문이 아니겠는가

밀쳐놓은 빈손 위에
무한 천공의 주춧돌이 가볍게 올라앉았다

- <뒷짐> 전문

  2005년도 소월시문학상 수상 작품이다. 언제나 "짐을 꾸리고", "끗발을 조이고", "세상을 거머쥐려 나돌던 손가락", "무한 천공의 주춧돌을 가볍게 올릴 위대한", 손이 등 뒤로 넘어가는 순간, 비움으로써 가득 차고, 버림으로써 모든 것을 얻는 뒷짐이 탄생한다. 할머니의 어부바를 떠올리며 뻗대도 끄떡없었던 할머니의 든든하고도 둥근 아름다움을 떠올리며 허공 한 채 업고 다니는 뒷짐의 둥근 아름다움에 대해 생각하는 시인은 뒷짐이 이렇게 아름다운 짐인 줄 처음 알았던 것이다. 뒷짐 지고 걷는 사람이 별로 없는 요즘, 배 쪽으로 끌어안아 등 뒤로 둥글게 돌려 업던 어머니의 몸짓 또한 참으로 아름다웠던 것이다.

  이정록의 인간 중심적인 사유는 '연민'이라는 감정적 유대감을 바탕에 둠으로써 생명시학으로서의 뚜렷한 의미를 확보한다. 무엇보다도 홍성의 황새울 마을에 홀로 살고 있는 노모는 시인에게 마르지 않는 시심의 원천이다. 별난 배움도 없이 농사로 평생을 보냈지만 어머니가 무심하게 던지는 말의 의미는 놀랄 만큼 넓고 깊다. 병원에 갈 채비를 하며 어머니가 던진 '한 소식'은 고달픈 삶을 지켜 주는 안식처로서 의자의 기능을 선명하게 각인한다.

허리가 아프니까
세상이 다 의자로 보여야
꽃도 열매도 그게 다
의자에 앉아 있는 것이여

주말엔
아버지 산소에 좀 다녀와라
그래도 큰애 네가
아버지한테는 좋은 의자 아녔냐

이따가 침 맞고 와서는
참외밭에 지푸라기도 깔고
호박에 똬리도 받쳐야겠다
그것들도 식군데 의자를 내줘야지

싸우지 말고 살아라
결혼하고 애 낳고 사는 게 별거냐
그늘 좋고 풍경 좋은 데다가
의자 몇 개 내놓는 것이여

- <의자> 부분

삶은 서로에게 의자가 되어 주는 배려와 연민으로 지각되고 있다. 삶을 지켜 주는 것은 경쟁과 차별에서 이길 수 있도록 해주는 차가운 이성이 아니라 고통을 나누고 위로할 수 있는 따뜻한 감성이다. 동병상련의 눈길로 볼 때 세상 만물은 저마다 힘겨운 삶을 지탱하고 있는 것이다. 고통의 체험으로 인해 꽃도 열매도 다 의자에 앉아 있는 것이라는 공감과 연민의 정서를 일으키고, 나아가 참외와 호박에도 의자를 내주어야겠다고 다짐하는 장면에는 모든 사물들의 존재 가치에 차별성을 두지 않고 "한 식구"로 바라보고 배려하는 자세가 드러난다. 경쟁과 차별에 의해 불화가 심화되어 가는 현대적 삶과는 전혀 거리가 멀다. 여기에는 자아를 확대하여 타자와 함께 조화로운 삶을 지향하는 인식이 녹아 있다. 마지막 구절, 세상 사는 게 별거 아니라 서로 의자가 되어 주라는 말씀에 우리가 살아가는 이유가, 생의 바른 길이 다 들어 있다. 상처 입은 것들에 대한 애정과 일상에 지친 모든 이들에게 아픔들을 내려놓고 쉴 자리를 마련해 주는 의자는 다분히 배려와 교감의 장을 제공해 준다 할 것이다.

요컨대, 이정록의 시는 우주와 자연의 섭리나 이치 같은 거시적 시각보다는 작고 사소한, 혹은 평범하고 일상적인 사물들과 언어를 바라보는 미시적 세계를 표현한다. 때문에 개개의 존재들이 가진 속성을 관찰하고 이해하고 파악하여 그것이 가진 사회적 의미를 발견해 내는 그의 시 속에 수렴되는 사물들은 크든 작든 언제나 평등의 가치를 실현하며 그와 동등하게 시세계에 참여하고 있다. 이는 곧 서정시의 고전적 형식과 방법을 잘 견지하면서도 일상의 진실과 지혜를 놓치지 않고 담아내는, 시인의 상호연기 관계 인식에서 비롯되는 배려와 연민 그리고 공감의 시학이다.

장석남,

진정한 사랑은 번짐과 스며듦이다

한국 서정시의 한 극점에 서 있는 장석남(1965~)은 서울예전 문예창작과를 졸업하였으며, 1987년 경향신문 신춘문예에 〈맨발로 걷기〉가 당선되어 시단에 나왔다. 김수영문학상, 현대문학상, 미당문학상을 수상한 그의 시집으로는 『새 떼들에게로의 망명』을 비롯하여 『지금은 간신히 아무도 그립지 않을 무렵』, 『젖은 눈』, 『왼쪽 가슴 아래께에 온 통증』, 『미소는 어디로 가시려는가』, 『뺨에 서쪽을 빛내다』, 『고요는 도망가지 말아라』 등이 있다.

김소월, 한용운, 백석, 정지용, 서정주로 흐르는 한국 서정시의 맥을 이은 장석남은 '신新서정'의 흐름을 대표한다. 그의 시의 특징은 언어의 의미보다는 이미지나 감각, 운율을 중요시하는 행간에 내재된 섬세한 감성의 흔적들로 묘사된 풍경이다. 이러한 풍경은 얼핏 보면 소박하고 단순하며 낯익은 일상적 풍경으로 보일 수도 있으나 자세히 들여다보면 새로운 서정적 풍경이다. 무엇보다도 추억과 회상에 의해 밝고 따스하며 젖은 채 빛을 발하는 일상의 풍경들이다. 따라서 떠나간 곳을 기억하고 그리움들을 추억하는 것은 장석남 시의 원형질이라 할 수 있다.

장석남은 시인의 삶을 지탱해 주는 맑은, 그리고 때로는 고독하고 슬픈 마음결을 심리적 상징을 통해서 응축된 이미지를 변주해 낸다. 그의 이러한 시혼은 고향에 대한 그리움에서 배태된다. 그의 고향은 인천에서 쾌속선으로 한 시간쯤 거리의 덕적도 서포리다. 바람이 소금에 절여오는 곳이고, 별이 연필 깎는 소리처럼 뜨는 곳이다. 초등학교 6학년 여름까지 그 섬에서 보낸 그는 인천에 와서 살았다. 하지만 유년시절을 보낸 고향에 대한 그리움은 단순히 고향에만 머물지 않고, 모든 이들이 떠나왔을 고향에 대한 향수를 불러일으키게 한다. 영원한 마음의 고향, 덕적도에 대한 그리움을 노래한 〈덕적도 시〉는 그 전형적 예이다.

그러니까 밀물이
모래를 적시는 소리가
고요하게 불 끄고 잠든 마을 집들의 지붕을 넘어
우리집 뒷마당 가득하게 될 때나
우리집 뒷마당도 넘쳐 내 숨을 적실 때
달팽이관 저 깊이
모래알과 모래알 사이 물방울의 길처럼 세상은
내 뒤를 따라오지 못하고 나는
배고파도 그
속에서 나오기 싫었다.
지금은 그 물결 소리가 무엇을 적시는지
내가 숨차졌다

- <덕적도 시, 섬집> 전문

  덕적도의 들어오고 나가는 바닷물을 향한 그리움에서 출발한 시적 어조는 한결 차분하다. 모래를 적시는 밀물소리가 불 끄고 잠든 마을 집들의 지붕을 넘어 뒷마당 가득하게 될 때나 뒷마당도 넘쳐 내 숨을 적실 때, 모래알과 모래알 사이 물방울의 길처럼 세상은 내 뒤를 따라오지 못함을 느끼는 화자이다. 때문에 화자는 배고파도 그 속에서 나오기 싫었다고 토로하고 있다. 그러므로 그에게 고향은 지형상의 외로움만큼이나 큰 실존적 외로움을 경험하고 동시에 자연과 교감하는 공간이 된다. "지금은 그 물결 소리가 무엇을 적시는지 / 내가 숨차졌다"고 읊조린 시인의 목소리는 어쩌면 어린 시절, 바닷가에서 감수성 예민한 시인의 목청을 가다듬었던 것인지도 모른다. 이처럼 시인은 자연 친화나 고향의 이미지를 이 문명세계에 대응하고 탐색하는 하나의 기제로 사용하면서 유년에의 추억이나 그리움들을 현재의 분열되고 소외된 삶의 치유의 방편으로 담아내고 있다.

장석남은 고요하게 기다리고, 고요하게 감각하여 시를 쓴다. 그렇다면 고요란, 그의 유일한 시창작의 한 전략일 수 있다. 다시 말해, 서정이 다가오길 기다리고 또 기다리는 그는 고요한 가운데 시적 대상을 바라보다, 마음에 물결치는 소리가 들릴 때 비로소 시를 써 내려가는 것이다. 때문에 이렇게 생산된 시는 서정을 기다리는 그의 절박한 호소일 수 있다. 누구도 마음을 기울이지 않는 작은 소리에도 그는 세심한 주의를 기울이며 감흥을 한다.

  솔방울 떨어져 구르는 소리
  가만 멈추는 소리
  담 모퉁이 돌아가며 바람들 내쫓는
  가랑잎 소리
  새벽달 깨치며 샘에서
  숫물 긷는 소리
  풋감이 떨어져 잠든 도야지를 깨우듯
  내 발등을 서늘히 만지고 가는
  먼,
  먼, 머언,
  속삭임들
  - <속삭임> 전문

화자는 지금 건너편에서 스쳐 사라져 가는 사소한 소리에도 귀를 기울인다. 가령, 솔방울 떨어져 구르다 멈추는 소리, 가랑잎 소리, 이른 새벽 샘에서 숫물 긷는 소리, 풋감 떨어지는 소리 등, 자신을 스치고 지나가는 소리들이 그것이다. 실로 이러한 소리들은 시인의 마음을 건드리는 자연의 조용한 속삭임이다. 마음을 모아 귀 기울여 보면, 먼 먼 생도 다 들리는 듯한 자연 만물의 속삭임이다. 그래서 바쁜 일상을 멈추고 자연과 함께 할 때 번다한 마음과 불안을 떨쳐 버릴 수 있고, 고요한 마음을 보듬게 되며 마음이 한결 가벼워짐을 느끼게 되는 것이다. 이는 곧 자연이 주는 '힐링'의 메시지이다.

장석남의 시에는 지나간 시간들, 지나간 추억들, 혹은 지금 눈앞에 보이고 있으나 지나간 것들을 안고 있는 풍경들이 허다하게 등장한다. 자연 안에서 탄생하고 소멸하는 것들, 그것에는 엄연한 질서와 눈에 보이지 않는 세계가 존재한다. 시인은 그러한 질서, 세계 속에서 인간의 내면을 읽어내고자 한다. 그의 이러한 시적 태도는 사랑을 격렬한 상실 안에서만 느껴지는 것으로 인식할 때 잘 드러난다. 그것은 시인이 바람만이 휑한, 꽃이 사라진 마당에서 팔짱을 낀 채 남몰래 상실의 아픈 가슴을 매만질 때 느끼는 통증을 묘사하는 다음의 시에서 잘 묘출되고 있다.

> 죽은 꽃나무를 뽑아낸 일 뿐인데
> 그리고 꽃나무가 있던 자리를 바라본 일뿐인데
> 목이 말라 사이다를 한 컵 마시고는
> 다시 그 자리를 바라본 일뿐인데

잘못 꾼 꿈이 있었나?

인젠 꽃 이름도 잘 생각나지 않는 잔상들
지나가는 바람이 잠시
손금을 펴보던 모습이었을 뿐인데

인제는 다시 안 올 길이었긴 하여도
그런 길이었긴 하여도

이런 날은 아픔이 낫는 것도 섭섭하겠네

- <왼쪽 가슴 아래께에 온 통증> 전문

 시인의 왼쪽 가슴 아래에는 무슨 사랑이, 누구를 향한 사랑이 숨겨져 있기에 그토록 아프게 느껴지는 것일까? 즐거운 상처라 말하는 경우도 있다. 쓰리지도 않고 아프지도 않은, 달콤하고 즐거운 상처가 과연 있는가? 하지만 이 시를 찬찬히 읽으면 아프지 않고 쓰리지 않은, 즐거운 상처가 있음을 느낀다. 그것은 죽은 꽃나무를 하나 뽑아내고도 아파하는 마음에서 잘 드러난다. 그런 아픔은 잊을 것이 아니라 좀 더 오래 아파해도 좋을 아픔일 수 있다. 혹은 아픔을 안고 살아온 버릇 때문에 아픔이 낫는 것조차 섭섭해 하는 것일 수도 있다. 그것은 사실의 여부와는 관계가 없는 느낌만으로의 세계이지만, 느낌만으로의 세계와도 소통과 공감이 가능한 세계가 시의 세계임을 이 역설적인 진실은 함축하고 있다. 상처를 말하면서도 시인은 신음을 내지 않는다. 그것은 드러내기보다는 상호교감, 교감의 세계를 지향하기 때문이다. 그래서 장석남의 시는 어떤 신선한 감각으로 혹은 속삭이는 언어로 다가오는 것이다.

"배"는 바로 삶이라는 바다를 끝없이 항해하는 유랑자로서 안락함과 정착을 동경하기도 하는 우리 인간존재를 상징한다. 상실의 아픔으로 인해 늘 "왼쪽 가슴 아래께에 온 통증"을 안고 사는 섬 소년이었던 장석남은 밧줄로 "배를 매는" 일과 "배를 미는" 일을 통해 사랑의 본질을 노래하고 있다. 덕적도 바닷가 조용한 썰물이 들었다 빠져나가는 해조음처럼 부드러운 언어들, 순간과 영원 사이에서 맺히고 풀리는 존재의 모습을 시인은 〈배를 밀며〉, 〈배를 매며〉 등의 시를 통해 그려내고 있다.

배를 민다
배를 밀어 보는 것은 아주 드문 경험
희번덕이는 잔잔한 가을 바닷물 위에
배를 밀어 넣고는
온몸이 아주 추락하지 않을 순간의 한 허공에서
밀던 힘을 한껏 더해 밀어 주고는
아슬아슬히 배에서 떨어진 손, 순간 환해진 손을
허공으로부터 거둔다

사랑은 참 부드럽게도 떠나지
뵈지 않는 길을 부드럽게도

배를 한껏 세게 밀어내듯이 슬픔도
그렇게 밀어내는 것이지

배가 나가고 남은 빈 물 위의 흉터
잠시 머물다 가라앉고

그런데 오, 내 안으로 들어오는 배여
아무 소리 없이 밀려들어오는 배여

- <배를 밀며> 전문

사랑과 이별을 통해 느끼는 인간의 근원적인 질문을 던지는 인용시는 <배를 매며>와 짝을 이루는 것으로 볼 수 있다. "배를 매는" 것이 두 개체가 서로 사랑하는 사이로 묶이는 것이라면 "배를 밀어내는" 것은 이별을 의미한다 할 수 있다. 화자는 배를 밀며 타거나 혹은 누군가의 목선이 떠나갈 수 있게 밀어 준다. 그런데 배가 떠나는 순간의 찰나, 배가 "물 위에 흉터"를 남기기 시작할 때, 손을 놓는 것이다. 시인은 배를 밀어 보는 아주 드문 경험을 하면서 "온몸이 아주 추락하지 않을 순간의 한 허공에서" "순간 환해진 손을 / 허공으로부터 거"두는 상상적 행위에서 마음의 움직임이 몸의 그것으로 바뀌는 과정을 섬세하게 포착한다. 아주 독특한 경험에서 얻은 상상력이라고 할 수 있다. 배를 한껏 세게 밀어내듯이 "슬픔도 그렇게 밀어낸다"고 말하는 대목에서 우리의 마음이 한결 가벼워지고 환해지는 것을 느낄 수 있다. 상처가 낫는 것도 섭섭해진다는 시인의 생각을 충분히 공감할 수 있다. 그런데 마지막 연의 "내 안으로 들어오는 배", "소리 없이 밀려들어 오는 배"는 밀어내 보냈는데도 내 가슴 속을 헤집고 들어오는 간절한 그리움의 대상을 말하고 있다. 이처럼 시인은 배의 떠나감과 밀려들어옴의 과정을 "사랑"의 상실과 회복의 제의로 치환함으로써 사랑과 존재 사이의 틈을 노래하고 있다.

  1980년대 거대 서사가 붕괴된 이후 독특한 서정의 세계를 펼쳐 보인 장석남은 시류에 아랑곳하지 않고 자신만의 시세계를 아름답게 펼쳐 보인다. 물론 그의 시에서 드러나는 아름다움은 '순수 서정'과 '탁마된 언어'이다. 그의 서정은 우리가 잃어버리고 있던 새와 달, 꽃, 별, 나무, 바다 등과 같은 자연적 소재를 시 속에 끌어들인다. 이러한 대상물들은 떠돌고 방황하는 그의 정처 없는 마음의 상징에 다름 아니다. 맑고 아름다운 이미지들로 우리들 내면 깊숙이 자리 잡고 있는 순수 서정을 일으켜 세우고 있는 대표적인 시가 〈저녁 햇빛에 마음을 내어 말리다〉이다.

    섬진강에서 어미소가 송아지 등을 핥아준다
    막 이삭 피는 보리밭을 핥는 바람
    아, 저 혓자국!
    나는 그곳의 낮아지는 저녁해에
    마음을 내어 말린다
    저만치 바람에
    들菊 그늘이 시큰대고
    무릎이 시큰대고
    적산가옥
    청춘의 주소 위를 할퀴며
    흙탕물의 구름이 지나간다

    아, 마음을 핥은 문밖 바람
    - 〈저녁 햇빛에 마음을 내어 말리다〉 전문

순수한 마음 상태에서 자연물과 교감하면서 더없이 섬세한 감각적 표현을 그려내고 있다. 어미소가 송아지의 등을 핥아주듯 보리밭에 스치는 바람을 마치 바람이 보리밭을 핥아주고, 바람이 흩어놓은 자국을 "헛자국"으로 표현해 내는 것은 자연과의 교감이 없으면 불가능한 일이다. 바람이 다가가는 들국(菊)의 시큰거림과 자신의 무릎까지 시큰거리는 것은 자연과의 일체감을 극화한 것이다. 이처럼 시인은 바로 마음에서 느끼는 자아와 자연과의 교감 혹은 일체감을 탁월한 언어감각으로 표출하고 있다. 그런데 그의 내면은 현실적인 고단함 가운데 있다. 혹은 무거운 소외와 쓸쓸함에 짓눌려 있다 해도 과언이 아니다. "아, 마음을 핥은 문밖 바람"이 그것을 잘 말해 준다. 무엇보다도 현실적인 삶으로부터 벗어난 자연 친연성이 시인의 아름다운 섬세한 감각을 고양하고 있는 것이다.
　자연과의 일체감을 추구하면서 빛나는 서정의 세계를 일궈내고 있는 장석남의 시는 오래된 마음속의 상처로 인하여 외롭고 가슴 아픈 자의 보드라운 감수성을 보여 주는 동시에, 삶과 죽음 혹은 과거와 현재, 너와 나 아니면 주체와 객체를 넘나드는 변화의 상상력을 보여 준다.

　　깜빡
　　낮잠 깨어나
　　창호지에 우러나는 저 봉숭아 꽃빛같이
　　아무 생각 없이
　　창호지에 우러나는 저 꽃빛만 같이

사랑도 꼭 그만큼쯤에서
그 빛깔만 같이

- <뻐꾸기 소리> 전문

  시의 주제는 사랑이며, 모티프는 뻐꾸기 소리이다. 산 속에 위치한 어느 집 창호지가 있는 방문이나 창문이 있는 고요한 방에서 깜빡 낮잠에 든 화자는 잠을 깨우는 뻐꾸기 소리를 듣는다. 그 울음은 듣는 이의 가슴속으로 들어와 진동의 폭이 더욱 커진다. 어느 산에서 우는지 모습을 드러내지 않는 뻐꾸기 소리는 사랑의 실체이기도 하면서 사랑의 메시지이기도 하다. 시인은 창호지 문 안쪽에서 차단된 저쪽 세계의 메시지를 연분홍 복숭아 꽃빛으로, 그림자로 바라볼 수밖에 없다. 이러한 의식의 흐름과 공간의 이동을 보여 주면서 시인은 '사랑'이라는 관념을 소리로, 빛깔로 치환시키면서 자신이 생각하는 사랑의 관념을 제시하고 있다. 그리움의 애절한 소리에 젖어 들어 지극히 눈을 감고 화자는 "사랑도 꼭 그만큼쯤에서 그 빛깔만 같이"라고 고백을 한다. 이 순간 우리는 시라는 특별한 코드에서 카타르시스를 경험하게 된다. 독자들에게 자신의 메시지를 강요하지 않으면서 사유의 깊이를 제공하고 있는 시편이다.

  장석남에게는 살아 있음을 아픔으로 여기고 그 아픔 속에서 밝은 별빛처럼 영롱한 지극함을 얻어내는 시들이 많다. 그의 시 안에서 풀, 꽃, 눈 들은 현실 속에서 상처받고 고통받는, 그렇지만 아름답게 피어나는 존재들로 형상화되고 있다. 그들에게 고통을 주는 것들조차 아름답게 그려져 있다. 따라서 그의 시어들은 슬픔에 관한 느낌들을 가지는 것들이 많지만 그 슬픔은 어두움에 그치지 않고 밝음을 지향한다. 이와 같이 추상적인 마음의 형세를 외부의 풍경으로 환치시켜 아련한 추억의 공간으로 소묘하는 시인 특유의 방식은 〈오래된 정원〉에서도 한결 드러난다.

나는 오래된 정원을 하나 가지고 있지
삶을 상처라고 가르치는 정원은
밤낮없이 빛으로 낭자했어
더 이상은 아물지도 않았지
시간을 발밑에 묻고 있는 꽃나무와
이마 환하고 그림자 긴 바위돌의 인사를 보며
나는 그곳으로 돌아서곤 했지 무성한
빗방울 지나갈 땐 커다란 손바닥이 정원의
어느 곳에서부턴가 자라나와 정원 위에
펼치던 것 나는 내
가슴에 숨어서 보곤 했지 왜 그랬을까
새들이 날아가면 공중엔 길이 났어
새보다 내겐 공중의 길이 더 선명했어
어디에 닿을지
별은 받침대도 없이 뜨곤 했지
내가 저 별을 보기까지
수없이 지나가는 시간을 나는
떡갈나무의 번역으로도 읽고
강아지풀의 번역으로도 읽었지
물방울이 맺힌 걸 보면

물방울 속에서 많은 얼굴들이 보였어
빛들은 물방울을 안고 흩어지곤 했지 그러면
몸이 아프고 아픔은 침묵이 그립고
내 오래된 정원은 침묵에 싸여
고스란히 다른 세상으로 갔지
그곳이 어디인지는 삶이 상처라고
길을 나서는 모든 아픔과 아픔의 추억과
저 녹슨 풍향계만이 알 뿐이지
- <오래된 정원> 전문

누구에게나 "오래된 정원"은 있다. 그곳에는 잊혀지지 않는 삶의 내력이 기록되어 있고, 무수한 상흔이 쌓여 가라앉아 있다. 인간의 고통은 내버려두면서 행복은 가만 두지 않기 때문에 "정원"은 삶이 곧 상처이고, "밤낮없이 빛으로 낭자"해도 "더 이상 아물지도 않"는다고 속삭인다. 하지만 그곳은 어두운 공간이 아니며 알아채지 못한 기억의 존재들이 다시 살아나는 곳이다. 시간을 묻고 있는 "꽃나무"와 "새들이 날아가"며 새기는 "공중의 길"과 "많은 얼굴"을 머금은 "물방울" 빛들이 희망처럼, 기쁨처럼, 그리움처럼 그곳에 살기 때문이다. "떡갈나무"와 "강아지풀"은 살아온 시간들의 더미이자 그 흔적의 총합으로 읽힌다. 따라서 이 오랜 "정원"은 시간을 따라 층층이 뒤덮인 모든 체험의 역사이자, 망각의 찰나 되살아나야 할 감정의 영원한 저장고이며, 나의 정체를 이루는 근원으로 비축된 추억의 다른 말이다. 그러나 상처뿐인 삶은 아프고, 아픔은 침묵을 낳는다. 말할 수 없는 아픔보다 더 큰 아픔이 있을까? 침묵에 잠긴 "정원"은 내

안에 있어도 이미 "다른 세상"이다. 오직 거대한 용기만이 상처의 뿌리를 더듬어 침묵의 집을 깨뜨릴 수 있을 것이다. "녹슨 풍향계"에서 "다른 세상"의 주소를 찾는 시선을 쫓으며 우리의 마음은, 그래서 한없이 막막하고 또 쓸쓸해진다. 시인의 시선이 끊임없이 다른 세상으로 가는 통로를 찾아, 그 세계의 비밀을 살며시 드러내 보이는 것도 여기에 있다.

오동꽃 하나의 떨리는 낙화. 장석남은 꽃을 만난 감격 앞에서 떨고 있다. 우리는 언제 꽃을 만날 수 있는가? 꽃은 어느 때나 피고 어디에나 있지만 그 꽃을 진정으로 만날 수 있는 시간은 언제인가? 장석남의 〈오동꽃〉을 보면 이런 물음에 대한 답을 얻을 수 있다.

다른 때는 아니고
참으로 마음이
평화로웠다고 생각하고
한참 만에 고개를 들면
거기에 오동꽃이 피었다

살아온 날들이 아무런
기억에도 없다고
어떡하면 좋은가...
그런 평화로움으로
고개를 들면 보라 보라 보라

오동꽃은 피었다 오오
무엇을 펼쳐서

이 꽃들을 받을 것인가
- <오동꽃> 전문

감격과 떨림과 질문으로 인하여 인용 시는 보다 감동적으로 살아난다. 꽃은 아무 때나 만날 수 있는 것이 아니라 평화로운 마음속에서, 그리고 여유로움 속에서 만날 수 있다는 것이 시인의 주장이다. "무엇을 펼쳐서 이 꽃들을 받을 것인가"라는 질문은 꽃을 어떻게 해야 제대로 맞이할 수 있는 것인가에 대한 물음이다. 시인은 진정으로 마음이 평화로워졌다고 생각하고, 한참 만에 고개를 들면 그때서야 비로소 꽃이 핀 것을 만날 수 있다고 알려 준다. 살아온 날들이 아무런 기억에도 없다는 건 분명 평화로운 삶이다. 허무하다고도 말할 수 있겠지만, 우린 언제나 평화를 꿈꾸어 온 게 아니었던가. 무엇인가 가지려 하고 무엇인가 움켜쥐었던 날들은 잠깐 기뻤지만 평화롭지는 않았다. 그것을 놓아버릴 때는 모두 슬펐고, 모두 분하고 아팠다. 그것도 평화롭지는 않았다. 가지는 것과 잃어버리는 것들이 한참 지나간 뒤에야 평화가 온다. 오동꽃은 제 꽃을 그냥 버린다. 슬픈 표정도 없이, 마치 때가 되었다는 듯 훌훌히 털어낸다. 나무는 꽃을 버렸지만, 우리는 꽃을 만난 셈이다. 버린 것과 만난 것이 다 한 가지의 일이다. 그러니 슬픔과 기쁨도 사실은 하나인 셈이다. 버림과 만남이 한꺼번에 이뤄지니, 최후도 이토록 평화롭다는 시인의 말은 버림과 충만의 지혜를 일깨워 준다.

장석남은 세상의 이치를 '번짐'이라는 단어로 담아낸다. 즉 그는 옷깃을 스치듯 자기도 모르는 사이에 이런저런 인연을 맺고, 그 사람들하고 감정이 얽혀 있는데, 그걸 '번짐'이라고 표현하고 있다. 결국 세상의 이치, 세상의 사랑이란 언제나 하나에서 다른 하나로 번져야 한다는 것이다.

번짐,
목련꽃은 번져 사라지고
여름이 되고
너는 내게로
번져 어느덧 내가 되고
나는 다시 네게로 번진다

번짐,
번져야 살지
꽃은 번져 열매가 되고
여름은 번져 가을이 된다

번짐,
음악은 번져 그림이 되고
삶은 번져 죽음이 된다
죽음은 그러므로 번져서
이 삶을 다 환히 밝힌다
또 한번— 저녁은 번져 밤이 된다

번짐,
번져야 사랑이지
산기슭의 오두막 한 채 번져서

봄 나비 한 마리 날아온다

- <수목정원 9. 번짐> 전문

　시간의 흐름과 그 소산물, 다양한 형태의 바뀜을 시인은 "번짐"으로 말한다. 일체 만물이 개체로서 존재하지 않고 서로 물감처럼 번지며 또 다른 하나를 완성해 가고 있음을 일깨워 주는 시편이다. 여름이 번져 가을이 되고, 꽃이 번져 열매를 맺고, 음악은 번져 그림이 되고, 삶이 번져 죽음이 되고, 저녁이 번져 밤이 되고, 나는 네게로 번지는 것이다. 꽃이 시간이라는 번짐을 통해 열매를 맺는다는 것, 음악이 번짐을 통해 시각화된다는 것, 삶이 번짐을 통해 죽음에 이른다는 것이다. 이것은 바뀜이 아니라 번짐이다. 아주 천천히 스며들어 어울리면서 나로 동화되어 가는 것이다. 스며듦이 잘되는 삶, 즉 내가 너에게 스며들고 어울리고 함께 나누는 것, 다시 말해 상호 침투는 공감과 소통의 조화롭고 화해로운 삶의 기반이고 사랑의 이치이기도 하다. 결국 번져야 진정한 사랑이 되는 것이다. 번진다는 것은 경계와 경계를 허무는, 더 큰 하나로 전이되는 과정을 말한다. 즉 주고받음의 상쇄에 의해서 경이롭게 열리고 닫히는 원융회통의 세계를 말한다. 이것은 곧 불교생태에서 말하는 상호의존이요 상호 침투의 원리이다. 이러한 번짐과 스며듦의 미학은 한때 광화문 교보빌딩 글 판에 새겨진 "내 유산으로는 / 징검다리 같은 것을 하고 싶어 / 모두들 건네주고 건네주는"라는 시구절에 담긴 시인의 소망에서도 잘 드러난다.

내 유산으로는
징검다리 같은 것으로 하고 싶어
장마 큰물이 덮이다가 이내 지쳐서는 다시 내보여 주는,
은근히 세운 무릎 상부같이 드러나는
검은 징검돌 같은 걸로 하고 싶어

지금은,
불어난 물길을 먹먹히 바라보듯
섭섭함의 시간이지만
내 유산으로는 징검다리 같은 것으로 하고 싶어
꽃처럼 옮겨가는 목숨들의
발밑의 묵묵한 목숨
과도한 성냄이나 기쁨이 마셨더라도
이내 일고여덟 형제들 새까만 정수리처럼 솟아나와
모두들 건네주고 건네주는
징검돌의 은은한 부동不動
나의 유산은

- <나의 유산은> 전문

　시인은 물질만능의 세태가 팽배한 요즘, 우리가 남길 유산은 물질적인 것보다 정신적인 가치가 더욱 중요하다는 것을 역설하고 있다. 여기서 징검다리는 오가는 사람들에게 묵묵히 자신을 내어 주는 '배려와 희생', 한편으로는 세대간·계층간 단절을 극복하는 '소통'을 상징한다. 시인은 끊어진 길을 이어 주는 징검다리와 같이 개인과 개인, 세대와 세대를 이어 주는 '배려와 소통'의 가치를 소중하게

여기며, 이것을 자신의 유산으로 남기고자 하는 소망을 표출하고 있다. 장석남의 시가 마음으로 번져 가는 시이고, 마음으로 읽는 시이며, 상생과 공감의 시로 읽히는 이유가 여기에 있다.

요컨대, 세상에 대한 불협화음을 서성거림으로 표면화하는 장석남은 자연이나 혹은 유년의 추억을 떠올리며 자신의 상처와 외로움을 달랜다. 이러한 시적 미학은 기계적이고 권태로운 일상이나 온갖 자극적인 유혹 속에서 우리가 잃어 가고 있는 시적 감수성과 시적인 아우라를 새롭게 환기한다. 때문에 풋풋한 서정 속에서 고통스럽고 타락한 삶의 긴 시간들을 정제해 내는 그의 시적 공간은 마치 맑은 물이 흐르는 텅 빈 시냇가의 조용함처럼, 쓸쓸하고 적막하게 세상 모든 것들을 가볍게 흘려보내는 힘을 지닌다. 이는 곧 그의 언어들이 독자들에게 서정적 위로와 위안을 선사하는 근원적 요인이기도 하다. 어떤 시류에도 편승하지 않고 그만의 빛과 색으로 그리고 단아하면서도 청매 빛처럼 고요한 서정을 지닌 시인으로서, 장석남은 모든 사람들의 징검다리가 되고픈 '비움'과 '느림'의 시학으로 우리에게 다가오고 있다.

이홍섭,

아픈 영감의 저녁상에 피는 마음 속 적멸보궁

강릉 출신의 이홍섭(1965~)은 강릉대학교 국어국문학과를 졸업했으며, 1990년 『현대시세계』로 등단했다. 2000년 문화일보 신춘문예를 통해 문학평론가로 데뷔하기도 한 그는 시와시학 젊은시인상, 유심작품상 시부문, 현대불교문학상, 제1회 시인시각 작품상 등을 수상했다. 시집 『강릉, 프라하, 함흥』, 『숨결』, 『가도 가도 서쪽인 당신』, 『터미널』과 산문집 『곱게 싼 인연』 등을 출간했다.

이홍섭 시세계의 특징은 나직한 어조로 생멸과 같은 삶의 비의를 천착하고 시화하는 데 있다. 그래서 맑고 고요하며 깊은 사색과 관조의 그의 시들은 적요의 세계에 닿아 있고, 때로는 애틋한 삶의 속살을 내보이며, 세간과 출세간을 자유로이 넘나든다. 그의 이러한 시적 사유는 인간 존재를 섬에 비유하여 외로움의 자각이 사랑의 열망으로 바뀌고 그것이 다시 고독의 가혹한 심연으로 깊어지는 과정을 표현하는 데서 잘 드러난다.

> 외로움이 힘이 되어
> 한없는 응시가 어느덧 사랑이 되어
>
> 저렇게
> 활활 타오르는 섬
> - <불타는 섬>

섬처럼 외로운 존재가 어느 날 누군가를 한없이 응시하고 마침내 사랑이 되어, 활활 타오르고 있다. 이때 섬이라는 공간은 밖을, 외로움은 세속에서 벗어난 자의 인식을 의미한다. 결국 타오르는 섬이란 '나는 누구인가'를 추궁해 가는 자의 뼈아픈 정념의 불꽃이다. 외로움이 클수록 그리움과 사랑은 더욱 강하게 불타오른다. 이처럼 이홍섭의 시 쓰기는 이렇게 섬이 되어 활활 타오른다.

이홍섭은 생의 '바닥'까지 내려가서 인간의 보편적 삶의 근원적인 고독과 쓸쓸함을 매우 느린 어조로 노래한다. 그러면서 그는 시적 대상들을 향해서는 무한한 연민과 따듯한 시선을 보낸다. 따라서 그의 시는 어떤 '근원(바닥)'을 바라보면서도 형이상학에 갇혀 있지 않는 현실적인 구체성으로 다가온다. 그의 이런 시작 태도를 선명하게 암시해 주는 시가 〈밤비〉이다.

> 남들 회사 갈 때
> 나 절에 간다
> 내 거처는 非僧非俗의 언덕 한 켠
>
> 나의 본업은
> 밤 새워 내리는 밤비를
> 요사채 뒤뜰 항아리에 가득 담는 일
> 하지만
> 내리는 밤비는
> 항아리를 가득 채우지 못하니
>
> 나의 부업은
> 나머지 빈 곳을 채우는 일
> 나는
> 항아리를 껴안고
> 비 내리는 꿈속을 헤맨다
>
> - 〈밤비〉 전문

연민으로 바라보는 따스한 속가와 빗물로 빈 항아리를 채우는 승가에서 근원의 허기와 갈증으로 몸부림하는 시인의 모습이 잘 드러나 있다. 시인의 본업은 놀랍게도 "밤새워 내리는 밤비를 / 요사채 뒤뜰 항아리에 가득 담는 일"이다. 그런데 내리는 밤비가 항아리를 채울 수는 없는 법이다. 그래서 시인은 "나머지 빈 곳을 채우"는 데 열중한다. 그 담고 채우는 일의 반복을 그는 "꿈속을 헤"매면서 수행하고 있다. 우주와 한 몸 되기를 꿈속에서까지 바라는 목마름인 것이다. 이 몽상의 작업은 그가 치르고 있는 시업詩業인 셈이다. 그래서 비는 우주의 일이고 항아리는 텅 빈 자신일 것이다. 따라서 자기 마음에 우주를 가득 받아들이겠다는 의도로 읽힌다. 이러한 '바닥'에 관한 시인의 시적 화두의 근원적인 에너지는 산문들에서 지속된다.

> 이 '짐승의 시간' 동안 내가 껴안고 뒹군 화두는 '바닥으로 가고 싶다'는 것이었다. 이 괴이한 화두는 스승도 없이 어느 날 문득 찾아와 마구니처럼 심신을 파고들었다. 나는 몸과 마음을 풀어헤치고 이 세상 모든 것의 바닥을 환히 들여다보고 싶었다. 이 병이 차라리 시마詩魔였더라면 시라도 미친 듯이 써댔겠지만 그것도 아니었다. 이 병이 차라리 애마愛魔였다면 연애라도 미친 듯이 했을 터인데 그것도 아니었다. 시나 연애로도 넘지 못할 은산철벽 앞에서 나는 짐승처럼 울 수밖에 없었다.
> 　- <궁상각치우窮狀覺癡愚> 전문

시인의 관심은 오로지 한결같이 '바닥'이라는 화두이다. 마치 선승들이 앉으나 서나, 밥 먹을 때나 잠들 때나 줄곧 화두를 잡고 살

듯, 시인은 언제나 이 말을 놓치지 않고 있다. 물론 다른 시인들의 시를 읽을 때도 '바닥'이라는 화두는 준거가 되었다. '궁상각치우窮狀覺癡愚'라고 하는 조어에서도 알 수 있듯이, 시인은 자신에게 새롭게 다가온 화두를 궁상에 가까운 '짐승의 시간' 속에서 성찰하고 또 반추한다. 그 결과가 '치우癡愚' 곧 어리석음을 깨닫게 하는 것이다. 때문에 이는 다소간 반어적 의미를 함의한다고 할지라도 시인 자신의 화두가 결국 미완의 형식으로 지속될 것임을 암시하고 있기도 하다.

터미널은 떠남과 돌아옴, 만남과 이별이 묶여 있는 곳이다. 동시에 이러한 까닭으로 터미널은 고통의 장소이다. 싫어하는 대상과 만나 괴로움이 생겨나는 곳이요, 사랑하는 사람과 이별하게 되어 괴로움이 생겨나는 곳이다. 이홍섭은 이러한 '터미널'이라는 독특한 공간을 시화한다. 즉 사람들이 무심하게 오가는 터미널에서 추억과 그리움의 흔적을 찾는 인간 존재의 실상을 9편의 연작시를 통해 처연하게, 그러나 나직한 음성으로 표현한다.

강릉고속버스터미널 기역 자 모퉁이에서
앳된 여인이 갓난아이를 안고 울고 있다
울음이 멈추지 않자
누가 볼세라 기역 자 모퉁이를 오가며 울고 있다

저 모퉁이가 다 닳을 동안
그녀가 떠나보낸 누군가는 다시 올 수 있을까
다시 돌아올 수 없을 것 같다며

그녀는 모퉁이를 오가며 울고 있는데

엄마 품에서 곤히 잠든 아이는 앳되고 앳되어
먼 훗날, 맘마의 저 울음을 기억할 수 없고
기억 자 모퉁이만 댕그라니 남은 터미널은
저 넘치는 울음을 받아줄 수 없다

누군가 떠나고, 누군가 돌아오는 터미널에서
저기 앳되고 앳된 한 여인이 울고 있다

- <터미널 2> 전문

 제10회 유심작품상 시 부문 수상작으로, 고통의 감각, 상련의 인식을 잘 묘출하고 있다. 시적 화자는 울고 있는 앳된 여인을 바라보고 있다. 그녀가 떠나보낸 사람은 아직껏 되돌아온다는 기별도 기약도 없다. 이 시가 주목을 끄는 것은 이별의 슬픔에 사로잡힌 그녀의 초조하고 난감한 심경을 닮아 가는 모퉁이로 읽어내는 상련의 인식에 있다. 다시 말해 갓난아이를 어르며 터미널 한 구석의 "기억 자 모퉁이"를 오가고 있는 여인을 시적 화자가 지속적으로 응시하고 있다는 데에 있다.

 비승비속의 언덕, 세간의 방에서 살고 있는 시인은 불가와의 각별한 인연들이 있다. 불연의 시심을 바탕으로 투명하고 결 고운 서정적 세계를 보여 주는 그의 나직하고 고요한 목소리이지만 여기에는 강렬한 시적 열망이 담겨 있다. 그러한 인간적인 시의 정열을 불가의 선적 사고로 잘 담아내고 있는 시가 <낙산사 배꽃>이다.

의상은 가고
배꽃 같은 선묘는 홀로 남아
떠나간 의상을 그리워하니

그 천 년의 기다림으로
낙산사는 여자가 되었다

배꽃이 필 때면
선묘는 그리움을 실어 먼 바다에 몸을 맡기고
그러면, 빈 절을 지키는 담장에는
온통 눈물 같은 별들이 돋아나니

배꽃 필 때
낙산사에 오면
선묘는 없고, 댕그라니 담장만 남아 있다
담장만 남아서
가슴에 박힌 별들을 뜯어내고 있다

- <낙산사 배꽃> 전문

신라시대의 고승 의상과 선묘 여인의 가슴 아픈 사랑을 노래하고 있는 시다. 승려로서 의상 대사의 빛나는 행적을 이룸에 있어 낙산사와 선묘는 중요한 위치를 점하고 있다. 동해 바닷가에서 문수보살을 친견하고 큰 깨달음을 얻은 곳이 낙산사이고, 당나라 유학을 마치고 고국으로 돌아오는 죽음의 뱃길을 열어 주고 또 화엄사찰 영주 부석사를 세우는 절대적 원력을 보탠 여인이 바로 선묘다. 의상을 절절히 사모하다가 죽어 귀신이 되어서까지 그 사랑을 다한 선묘 여인이다. 그대는 지금 어디에 있는가? 이홍섭은 선묘 여인의 그 애절한 천년의 기다림이 낙산사의 배꽃으로 다시 피어났다고 한다. 아니 배꽃이 필 때 낙산사 담장에는 "온통 눈물 같은 별들이 돋아"난다고 한다. 더 나아가 "담장만 남아서 / 가슴에 박힌 별들을 뜯어내고 있다"고 함으로써 선묘 여인의 지극한 사랑의 한을 시린 가슴으로 묘사하고 있다.

시집 『가도 가도 서쪽인 당신』에서 시인은 자신의 슬픔과 외로움으로, 울고 있는 세상의 수많은 당신들을 껴안으며 위로한다. 그 따뜻한 위무의 정점에 〈서귀포〉가 놓여 있다.

울지 마세요
돌아갈 곳이 있겠지요
당신이라고
돌아갈 곳이 없겠어요

구멍 숭숭 뚫린
담벼락을 더듬으며
몰래 울고 있는 당신, 머리채 잡힌 야자수처럼
엉엉 울고 있는 당신
섬 속에 숨은 당신
섬 밖으로 떠도는 당신

울지 마세요
가도 가도 서쪽인 당신
당신이라고

돌아갈 곳이 없겠어요
- <서귀포> 전문

　차고 매서운 언어로 잠자는 의식을 깨우고, 섬세하고 따뜻한 언어로 울고 있는 수많은 당신들을 위로해 준다. 실로 떠도는 인생에 대한 탁월한 은유를 보여 준다. 구멍 숭숭 뚫린 담벼락을 더듬으며, 머리채 잡힌 야자수처럼 엉엉 울고 있는 당신에게 시인은 "울지 마세요 / 돌아갈 곳이 있겠지요 / 당신이라고 / 돌아갈 곳이 없겠어요"라고 말한다. 그러나 내 위로에도 불구하고 당신은 섬 속에 숨고, 또 섬 밖으로 떠돈다. 당신이 응시하는 곳은 언제나 서쪽이다. 가도 가도 서쪽이다. 그 피안을 찾아 당신은 계속 헤맨다. 서귀西歸란 기실 불귀不歸의 지점이다. 시인은 그런 당신을, 어디서도 만날 길 없는 당신을 거듭 위무한다. 당신이라고 돌아갈 곳이 없겠느냐고. '가도 가도 서쪽'인 불가의 이상향인 서방정토가 서쪽으로 돌아가는 서귀포西歸浦에 포개져서 아득한 공명을 일으킨다.
　이홍섭의 도저한 시적 열망과 삶의 근원을 되찾아가는 여정은 다분히 불교적 색채로 묘사된다. 산다는 것은 다 지상에 온전히 발을 딛고 살아가기 위한 몸부림처럼 여겨졌던 그는 눈부시게 아름답고 눈부시게 덧없는 초가을, 백담계곡의 단풍에 빠져들어 기자직을 버리고 설악의 절로 찾아들어 오현 스님을 10년간 모시게 된다. 스님의 덕화로 그는 '한가하고 적요한 나'를 들여다볼 수 있었다.

절간 외진 방에는 소반 하나가 전부였다.
늙고 병든 자들의 얼굴이 다녀간 개다리소반 앞에서
나는 불을 끄고 반딧불처럼 앉아 있었다.

뭘 가지고 왔냐고 묻지만
나는 단지 낡은 소반 하나를 거기 두고 왔을 뿐이다.

- <두고 온 소반> 전문

설악 시절의 그의 시는 자아를 들여다보는 여정에 대한 자각을 담아낸 것이었다. 산사의 깊은 밤, 혼자 개다리소반을 앞에 놓고 앉아 있으면 더욱 그러했다. 산사의 칠흑 같은 밤에 홀로 반딧불처럼 앉아 있는 것도 그런 여정일 거라고 믿게 되었던 것이다. 화자가 절집 외진 방에서 접한 개다리소반은 속세의 삶에서 상처 입고 병든 자들이 불구의 몸을 털어놓고 간 대상이다. 절은 곧 속세의 업과 진이 침범하지 못하는 성스러운 초월적 공간이며, 개다리소반 또한 병든 얼굴의 수심과 근심을 받아 주던 불성과도 같은 존재이다. 개다리소반은 보살처럼 자신의 몸에 병든 자들의 몸이 고통을 대신 아파해 주는 존재로 그려진다. 이 초월적 공간에서 시적 화자는 무엇을 가지고 오기보다는 개다리소반을 하나 두고 왔다고 한다. 만일 개다리소반을 가져왔더라면 이 시는 태어나지 않았을 것이다.

일상의 바닥에는 바닥의 누추함이 어느 순간 돈오의 소리와 함께 바닥을 차고 비상하는 힘으로 변하는 계기가 존재한다. 누추함과 잡동사니 쓰레기의 더미인 일상의 번잡함 속에서 '몽상'에 잠기는 행위는 <몽유비원도 2 - 火宅, 花宅>에서 꽃과 불의 이미지를 통해 잘 드러난다.

　　불타는 집에 오래 살았습니다
　　세상은 커다란 화덕 같은 것이어서 발을 딛는 순간,
　　발을 떼야 했습니다
　　가까이에서 보면
　　마라톤 선수 같지만
　　멀리서 보면, 춤꾼 같습니다

　　꽃 피는 집에 오래 살았습니다
　　세상은 커다란 꽃밭 같은 것이어서 눈을 뗄 수가 없었습니다
　　눈을 떼면,
　　이쁜 꽃들이
　　모두 사라져 버릴 것 같았습니다

　　집이 불타고, 집이 꽃피어납니다
　　발을 디딜 수도, 발을 뗄 수도 없습니다
　　눈을 뜰 수도, 눈을 감을 수도 없습니다

　　이제 막 태어난 아이가
　　소리쳐 우는 것도 다 까닭이 있습니다
　　이제 막 꿈에서 돌아온 아이가
　　서럽게 우는 것도 다 까닭이 있습니다

　　　- <몽유비원도 2 -火宅, 花宅> 전문

꿈에서 문득 깨어난 시인이 문학과 삶의 공허한 울음소리를 확인하게 되는 시편이다. 시인이 꿈속에 살던 곳은 "커다란 화덕" 같은 세상의 "불타는 집"이었고, "커다란 꽃밭" 같은 세상의 "꽃 피는 집"이었다. 때문에 그의 몽상은 불타는 집에서 발을 구르며 꽃의 아름다움에서도 눈을 뗄 수 없는 '매혹된' 자의 '고통과 환희'라는 모순된 숙명을 의미한다. 불타는 집에 갇힌 자의 위기의식과 불안감, 그리고 이런 급박한 현실과 대칭을 이루며 '꽃'으로 상징되는 미적 심취, 매혹이 그의 시의 반반을 이루고 있다. "불타는 집이면서 동시에 꽃피는 집"이라는 표현은 시인의 삶의 본질을 꿰뚫어보는 시선과 지치지 않는 열정을 보여 준다.

절은 최대한 몸과 마음을 낮추는 오롯한 자세이다. 어쩌면 낮은 데에 이르러야 비로소 보이고 들리기 때문일 것이다. 시인은 따로 공부한 것 없는, 평생 농사만 지은 작은할아버지가 삶에서 익힌 것은 천하의 귀신이 감동하지 않고는 못 배길 그런 지극한 절이었다고 한다. 시인의 하심의 시학은 지극한 절을 강조하는 다음의 시에서 한결 극화된다.

    외진 절에서 기다란 좌복 하나를 얻어 왔다
    누구에게나
    텅 빈 방 안에서
    온몸으로 절을 올리고 싶을 때가 있는 것이다
    찔레나무 가지 끝에서
    막 고개를 쳐드는 자벌레 한 마리

가지가 찢어져라 애먼 하늘을 볼 때
　　- 〈좌복〉 전문

　살아가노라면 여러 갈래 '찔레나무' 가지들이 가로놓일 때가 있다. 선택한 길의 끝에 이르러 진퇴양난의 상황에 처하게 될 때, 어리석은 자벌레인 우리는 애먼 하늘을 볼 수밖에 없다. 그럴 때 온몸으로 간절히 절을 하고 기도하면 부처의 가피력을 얻을 수 있다. 그때 그 절하는 우리는 앞으로 나아가는 자벌레가 아니라 속으로 들어가는 자벌레인 셈이다. 지성이면 감천이듯이 간절함이 간절함을 부르고 또 불러서 우주와 합일을 할 때 그 간절함은 이루어질 것이다. 즉 간절함의 간극이 없이 나와 너가, 나와 우주가 하나될 때 간절함이 이루어진다. 결국 나의 간절함의 간극은 나를 내려놓는 일이다.
　설악산 봉정암을 오르는 깔딱고개를 넘듯이, 사는 일은 또 얼마나 많은 고갯길인가. '설악산 봉정암'이라는 부제가 붙은 〈적멸보궁〉 역시 하심과 한없이 따뜻한 시인의 시선을 읽을 수 있게 하는 시편이다.

　　젊은 장정도 오르기 힘든 깔딱고개를
　　넘어온 노파는
　　향 한 뭉치와 쌀 한 봉지를 꺼냈다
　　이제 살아서 다시 오지 못할 거라며
　　속곳 뒤집어 꼬깃꼬깃한 쌈짓돈도 모두 내놓았다
　　그리고는 보이지도 않는 부처님전에

절 세 번을 올리고
내처 깔딱고개를 내려갔다

시방 영감이 아프다고
저녁상을 차려야 한다고
- <적멸보궁- 설악산 봉정암> 전문

'깔딱고개'는 오르기가 너무 힘들어 숨이 깔딱깔딱한다고 해서 붙여진 이름이기도 하지만, 죽음을 눈앞에 둔 노파와 병든 영감의 목숨이라는 중의적인 의미를 함축하고 있다. 젊은 장정도 오르기 힘들다는 적멸보궁 봉정암을 향해 불심 깊은 한 노파가 이 '깔딱고개'를 깔딱깔딱 숨 쉬며 넘어와 향 한 뭉치, 쌀 한 봉지, 이제 살아서 다시 오지 못할 거라며 속곳 뒤집어 꼬깃꼬깃 쌈짓돈 모두 내놓는다. 이 마음이 바로 부처의 마음이다. 적멸보궁에는 부처님이 없다. 빈 연꽃 좌대에 텅 빈 자리, 거기에 없는 부처님. 다만 아픈 가족이 있고 오늘 저녁 밥상이 있다. 노보살이 살아가는 유일한 이유는 몸져 누운 영감님 저녁상 차리는 일이다. 그래서 깔딱깔딱 숨 넘기는 아픈 영감에게 "저녁상을 차려야 한다고" "내처 깔딱고개를 내려"간다. 그 노보살의 마음자리가 적멸을 맞이하기 위해 바쳐지는 마지막 공양일 것이다. 아픈 영감의 저녁상에 피는 마음속 적멸보궁이 선연하다.

요컨대 고즈넉하고 극진한 시어로 생의 비애와 상실, 사랑과 연민을 노래하는 이홍섭은 시를 쓰되 시로써 무엇을 구하지 않고, 다만 지극히 간절하고자 한다. 그래서 시와 사랑이라는 것은 '자기 몸 전체'를 걸어야 한다고 강조한다. 그가 '생의 바닥을 제대로 치는' 시를 위해 숨결을 고르며 뜨거운 현실의 세계로 돌아오는 이유가 여기에 있다. 그러한 시혼에서 빚어지는 애틋한 서정성은 이 세상의 상처를 돌보기에 충분히 풍요롭다 할 것이다.

김선우,

'지금 여기'의 가장 아름다운 연대의 몸짓, 잠자리

김선우(1970~)는 강릉에서 태어나 강원대 국어교육학과를 졸업하고, 1996년 『창작과비평』 겨울호에 〈대관령 옛길〉 등 10편의 시를 발표하면서 등단하였다. 시집 『내 혀가 입 속에 갇혀 있길 거부한다면』, 『도화 아래 잠들다』, 『내 몸속에 잠든 이 누구신가』, 『나의 무한한 혁명에게』, 장편소설 『캔들 플라워』, 『물의 연인들』, 『발원-요석 그리고 원효』, 산문집 『물밑에 달이 열릴 때』 등을 펴냈다. 현대문학상, 천상병시상을 수상한 그는 현재 '시힘' 동인으로 활동하고 있다.

생동하는 시어와 기발한 상상력으로 아름답고 따뜻한 시세계를 보여 주는 김선우는 80년대 말에서 동구권이 무너지는 90년대 초에 걸쳐 대학을 다녔다. 그 시절, 그는 시와 가깝다기보다는 '혁명'을 꿈꾸는 피가 뜨거운 청년이었다. 그가 대학을 졸업할 시점인 1992년은 탈냉전의 시대가 도래하여 치열했던 이데올로기의 '혁명'은 무용지물이 되고, 함께 꿈을 꾸었던 이들도 뿔뿔이 흩어져 각자의 길로 들어섰던 시기였다. 이처럼 스스로 운동권으로 살지 않았으면 볼 수 없었던 세계, 사유하지 못했을 세계를 경험했던 참담한 생의 질곡에서 그를 끌어올려준 게 바로 시였다. 그는 당시의 시대적 상황과 인간에 대해 아파하며 뜨거운 청춘과 이별하는 시를 하나 썼는데, 그것이 그의 문단 데뷔작 〈대관령 옛길〉이다.

　　폭설주의보 내린 정초에
　　대관령 옛길을 오른다
　　기억의 단층들이 피워올리는
　　각양각색의 얼음꽃

　　소나무 가지에서 꽃숭어리 뭉텅 베어
　　입 속에 털어넣는다, 화주火酒—
　　싸하게 김이 오르고
　　허파꽈리 익어가는지 숨 멎는다 천천히
　　뜨거워지는 목구멍 위장 쓸개

십이지장에 고여 있던 눈물이 울컹 올라온다
지독히 뜨거워진다는 건
빙점에 도달하고 있다는 것
붉게 언 산수유 열매하나
발등에 툭, 떨어진다

때로 환장할 무언가 그리워져
정말 사랑했는지 의심스러워질 적이면
빙화의 대관령 옛길, 아무도
오르려 하지 않는 나의 길을 걷는다

겨울 자작나무 뜨거운 줄기에
맨 처음인 것처럼 가만 입술을 대고
속삭인다, 너도 갈 거니?

- <대관령 옛길> 전문

    지독하게 뜨거워져 빙점에 도달한 시인의 삶에 대한 시혼이 그대로 표출되어 있다. 시적 화자는 아무도 오르려 하지 않는 '대관령 옛길'을 걸으며 현실로부터 일정한 거리를 두고 과거와 미래를 함께 생각한다. 소중한 대상의 부재에 시달리는 것 같은 시인에게 추운 겨울 제 허물을 겹겹이 벗으며 "뜨거운 줄기"를 노출하는 자작나무는 시인의 안타까운 속내를 드러내는 이미지이다. "얼음꽃"이 "화주火酒"로 변하는 강렬한 감각 이미지가 제시되는 것은 이러한 상황을 반영한다. 마지막 행에서 인격이 없는 존재인 자작나무에게 "너도 갈 거니?"라는 물음은 부재에 대한 절실한 안타까움을 토로할 수 있는 공간이 바로 '대관령 옛길'임을 함축하고 있다. 한편, 여기에는 외면적으로 보면 이별한 연인의 서러운 속울음으로 생각할 수 있지만, 사실은 청춘을 떠나는 뜨거운 별사別辭를 함축하고 있는 것으로 여겨진다. 이처럼 고향인 강릉을 벗어나거나 그곳으로 돌아갈 때 넘게 되는 대관령은 시인에게 현재와 과거, 미래가 겹치는 서정적 공간이 되고 있다. 그래서 대관령은 영원한 '옛길'이면서 동시에 '지금 여기의 길'이 되는 셈이다.

김선우의 시에 가장 발랄하게 담겨 있는 것은 성性에 대한 상상력이다. 1990년대 유행했던 몸에 관한 담론이나 페미니스트들의 몸해방론 같은 유행보다는 유소년기를 보낸 강릉이라는 자연환경에서 얻은 힘이 그러한 시의 원동력이다. 그래서 살아 꿈틀대는 새롭고 넉넉한 '모성성'과 '여성성'을 발견해 내는 그의 시들은 기존의 페미니즘을 표방하는 시들이 보여 주었던 투쟁적이거나 자조적인 정체성에 대한 문제의식을 벗어나 시각과 이미지, 시적 표현 모두에서 여성적인 정체성을 명징하게 보인다. 그리고 이러한 인식은 몸의 시학으로서 일체의 미학으로 발현한다. 특히 시인은 어머니의 몸을 통하여 자신의 몸을 인식하고 늙어 병든 육신에 대한 슬픔을 녹여낸다. 다시 말해, 여성의 육체적인 운명을 유희나 관념이 아닌 현실의 절실함으로 읽어낸다. 그 대표적인 시가 몸져누운 어머니의 몸을 수발하며 애틋한 마음으로 어머니의 삶의 읽어내는 〈내력〉이다.

　　몸져누운 어머니의 예순여섯 생신날
　　고향에 가 소변을 받아드리다 보았네

한때 무성한 숲이었을 음부

더운 이슬 고인 밤 풀여치들의

사랑이 농익어 달 부풀던 그곳에

황토먼지 날리는 된비알이 있었네

비탈진 밭에서 젊음을 혹사시킨

산간 마을 여인의 성기는 비탈을 닮아간다는,

세간속설이 내 마음에 천둥 소낙비 뿌려

어머니 몸을 닦아드리다 온통 내가 젖는데

겅성드뭇한 산비알

열매가 꽃으로 씨앗으로 흙으로

되돌아가는 소슬한 평화를 보았네

부끄러워 무릎을 끙, 세우는

어머니의 비알밭은 어린 여자 아이의

밋밋하고 앳된 잠지를 닮아 있었네

돌아갈 채비를 끝내고 있었네

- <내력> 전문

소멸되는 어머니라는 한 생명의 헌신적 사랑에 대한 신체적 구조를 보고 자연과 부딪치며 살아야 했던 어머니의 삶의 내력을 말하고 있다. 아픈 어머니의 몸을 속속들이 만지고 보살피며 가엾어 하는 딸의 독백에는 어머니가 살아온 삶, 그 자체가 나를 바라보는 삶의 거울로 비쳐지고 있다. 혹독하고도 힘들게 일하지만 그에 비해 소출은 적은 "비탈진 밭"은 어머니의 고된 삶을 대변한다. 그런데 그것은 고향을 버리고 떠나면 그만인 현실상황에 불과하다. 하지만 시인의 모태이기도 한 "어머니의 비알밭"은 언젠가는 드러나고야 말 몸의 내력이다. 그 과정을 시인은 열매가 거꾸로 꽃이 되고 씨앗이 되어 다시 흙에 묻히는, 즉 어머니의 몸이 다시 그 본원인 흙으로 돌아가는 지극히 자연스러운 것으로 그려낸다. 이러한 몸의 진실 앞에서 시인은 상당한 심적 동요를 느끼기도 하지만 결국 "소슬한 평화"를 인식하기에 이른다. 여성의 몸을 단지 소진된 여인의 쓸쓸한 내력만으로 보고 촉촉한 마음으로 바라보는 지극한 사랑이 없다면 '어머니의 몸'은 황폐한 밭에 불과했을 것이고 다시 평화를 찾지는 못하였을 것이다. 생각의 거울은 깨달음을 통해 바라보는 것이다. 그래서 '어머니'는 세상 모든 몸들의 원천이자 회향의 공간인 것이다. 여성의 신체 기관이 구체적인 이름으로 직접 등장해도 전혀 외설스럽지 않다. 김선우의 이러한 시 쓰기 전략은 그냥 끓여도 되는 '아욱'을 부드럽게 만들어서 국 끓여 먹이려고 했던 마음, 거기서 사랑과 관능을 말하고자 하는 데서 한결 극화된다.

아욱을 치대어 빨다가 문득 내가 묻는다
몸속에 이토록 챙챙한 거품의 씨앗을 가진
시푸른 아욱의 육즙 때문에

―엄마, 오르가슴 느껴본 적 있어?
―오, 가슴이 뭐냐?
아욱을 빨다가 내 가슴이 활짝 벌어진다
언제부터 아욱을 씨 뿌려 길러 먹기 시작했는지 알 수 없지만
―으응, 그거! 그, 오, 가슴!
자글자글한 늙은 여자 아욱꽃핀 스민 연분홍으로 웃으시고

(…)
치댈수록 깊어지는
이글거리는 풀잎의 뼈
오르가슴의 힘으로 한 상 그득한 풀밭을 차리고
슬픔이 커서 등이 넓어진 내 연인과
어린 것들 불러 모아 살진 살점 떠먹이는
아욱국 끓는 저녁이네 오, 가슴 환한.

- <아욱국> 부분

  관능이라는 육체의 오르가슴과 김선우의 '아욱국'은 그다지 어울리지 않는 양상이다. '관능'에 깃든 짙은 편견 때문이다. 하지만 찬찬히 들여다보면 '아욱국'의 관능은 시야를 가리는 값싼 이미지를 걷어내고 새로운 이미지로 다가온다. 화자는 엄마에게 "엄마, 오르가슴 느껴본 적 있어?"라고 묻는다. "오, 가슴이 뭐냐?" 엄마의 순진한 반문에 발칙한 딸은 '가슴이 활짝' 벌어진다. 딸은 '오르가슴'을 묻는데 어머니는 '가슴'을 묻는다. 어머니는 홍조를 띠고 웃는다. 하지만 엄마라고 오르가슴을, 관능을 모를까. 모성의 신화에는 오르가슴은 없다. 오랫동안, 가난을 참고 아버지를 보필하며 자식을 거두어 먹이는 것이 어머니의 역할이었기 때문이다. 그런데 "몸속에 이토록 챙챙한 거품의 씨앗을 가진 / 시푸른 아욱의 육즙"에서 화자는 제 몸, 뭇 여성의 몸, 생식生殖하는 몸의 동물적인 어떤 상황과 현장을 유추한다. 싱싱한 성, 경이로운 관능을 느끼는 것이다. 얼핏 보기에 시든 듯 보이지만 물에 치댈수록 풀잎처럼 싱싱하게 살아나는 '아욱'은 세계를 낳고 기르는 어머니의 희생과 헌신을 표방한다. "오, 가슴!" 은밀한 곳에서 속삭이는 단어들을 자연을 닮은 보편적인 풍경으로, 건강한 일상으로 흡수해내는 시인의 능력이 뛰어나다. 이처럼 김선우는 여성의 몸과 생리를 파고들어 감각적인 시구로 조형해내는 데 탁월함을 보여 준다.

또한 생명의 출구이자 궁극적 회귀의 공간으로서 여자의 몸이 성소와 다르지 않다고 생각하는 김선우는 소모되는 무엇이 아니라 완전을 향해 나아가는, 그리고 세상을 창조한 신들의 거처로 본다.

> 수련 열리다
> 닫히다
> 열리다 닫히다
> 닷새를 진분홍 꽃잎 열고 닫은 후
> 초록 연잎 위에 아주 누워 일어나지 않는다
> 선정에 든 와불 같다
> 수련의 하루를 당신의 십 년이라고 할까
> 엄마는 쉰 살부터 더는 꽃이 비치지 않았다 했다
> 피고 지던 팽팽한
> 적의赤衣의 화두마저 걷어버린
> 당신의 중심에 고인 허공
> 나는 꽃을 거둔 수련에게 속삭인다
> 폐경이라니, 엄마,
> 완경이야, 완경!
>   - <완경完經> 전문

시에서 어쩌면 '월경'은 금기어처럼 되어 왔지만 시인은 그런 시각을 과감히 뛰어 넘고 있다. 첫 연에서 화자는 꽃이 진 수련을 '선정에 든 와불'로 비유한다. 수련은 와불이고 와불은 곧 폐경을 맞은 어머니이다. 그러나 화자는 연민이나 처연한 눈길로 대상을 바라보지 않고, '꽃을 거둔 수련'에게 '폐경'이 아니라 '완경'이라고 속삭인다. 또 다른 존재의 완성이다. 아울러 화자는 어머니의 몸속에서 '허공'을 본다. '허공'을 여성성의 종결이나 소멸로 보지 않고, 충일한 '원圓'의 세계로 바라보는 것이다. 그것은 주체와 타자, 여성과 남성 등 이분법을 초월한 새로운 삶의 자리이다. 이와 같이 시인은 거대한 경전을 그러나 거창하게 읽어내지 않는다. 그것이 그의 시의 가장 큰 매력이자 독자의 가슴을 건드리는 이유이다.

세상에 존재하는 생명이 있는 것들의 진정한 삶은 대상과의 합일인 소유이고, 소유는 나와 타자의 관계에서만 온전하게 성취될 수 있다. 대상과의 합일을 시도할 때의 '나'는 자연의 한 조각으로 모자이크 되어 생명력을 얻게 된다. 이런 시각에서 김선우는 물질사회의 풍부함보다는 자연의 영적 풍요로움을 추구하는 생태적 삶을 살아가고자 한다. 순환성의 여성성이나 생명을 가진 것들의 생명 꽃 피우기에 닿아 있기 때문에 필연적으로 만나지는 세계가 불교적 사유이다. 그래서 자연의 일부로 여기며 살아온 시인은 꽃의 몸과 자기 몸이 포개어져 성애와의 화해로까지 의미를 확장시킨다. 타자와 하나가 된다는 것은 진정한 '나'를 드러내는 본능적 행위임을 2008년 웹진 시인광장 선정 '올해의 좋은 시' 수상작인 〈내 몸속에 잠든 이 누구신가〉에서 명료하면서도 진솔하게 드러내고 있다.

그대가 밀어 올린 꽃줄기 끝에서
그대가 피는 것인데
왜 내가 이다지도 떨리는지

그대가 피어 그대 몸속으로
꽃벌 한 마리 날아든 것인데
왜 내가 이다지도 아득한지
왜 내 몸이 이리도 뜨거운지

그대가 꽃피는 것이
처음부터 내 일이었다는 듯이

- <내 몸속에 잠든 이 누구신가> 전문

　내가 꽃이 되는 느낌, 그 상상이 자연스럽게 몸으로 습득되어 시를 낳게 했다. 꽃들은 시기를 달리하여 경쟁하지 않고 차례대로 그 아름다운 모습을 세상에 드러낸다. 꽃은 기본적으로 여성성을 내포하고 있어서 꽃이 피는 것과 연동하여 몸이 떨리고 아득하고 뜨거워지는 것은 자연스런 반응이라 할 수 있다. 그런데 화자는 꽃이 피는 것을 보며 "그대가 밀어 올린 꽃줄기 끝에서 / 그대가 피는 것인데 / 왜 내가 이다지도 떨리는지"라고 의아해한다. '나'와는 상관없을 것 같은 '너'의 행위가 나를 떨게 하는 이유가 못내 궁금하여 견딜 수가 없다. 더 이상한 것은 꽃으로 꽃벌 한 마리가 날아들었는데 "왜 내가 이다지도 아득한지 / 왜 내 몸이 이리도 뜨거운지" 알 수가 없다는 점이다. 그 순간 화자는 "그대가 꽃피는 것이 / 처음부터 내 일이었다"는 것을 깨닫는다. '입아아입入我我入'이라고 했다. 저것이 나한테

들어 있고, 내가 저것 속에 들어 있다고 했다. 내 몸속에 잠든 이는 "나"뿐이었을 것이지만, 내가 아닌 또 다른 나의 모습으로 꽃을 피워내는 몸이 있다는 것을 확인하고 있다. 생태계의 모든 존재가 서로 연결되어 주고받는 중중무진重重無盡의 연기로 인지해 가는 과정이 투명하고 선명하다.

시인은 사물의 소리를 듣고 사물에게 영혼을 불어넣는다. 사물은 물론, 물이나 심지어 허공에도 몸을 부여한다. 그리고 그 몸들을 통해 사랑을 깨닫고 희생을 깨닫고, 살아가는 방법을 알아낸다. 이와 같이 몸들의 수평적 연대와 몸들의 수직적 연계에 대한 경험론적 사유는 김선우가 세상 만물을 아프지만 따뜻하게 바라볼 수 있도록 하는 생태인식의 출발점이자 원동력이 되고 있다. 그 전형적인 시가 여성적인 몸을 통해 세상의 귀를 여는 〈돌에는 귀가 많아〉이다

> 귀가 하나 둘 넷 여덟 / 나는 심지어 백 개도 넘는 귀를 가진 돌도 보았네 / 귀가 많은데 손이 없다는 게 허물될 것 없지만 / 길 위에서 귀 가릴 손이 없으면 어쩌나 / 나도 손을 버리고 손 없는 돌을 혀로 만지네 / 이 돌은 짜고 이 돌은 시네 / 달고 맵고 쓴 돌 칼칼한 돌 우는 돌 / 단 듯한데 실은 짜거나 / 쓴 듯한데 실은 시거나 / 혀끝을 골고루 대어보아야 / 돌이 자기 손을 어떻게 자기 몸속에 넣었는지 / 알 수 있네 무미무취라니! / 무취한 사람이 없는 것처럼 / 귀가 많으니 돌이야말로 맛의 궁전이지 / 당신이 가슴속에서 꺼내 보여준 / 막 쪼갠 수박처럼 핏물 흥건한 돌덩이 / 맵고 짜고 쓴데 귀 가릴 손이 없으니 / 내 입술로 귀를 덮네 / 입술 온통 붉은 물이 들어 / 어떻게 자기 귀를 몸속에 가두는지 보

라 하네
　- <돌에는 귀가 많아> 전문

　소외되고 배제된 존재들에 공감하는 시인의 섬세한 감수성이 여실히 드러나 있다. 2006년 제20회 '소월시문학상' 우수상 수상작품이다. 돌에는 생명이 없다. 그런 돌에게서 세상의 말을 엿듣는 귀가 있다고 생각하는 시인이다. 말 못하고 움직이지 않는 돌의 귀가 무엇인지, 그 돌의 귀가 자신의 몸의 대상으로 비추어지는 것을 잘 담아내고 있다. 짜고 맵고 싱겁다는 말은 사람이 혀로 맛을 보아야 느끼는 것들이다. 그러나 사람의 삶을 비유하여 표현할 때 짜고 맵고 싱거운 사실들은 사람의 내면 성향과 관계된다. 화자는 뜨겁게 자기 입술을 돌에 대고 늙음도 죽음도 없는 생명체인 돌의 근원을 느끼고 있다. 그런 맛을 보는 입술들이 무아경 속에 깃들어 있는 돌을 구분한다는 것은 어리석은 일일 수 있다. 하지만 시인은 내 입술로 귀를 덮고, 입술 온통 붉은 물이 들어 어떻게 자기 귀를 몸속에 가두는지 간파해 낸다. 여기에는 다분히 여성의 정체성이 사회적 참여를 통해 세상과 일체감을 가져야 한다는 시인의 에코페미니즘적 시각이 놓여진다.

　이와 같이 남녀의 성차와 빈부의 차, 인간과 자연의 분열 등을 넘어 모든 것이 공생하는 생명을 꿈꾸는 것이 김선우의 에코페미니즘이다. 특히 동해안 천혜의 자연환경 속에서 성장한 그는 환경과 생태계 문제에 특별한 관심을 보인다. 4대강 사업과 후꾸시마 원전사고 등에 대한 비판의 메시지를 던진 그는 진화가 가장 늦된 존재가 되어 버린 인간이 저지르는 자연에 대한 폭력을 경고하고, 구제역 파동으로 인한 "살처분" 행위를 명백한 집단 살해로 규정한다. 나아가 그의 이러한 생태인식은 바다풀로 종이를 만든다는 소식을 접하자 희망의 불빛을 발견하는 데서 잘 드러난다.

> 바다풀로 종이를 만드는 기술이 발명되었다,
> 소식을 듣자마자 이력서를 쓰고 있어요
> 바다풀 공장에 취직하고 싶어요
>
> 나무들의 유령에 쫓겨 발목이 자꾸 끊어지는
> 잊을 만하면 덜컥 나타나는 악몽이 지겨워요
> 청동구두 같은 종이구두가 무서워요
> (저 좀 들여보내주세요)
>
> 나무들에 대한 진부한 속죄는 말고
> 바다풀 냄새 가득한 공장에서 일하고 싶어요
> 내가 만든 종이로 바다풀 시집을 엮고 싶어요
> - <바다풀 시집> 부분

이 시에는 시인의 생태인식이 명징하게 드러나 있다. 종이 한 장을 쓰더라도 나무에 대한 죄책감에서 벗어나지 못하는 시인이 '바다풀'로 종이를 만든다는 뉴스를 보고 내가 드디어 종이를 쓸 때마다 나무들에게 갖는 이 죄책감에서 해방되는 시대가 다가올 것을 기대한다. 종이는 인간이 추출한 물질이지만 이것의 근원이 자연이라는 느낌을 너무 자연스럽게 체험을 하고 자랐기 때문에 바다풀 종이로 시집을 만들고 싶다는 마음을 표출한다. 종이가 나무고 흙이고 숲이라는 느낌을 이론으로 배우기 이전에 이미 시인은 체험한 것임이 읽혀진다.

 발우공양을 할 때 염송하는 경전인 『소심경』〈정식게淨食偈〉에서는 보이지 않는 작은 미물, 특히 국이나 물에 들어 있을 수많은 박테리아나 세균까지 생각하는 극도로 세심한 생명에 대한 배려의 마음이 들어 있다. 그래서 "물 한 방울을 여실히 살펴보니, 팔만사천마리의 생명이 있구나. 만약에 이들을 살피지 않고 먹는다면, 중생의 고기를 먹는 것과 같다"라고 생각하며 그 생명을 위해 동음으로 염불을 한다. 김선우의 이러한 생태적 감수성은 할머니가 설거지한 물도 한꺼번에 휙 버리지 않고 미물들이 다치지 않도록 조금씩 나누어서 버렸던 환경에서 자랐기에 일찍이 체득되었던 것으로 여겨진다.

  토담 아래 비석치기 할라치면
  악아, 놀던 돌은 제자리에 두거라
  남새밭 매던 할머니
  원추리꽃 노랗게 고왔더랬습니다.

  뜨건 개숫물 함부로 버리면
  땅속 미물들이 죽는단다
  뒤안길 돌던 하얀 가르마
  햇귀 곱게 남실거렸구요

  악아, 개미집 허물면 수리님이 운단다

매지구름 한소쿠리 는개 한 자락에도
듬산 새끼노루 곱아드는 발
싸리꽃이 하얗게 지곤 했더랬습니다.

- <할머니의 뜰> 부분

이 세상에는 눈에는 보이지 않지만 쉼 없이 움직이고 있는 작은 미물들, 그들이 거대한 생명의 숲을 이루고 있다. 그래서 개숫물을 버릴 때도 뜨거운 물은 바로 버리지 않고 식혀서 버렸다. 뜨거운 물에 죽을 미물들을 생각하는 마음 때문이다. 뜨거운 물을 함부로 버렸던 시인은 미물일지라도 생명을 귀히 여기는 할머니 마음에서 생명사랑의 깨달음 얻고 있다. "매지구름"은 비를 머금은 조각구름을, "는개"는 안개보다 조금 굵고 이슬보다는 가는 비를 말한다. 모든 생명체들은 서로 어울려 살며 균형과 조화를 이루어야 한다는 시인의 생태인식이 잘 담지되어 있는 시편이다.

불교적 상상력은 문학적 상상력의 촉매역할을 종종 하곤 한다. 비로자나불은 특히 그 독특한 수인과 분열되고 소외된 타자가 없는 화엄 광명을 꿈꾸게 한다는 점에서 우리의 상상력을 자극한다. 언제 어디서나 마음이 청정하면 나타난다고 알려져 있는 부처가 청정법신, 비로자나불이다. 비로자나불을 시적 소재로 한 김선우의 관능성은 깨달음을 얻은 부처의 두툼한 귓볼과 자비로운 미소에서 풍겨 나오는 그윽한 관능성과 닮아 있다.

불영산 수도암에 갔다가 / 비로자나 부처님과 한바탕 엉겼네// 신랏적 부처들은 왜 그리 섹시하냐고 / 슬쩍 농을 건넸더니 반개한 두 눈 스스로 뜨시네 /허리춤을 간질였더니 예끼, 손을 저으시네/ 아사달 아사녀의 달아오른 눈빛이/ 부럽지 않았나요 허허, 웃는 비로자나 부처님/ 아름다운 귓볼이 벌게지셨네// 色卽是空을 설한 부처의 몸을 빌려/ 관능을 조각한 석공의 번뇌... / 법당 앞 고즈넉이 서 있는 삼층석탑 / 금간 탑신 아래 주먹만한 벌집이 매달려 있었네/... 벌집 속으로 무상하게 드나드는 달마들 / 선남선녀 옷자락이 하염없이 스쳐가네 /이 뭣꼬! / 부처를 범했더니 거기 내가 있네

- <벌집 속의 달마> 부분

김천 수도암은 청암사의 부속 암자로 불영산 정상 부근에 있다. 도선국사가 이곳에 절터를 잡고 너무 좋아 사흘 밤낮으로 춤을 췄다는 옥녀직금형(옥녀가 비단을 짜는 형국)의 길지 중의 길지이다. 통일신라시대에 조성된 수도암의 비로자나불은 석굴암 본존불에 버금가는 크기의 불상이다. 석공은 부처의 온몸을 수없이 매만지며 잘 다듬어 미남으로 낳고 싶었을 것이다. 시인은 대적광전 앞 삼층석탑 금간 탑신 아래 매달린 주먹만 한 벌집에서 자궁의 서사를 읽어낸다. 자궁은 새로운 생명을 탄생시킬 수 있는 창조의 장소이다. 창조가 이루어지기 전에 행해야 할 것이 있다. 곧 육체의 결합이다. 그 놀라운 깨달음이 말미의 "이 뭣꼬! / 부처를 범했더니 거기 내가 있"다는 사실이다. 물론 여기에서도 육체로 맞아들이고 인간의 성 체험과 불교의 선적인 세계가 만나 끌어안고 쓰다듬으며 결국은 안으로

보듬어 안아 생명을 창조하고 있다. 기발한 상상력으로 관능과 불도의 두 세계를 충돌하지 않고 융합하고 때론 이격시키면서 조화를 시키고 있는 시인의 시적 역량이 참으로 놀랍다.

 2005년 여름, 법보종찰 해인사에서 시차를 두고 제작되어 대적광전과 법보전에 따로따로 봉안되었던 두 부처가 통일신라시대 진성여왕이 죽은 연인 각간 위홍을 기리기 위해 조성한 최고의 쌍둥이 목조비로자나불임이 밝혀졌다. 이를 기념하는 '비로자나 축제'에 부친 11편의 작품을 제본해 한정본으로 펴낸 시집이 『비로자나의 사랑』이다. 시인은 연꽃을 바라보며 진성여왕과 위홍이 나누었을 사랑의 감정을 우주적인 정서로 승화시키고 있다.

   연꽃 속의 연꽃 속의 연꽃 속의 연꽃이여
   그대와 나 꽃 속에 들어가네
   그대와 나 꽃 속에 들어가
   천 개의 꽃잎을 보네
   천 개의 꽃잎 하나하나마다
   천 개의 꽃잎 가진 연꽃이 들어 있네
   처음 연꽃보다 작거나 크지 않네
   성한데 하나 없는 비로자나 비로자나
   그대가 온 곳 몰라도
   그대가 간 곳 몰라도
   그대와 나 꽃 속에 들어가네
   그대와 나 꽃 속에 들어가
   천 개의 꽃잎 하나하나 속에

천 개의 꽃잎 가진 그대가 핀 걸 보네
- <사랑의 정원 2> 전문

어느 시대인들 사랑보다 강력한 치유의 힘이 있겠는가? 너와 내가 경계 없이 하나로 꽃피고, 너와 내가 삼라만상의 꽃으로 피어남과 동시에 삼라만상의 꽃잎이 하나의 존재에 깃들어 있음을 시인은 간파한다. 천 개의 꽃잎 속에 또 천 개의 꽃잎이 들어 있다는 것이다. 다분히 화엄적 시각이다. '옴마니 반메훔'은 '연꽃 속의 보석'이라는 의미이다. 여기서 연꽃이란 여성의 가장 은밀한 속살인 부분이며, 보석이란 남성의 가장 우뚝한 돌기인 성기를 말한다. 이를테면 남녀 '두 몸이 한 몸 되어' 합일을 이루는 가장 황홀경의 상태이다. 성한 데 하나 없는 비로자나불 보듬는 사랑, 그것은 천 년 전의 사랑이나 천 년 후의 사랑 모두 하나의 뿌리에서 싹을 틔우고 자라고 꽃을 피웠다는 사실을 새삼스럽게 각인한다. 즉 천년 세월을 흘러온 여여한 마음이 '지금 여기' 사랑의 기원으로 표출되고 있는 것이다. 그러니 사랑의 마음을 얹힌 자리가 진흙 연못의 가장 환한 경전이 된다. 비로자나불이 자연인으로서 개인의 사랑의 발원지가 되었다는 것은, 불상이되 신성함의 권위보다 인간의 피와 감성이 도드라짐으로써 불교적 상상력의 자장을 넓히고 있다 할 수 있다.

천수천안의 관세음보살은 세상의 아픔과 중생의 고통을 치유하고자 하는 대자대비의 원력보살이다. 숱한 존재들에 대한 아픔을 자신의 아픔으로 여기는 시인은 그러한 염원을 잠자리의 아주 개별적이고도 구체적인 행위 혹은 몸짓을 통해 그려내고 있다. 천 개의 손과 눈이 있음에도 불구하고 아직 세상이 구원받지 못했다면 천 더하기 하나를 통해서라도 구원의 가능성을 끝까지 모색하고자 하는 열망이 다음의 시에 잘 묘출되고 있다.

> 쓰러진 것들의 냄새 가득해요 비 그친 후 세상은 / 하루의 반성은 덧없고 속죄의 포즈 세련되지만 / 찰기가 사라졌어요 그러니 안녕, 나는 반성하지 않고 갈 거예요 / 뾰족한 것들 위에서 악착같이 손 내밀래요 / 접붙이듯 날개를 납작 내려놓을래요 // 수 세기의 겨울이 쌓여 이룬 가을 봄 여름이에요 / 비 그친 후 쓰러진 것들의 냄새 가득한 / 사랑이여 쓰러진 것들이 쓰러진 것들을 위해 울어요 / 이 빛으로 감옥을 짤래요 쓰러진 당신 위에 은빛감옥을 덮을래요 / 나는 울어줄 손이 없으니 / 당신의 감옥으로 이감 가듯 온몸의 감옥을 접붙일래요
> - <잠자리, 천수관음에게 손을 주다 우는> 부분

비가 내린 후에 쓰러진 존재들의 아픈 상처의 냄새가 오래 지속되고 있는 풍경이다. 그 풍경 위를 잠자리 한 마리가 떠돈다. 시의 제목을 보면 화자는 분명 잠자리이다. "뾰족한 것들 위에서 악착같이 손 내밀래요 / 접붙이듯 날개를 납작 내려놓을래요"라는 구절이나 "은빛 감옥"을 '날개'로 해석한다면 잠자리가 틀림없다. 사실, 잠자리는 세상의 비와는 전혀 무관하다. 그런데 그 잠자리가 세상을 슬퍼하고 아파한다. 자신을 보호하던 그 무엇인가가 비로 인해 사라지고 "쓰러진 것들"을 아파하는 것이다. 그래서 잠자리의 '상처-아픔'은 잠자리 자신만의 것이 아니라 많은 존재들에 대한 것이 된다. 여

기에 제목의 '천수관음'은 잠자리의 눈이 지닌 생물학적인 특성에서 천수관음이라는 이미지가 연상된다. 손 내밀고, 몸으로 덮고, 접붙이는 구체적인 육체의 행위 혹은 몸짓이 바로 그것이다. 시 안에서 잠자리는 자신의 날개를 고통에 접붙이는 데 쓰며, 시 밖에서는 자신의 날개, 곧 손을 천수관음에게 건네준다. 그렇다면 잠자리의 손 건네기는 상처를 치유하고자 하는 '지금 여기'에서의 구체적 몸짓인 동시에 중생들의 행복을 얻기 위한 가장 아름다운 연대의 몸짓이라 할 수 있다.

요컨대 김선우는 세상에서 버림받고 외면당한 것들에 대한 연민과 공감의 마음을 갖고 문학에 담아내고 있다. 동체대비의 마음이 문학, 특히 시의 기본이라고 생각하며 미적 감성과 사회적 감성의 상호공존을 중요한 가치로 여긴다. 그래서 그는 아픔과 기쁨, 상처를 공감하는 시인이다. 여린 듯하면서도 당찬 목소리로 체감의 언어를 만들어내는 그의 시가 생명의 온기와 애틋한 사랑의 정념으로 충만한 것도 이런 연유이다. 때문에 저마다의 삶의 방식은 달라도 서로에게 기대어 함께 살아가는 세상을 지향하는 그의 시적 세계는, 구겨져도 아픔을 모르는 착한 혼들을 감싸 안으며 세상의 낮은 곳을 향하여 삶의 상처를 위로하고 치유하는 연대적 사랑의 숨결을 불어넣는다.

지은이_ **백원기(白元基)**

동국대학교 영어영문과를 졸업하고 동 대학원에서 문학박사 학위를 취득하였으며, 동 대학 문화예술대학원(문화재전공)을 졸업하였다.

동방문화대학원대학교 불교문예학과 교수 및 중앙도서관장을 역임하였으며, 현재 동방문화대학원대학교 석좌교수 겸 평생교육원장을 맡고 있다.

저서로 『숲 명상시 이해와 마음치유』, 『불교설화와 마음치유』, 『선시의 이해와 마음치유』, 『명상은 언어를 내려놓는 일이다』, 『하디의 삶과 문학』, 『하디 시의 이해』 등이, 역서로 『직관』, 『아시아의 등불』, 『시골집에 새가 있는 풍경』, 『라이오니스로 떠나는 날에』 등이 있다.

주요 논문으로 「허응당 보우의 사상과 시적 표현」, 「현대불교문학의 지향점」, 「만해의 독립사상과 그 시적 형상화」, 「추사의 세한도에 나타난 불교적 미학의 세계」, 「초의선사의 선다시와 마음치유의 시학」, 「하디와 오세영의 불교적 상상력과 생태인식」 외 다수가 있다.

삽화_ **여송민**

서울예술고등학교에서 서양화를 전공했으며, 현재 이화여자대학교 조형예술과 4학년에 재학 중이다.

자연 관조와 명상, 시가 되다

초판 1쇄 인쇄 2019년 8월 23일 | **초판 1쇄 발행** 2019년 8월 30일
지은이 백원기 | **펴낸이** 김시열
펴낸곳 도서출판 운주사

　　　(02832) 서울시 성북구 동소문로 67-1 성심빌딩 3층
　　　전화 (02) 926-8361 | 팩스 0505-115-8361
ISBN 978-89-5746-557-8　03800　값 18,000원
http://cafe.daum.net/unjubooks 〈다음카페: 도서출판 운주사〉